내일의 권력

내일의 권력

2015년 12월 10일 초판 1쇄 펴냄
2016년 6월 16일 초판 3쇄 펴냄

© 민형배, 2015

글쓴이 | 민형배
펴낸곳 | 도서출판 단비
펴낸이 | 김준연
편집 | 최유정
등록 | 2003년 3월 24일(제2012-000149호)
주소 | 경기 고양시 일산서구 일중로 30, 505동 404호(일산동, 산들마을)
전화 | 02-322-0268
팩스 | 02-322-0271
전자우편 | rainwelcome@hanmail.net

ISBN 979-11-85099-75-0 03340

국립중앙도서관 출판시도서목록(CIP)

내일의 권력
글쓴이: 민형배. ― 고양 : 단비, 2015
     p. ;   cm

ISBN 979-11-85099-75-0 03340 : ₩15000

권력[權力]
한국 정치[韓國政治]

340.4-KDC6
320.02-DDC23   CIP2015033221

NEXT POWER

내일의 권력

민형배 지음

차례

3부 정당권력과 정치

참담한 시간들이 지나가고 있다. 앞으로의 시간들이 지금보다 덜 참담할 것이라고는 누구도 장담하기 어렵다. 권력이란 무엇이고, 무엇이어야 하는가. 이 질문을 소화하지 않고서는 한 걸음도 전진할 수 없다는 위기의식을 느꼈다. 공부하는 이들에게 '권력Power'을 묻고 문헌을 뒤졌다. 크고 작은 주변의 권력들을 만나 이야기를 주고받았다. 말단 권력이라 할 수 있는 내 경험을 이리저리 종합해 보았다. 대략 365일 정도를 씨름한 끝에 이 책 〈내일의 권력〉을 묶었다. 〈자치가 진보다〉를 출간한 지 두 해 만이다.

꽤 긴 여행을 했다고 생각했는데 놀랍게도 나는 제자리에 서 있었다. 내가 선 자리, 나와 함께 일하는 사람, 나에게 자신의 권력 일부를 위임해 준 분들이 '내일의 권력'이었다. 더 좋은 풀을 찾아 떠났다. 오랜 세월 동안 헤매다 마침내 가장 좋은 풀을 찾은 순간 역마驛馬의 눈에 비친

건 고향의 초원이었다. 제자리였다. 역마의 심정을 알 것 같았다. "세상의 따뜻한 변화를 바란다면 오늘 이 자리, 내 마을에 주목하라, 이것이 진보다." 두 해 전에 낸 책 〈자치가 진보다〉의 표지 메시지이다. 돌고 돌아 〈내일의 권력〉이 마침내 깨달은 자리도 여기에서 크게 벗어나지 않는다.

그러니까 〈내일의 권력〉은 〈자치가 진보다II〉라고 할 수 있다. 〈자치가 진보다〉는 자치 현장의 실천이 어떻게 삶의 개선에 기여하는지를 실증적으로 보여주는 데 초점을 맞췄었다. 그 실증의 시공간은 '민선5기'(2010~2014) 광산구였다. 〈내일의 권력〉을 기획할 당시에는 '권력 사용법'을 염두에 두었다. 권력을 변하지 않는 상수로 놓았다. 이 권력을 주권자가 어떻게 다룰 것인가를 논하려 했다. 작업을 끝내고 나니 전혀 다른 결과가 나왔다. 권력을 상수로 놓을 게 아니라 철저하게 분해해 재구조화해야 한다는 결론에 이르렀다.

권력을 전반적으로 재구조화해야 한다는 이야기를 나는 여기저기서 떠들고 다녔었다. 중앙집중적인 권력의 평범한 개혁이 아니라 아래로부터 재구조화시키는 일이 가능하다고 목청을 높였다. 언론기고글, 자치분권민주지도자회의KDLC 발표문, 새정치민주연합이 마련한 각종 포럼과 토론회, 공직자와 주민들 앞에서 한 여러 차례의 특강 등에서 나는 집요하게 권력의 재구조화를 이야기했다. 한국정치학회에 조사연구 논문을 발표하기도 했다. 재구조화의 내용은 '사회권력 강화'였고, 그것의 현실적인 형태는, 남이 아니라, 스스로가 스스로를 통치하는 '자치권력의 진지 구축'이었다. 이렇게 떠들고 다닌 말들을 모아 〈내일의 권력〉을 썼다. 결국 최초의 기획이 잘못이었다. 이미 '내일의 권력'을 이야기하면서도 나는 '내일의 권력'을 다른 데서 찾으려 했던 것이다. 그런 점에서 이 책 작업은, 어제의 권력 질서에 익숙해진 나의 게으름을 자각하는 과정이기도 했다.

〈내일의 권력〉이 갖고 있는 문제의식은 오늘의 권력'들'과 오늘의 권력 '구조'를 그대로 둔 채 얼굴만 바꿔서는 우리 사회의 좋은 변화를 이끌 수 없다는 것이다. 권력들의 상호관계가 재조정되어야 하고, 어제에 맞춰져 있는 권력구조를 내일에 어울릴 수 있도록 다시 짜야 한다는 게 이 책의 주장이다. 결론을 미리 밝힌다면 '사회권력'과 '자치권력'이 내일의 권력의 그릇이고, 그릇이어야 한다. 시민결사체의 활력과 지역분권의 수준이 내일의 삶을 결정하기 때문에 '시민'과 '지역'이 권력을 가져야한다는 게 내 주장의 요체이다. 대의제 선출직을 없애자는 이야기가 아니다. '시민'과 '지역'이 온전히 권력을 가져야 대의제 선출직도 제대로, 더 강력하게 작동할 수 있다는 것이다.

〈내일의 권력〉은 크게 네 분야에 걸쳐 권력의 문제를 조망했다. 제1부에서는 권력 그 자체를 분해조립했다. 제2부에서는 권력의 '오래된 미래'

라고 할 수 있는 공동체를 주제로 삼았다. 제3부에서는 민주주의 권력 구조의 정수인 정치와 정당을 다뤘다. 제4부에서는 가장 최근의 선거 결과를 주권자 권력이라는 관점에서 해석했다. 나눴다고 해서 각 부분이 완전히 새로운 논지를 전개하는 것은 아니다. 분해할 수 없는 현실을 분해한 것이어서 부와 부, 장과 장은 어느 정도 겹친다. 권력을 이해하기 위한 임의적인 나눔일 뿐이다. 그 이상의 의미는 없다.

마지막에는 민주주의와 정당에 관한 깊은 식견을 가진 박상훈 후마니타스 대표, 그리고 자유·권력·시민과 같은 개념을 오랫동안 연구해온 박구용 전남대 철학과 교수를 모시고 좌담 형식으로 '권력담론'을 펼쳤다. 두 분의 이야기를 듣고 나니 듬성듬성한 내 논리들이 많이 부끄러웠다. 책 출판을 포기하고 좌담을 따로 출판하는 게 좋겠다는 생각이 들 정도로 매혹적인 말들이 오고 갔다. 특히 박상훈 대표가 말한 '중앙정부 없는 17개 지역정부론', 박구용 교수가 내놓은 '거리권력을 사유화하는 제도권력론'은 향후 한국정치와 권력의 향배를 설계하는 데 더없이 유용한 개념이고 논리였다. 책의 다른 부분은 모두 버리더라도 좌담만큼은 꼭 읽었으면 하는 '솔직한' 마음을 독자 여러분들께 드린다. 좌담 이후에 책을 전면적으로 수정하고 싶었지만 극히 일부를 보완하는 외에 다른 작업은 하지 않았다. 그것은 남의 사상을 훔치는 것이기도 하거니와 부족한 대로 나를 노출하는 것이 올바른 윤리라고 생각해서이다.

좌담 끝자락에 두 분은 나에게 정치인으로서 '향후 진로'를 담대하게 가져가야 하며, 그것을 공개해야 한다고 압박했다. 당장 책임 있게 말할 수 있는 '향후 진로'는 다시 2년 뒤에 〈자치가 진보다III〉쯤 되는 책을 펴내는 것이다. 이 책은 내 정치적 진로와 톱니처럼 맞물려 갈 것이다. 책의 제목은 우선 〈광주의 권력〉으로 정해 두었다. 이 정도면 두 분의 압박에 대한 성실한 답은 될 것 같다. 여하튼 박상훈 대표, 박구용 교수님께 큰 가르침을 얻었다는 고백으로 감사의 말을 대신한다.

전문적인 학술논문이 아닌 데다 읽기 편한 편집을 고려하다 보니 각주나 추가적으로 덧붙이는 말은 최소화했다. 인터넷 환경이 좋아 궁금하면 언제든지 검색해 볼 수 있다는 여건을 감안해 독자들에게 낯설게 다가올 수 있는 인물들에 대해서도 따로 설명하지 않았다. 가장 중요하게는 참고문헌과 대가의 그늘 뒤에 숨는 '짜잔한' 태도를 지양하고자 했다. 메시지와 주장을 정치인의 실명, 곧 내 이름으로 책임 있게 전달하고 싶었다. 이 책에는 또한, 내가 아닌 다른 정치인의 실명이 여러 차례 등장한다. 비판적인 맥락일 경우 익명표기를 고민했지만 실명을 그대로 썼다. 그분들께 누를 끼친 부분이 분명히 있을 것이다. 송구한 마음 간절하다. 다수의 삶에 중대한 영향을 미치는 공인의 숙명이라 여겨 주기를 바랄 뿐이다.

비판이든 옹호든 이 책에 쓰여진 말들은 전적으로 내 책임이다. 다만 책의 기획과 마무리에 이르기까지 광산구 정책기획단 이정우 상임위원의 역할이 아주 컸다는 점을 말하고 싶다. 그의 도움이 없었다면 책의 발간은 불가능했거나 한참 뒤로 미뤄졌을 게 틀림없다. 진심으로 고마운 마음 전한다. 진행 중인 다른 작업을 밀쳐 두고, 너무나도 짧은 시간 동안 이처럼 단정하게 책을 만들어 준 단비 출판사 김준연 대표의 고충이 컸다. 마음 깊이 감사드린다.

책은 '말'이다. 하고픈 말을 문장으로 객관화시켜 세상에 내놓는 작업이 출판의 과정이다. 책으로 말을 하기 위해서는 용기, 그것도 무모하리만치 겁 없는 용기가 필요하다. 벌거벗은 내 정신을 보여 주는 일이 쉬울 수만은 없는 탓이다. 무모한 이 용기가 세상을 더 좋게 만드려는 단 한 사람에게 티끌만 한 영감이라도 제공할 수 있다면 글쓴이로서는 더 없는 영광일 것이다. 한없이 존경하는 광산구민과 광주시민, 그리고 우리 사회 곳곳에서 땀 흘리고 있는 자치활동가분들께 이 책을 바친다.

2015년 12월
민형배

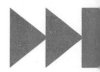

1부

권력과 민주주의

내일의 권력은 '공동체 민주주의'

권력들, 그리고 권력총량의 법칙

민주주의는 '사회의 상태'

정권교체보다 중요한 사회권력 재구축

▼

1장

내일의 권력은 '공동체 민주주의'

글쓰기의 동기 중 하나는 불만이다. 맘에 들지 않은 현실을 바꿔 볼 요량으로 공중公衆의 언어를 끌어들여 주위에 동의를 구하는 작업이 글 쓰기이다. 이 책의 출발은 우리 정치의 답답함이었다. 내가 몸담고 있는 새정치민주연합의 무기력한 정치행위에 불만이 가득해 무언가를 쓰기로 작정했다. 정권교체를 외치는 것이 유일한 정치행위가 되어 버린 내 정당에 불만을 쏟아 내려고 말들을 종횡으로 엮었다.

새정치민주연합이 패배한 지난 대선을 기준으로 삼더라도 국민의 절반은 정권교체를 원하고 있다. 새누리당 소속이 아닌 야권의 인물 중 누군가가 대통령이 되기를 바라고 있는 국민이 절반이다. 문제는, 그렇게 정권교체가 되면 세상이 저절로 좋아질지 누구도 장담할 수 없다는 점이다. 강력한 카리스마를 지니고 세계적인 지지를 받은 김대중 대통령도, 과반이 넘는 여당의 지원을 받으면서 정부를 이끈 노무현 대통령도 하지 못한 일들이 많다. 김대중·노무현 정권이 마땅히 할 수 있고, 했어야 하는 일들이 좌절되는 경우를 적지 않게 보았다. 왜 그랬을까. 다시 자문해 본다. 정권교체가 되기만 하면, 과연 만사가 순조롭게 풀릴 것인가.

권력에 대한 근본적인 성찰 없이는 정권교체를 하기도 어렵거니와 운 좋게 정권을 교체했다 하더라도 세상의 개선에 기여하는 바가 크지 않을 것이라는 생각이 들었다. 먼저 두 가지 부분의 인식을 교정해야 정권교체를 할 수 있고, 동시에 그 정권이 갖고 있는 힘이 올바르게 작동할 수 있다고 보았다.

첫째는 대통령 권력만 권력이고, 중앙정부만 정부라는 인식의 문제점이다. 이런 인식이 야권 전체를 무기력에 빠뜨린다. 지지자와 야당 모두가 지금 이 자리에서 할 일을 찾지 못하고 '다음 대선'만 손꼽아 기다리는 '정치의 진공상태'를 만들어 내는 것이다. 또한 이런 인식은 제1야당에게 무능을 방어할 수 있는 피난처를 무한대로 제공해 준다. "왜냐하면 권력이 우리 손에 없기 때문에……"라는 마법의 언어로 야권의 선출직들은 정치적 안전지대를 확보한다. 광장의 열기, 시민권력, 지방정부의 중요성은 무시된다. 정부'들', 권력'들'이 엄연히 존재하는데도 활용가능한 권력은 오직 청와대 하나밖에 없다는 태도는, 정치적 진지 구축을 위한 한땀 한땀의 노력을 부질 없는 것으로 만들고 청와대 고지를 향한 "돌격 앞으로" 구호만 남긴다. 지방선거든 총선이든 재보궐선거든 가리지 않고 등장하는 새정치민주연합의 "정권교체" 구호가 전형적인 현상이다.

둘째는 여의도정치만 정치이고, 국회의원만 정치행위를 해야 한다는 인식의 문제점이다. 이런 인식이 국회의원들로 하여금 정치를 독점하게 만든다. 이 경우 야권의 잠재력, 야권의 정치적 힘은 국회의원 의석수로 간단하게 환원되어 버린다. 사회 곳곳에서 벌어지는 수많은 정치'들'이 우리 사회의 개선에 기여할 수 있는 공적인 원료로 전환되지 못하고 자기 영역에 머물러 버린다. 정부여당과의 시소게임이 정치의 전부인 양 여의도의 야권 또한 여의도 안에 고립된다. 지역마다 간판을 내걸고 있는 시당·도당은 이름뿐이다. 정치'들' 간의 그물망이 짜이지 않고 개별 세력들은 자신들의 영지 안에서 소멸한다. 정치의 독점이 정치의 부재를 낳고 정치의 부재가 사회를 차갑게 만들고, 차가운 사회는 정치를 혐오하게 한다. 정치혐오는 정치를 약화시킨다. 정치와 사회 간의 부정적인 악순환 구조를 튼튼하게 완성해 가고 있는 게 지금 한국의 현실이다. 우리 사회에는 수많은 정치'들'이 있다. 그 정치들의 집합공간이자 제도영역이 여의도 국회의사당이다. 국회의사당이 정치적 화력의 집중

처인 것은 사실이나 그곳이 정치의 유일한 공간은 아니다.

첫 번째 문제의식에 기초해 나는 지방정부를 새롭게 발견해야 한다고 강조할 것이다. 정확히는 '지역정부'이다. 지방정부라는 말은 중앙정부의 하위 개념이다. 중앙과 지방의 위계서열을 전제로 한다. 중앙을 제외한 그 나머지는 지방이라고 퉁쳐 버린다. 옳지 않다. 여러 지역정부들이 있고 그 대표격으로, 혹은 특수한 기능을 가진 또 하나의 지역정부로서 중앙정부의 역할을 정립하는 것이 옳다. 이른바 '분권정부론'이다. 중앙집중형 정부체제와 분권형 정부구조 중 어느 하나가 더 우월하다고 말할 수는 없다. 대개 둘은 균형점을 찾아 수렴하기 마련이다. 중앙정부와 지역정부가 각자의 기반 위에서 튼튼하게 작동할 때 정치·경제적 생산성이 더 높다는 사실들은 실증적으로 증명되고 있다. 한국의 정부구조는 중앙으로 과도하게 집중되어 있다. 하여 이 책은 '분권정부론'에 무게를 많이 두고 이야기를 펼칠 계획이다.

두 번째 문제의식에 기초해 나는 시민결사체의 중요성을 강조했다. 시민결사체는 가치, 공간, 취향, 이익 등 뭉침의 동인이 여러 가지이다. 이 '여러 가지들'은 홀로이지 않고 가로세로로 짝짓기를 하기 마련이다. 예컨대 광산구에서 반핵운동을 하는 어떤 단체는 '가치+공간'의 형태이고, 광주에서 민주주의를 공부하는 어떤 모임이 회원들의 의견을 모아 정기적으로 산행을 한다면 '가치+공간+취향', 조직력이 아주 뛰어난 광주의 어느 산별노조라면 '가치+공간+이익'의 다중 엮기가 된다. 구성원들을 묶는 핵심 동기가 무엇이든 시민결사체는 그 속성 상 공익에 대한 관심을 높인다는 특성이 있다. 시민결사체들은 결사행위 그 자체로서 크고 작은 정치세력의 일부가 되는 것이다.

현실에서 첫 번째와 두 번째는 따로이지 않다. 지역정부는 언제나 시민결사체와 연대해 움직인다. 여의도의 국회의원들 또한 자기 지역구의 시민결사체를 중요한 정치적 기반으로 삼고 있다. 세계 각국의 어느 나라도 이 점에서는 큰 차이가 없다. 문제는 권력구조이다.

왜 '공동체 민주주의'인가

한국의 시민결사체들은 중앙집중형 정부와 중앙집중형 정당이라는 환경에 둘러싸여 있다. 그러다 보니 그들은 가까운 정부, 가까운 정당이 아니라 '먼 중앙'을 통해 자신들의 문제를 해결하려고 한다. 움푹 패여 위험한 도로를 메워야 할 때, 아이들의 안전을 확보할 목적으로 신호등 설치가 필요한 경우, 무등산 난개발을 막기 위해 어떤 조치가 필요한 상황에서 연관된 시민결사체들이 전화를 하는 곳은 청와대 비서실 아니면 국회의원실이다. 지역정부, 지역의회를 '통해' 중앙으로 연결하는 것보다 직접 선을 대는 것이 빠르다는 걸 잘 알기 때문이다. 결국 시민결사체의 리더십은 '중앙'과의 관계를 잘 푸는 이에게 쏠린다. 이 때문에 공적 관계망이어야 할 정치권력과 시민결사체의 파트너십은 리더의 사적 능력 문제로 변해버린다. 가치 대 가치, 이익 대 이익, 가치 대 이익이 충돌하고 협의하는 일상 속의 촘촘한 정치적 과정은 사라져 버린다. 남는 건 한 방에 문제를 해결하려는 '로비'뿐이다. 시민결사체들은 늘 '윗선'을 찾아야 하고 그 '윗선'과의 관계를 돈독히 해야 한다. 결사의 의미를 사회적으로 확산시키는 일상의 정치과정은 생략된 채 선거 때마다 표거래를 하는 변형된 '금권정치'가 정치행위의 전부가 되어 버린다. 가치를 강력하게 표방한 시민결사체조차 이익단체처럼 행동할 수밖에 없는 배경이 '중앙집중형' 권력구조에서 발생한다.

그래서 권력구조를 고치는 작업이 시급하다. 제도의 측면에서 그 방향은 분권정부·분권정당이다. 권력의 크기를 수학적으로 쪼개자는 이야기가 아니다. 중앙정부가 해야 할 일, 지역정부에게 맡겨야 할 권한을 재배열하자는 것이다. 지금으로서는 중앙정부가 지역정부에게 줘야 할 것이 많다. 정당도 마찬가지이다. 중앙당이 마땅히 가져야 할 권한과 시·도당 고유의 집행권은 각각 존중받아야 한다. 국회의원에게 지나치게 집중되어 있는 당적 의사결정권한은 여러 단위로 나뉘어야 한다. 사회통합을 추구해야 하는 정부와는 달리 정치적 이념의 결사체라 할 수 있는 정당은 권력의 집중을 꼭 필요로 한다. 중앙당과 시·도당의 역할이 잘 분배되어 있고, 개별 국회의원의 자율성이 적절히 통제될 때 정당이 힘을 모을 수 있는 '권력집중'이 가능해진다. 지금처럼, 마음껏 자유로운 국회의원과 힘을 전혀 갖지 못하고 있는 시·도당 체제에서는 정당이 힘을 모을 수가 없다. 지지세력과 당원에게서 나오는 힘이 '내 곁의 정당'으로 향하지 않고 의원회관에 있는 '개별 정치인'으로 흩어져 버리기 때문이다.

시민결사체 차원에서는 '공동체 민주주의'의 확립이 권력구조를 변화시킬 수 있는 가장 유효한 방향이다. 공동체 민주주의 확립은 권력구조를 변화시킬 뿐만 아니라 그 자체로서 새로운 권력을 정립해 가는 길이다. 정당법, 선거법, 정치자금법, 우리 사회의 정치문화 등이 시민들의 자유로운 정치활동을 제약하고 있다. 이 법들이 '중앙집중'을 야기하고, 시민의 '정치참여'를 제한하고 있다. 법을 고치는 게 시급하지만 고친다고 해서 정치적 활력이 얼른 찾아 오는 것도 아니다. 고치는 일은 매우 긴 시간이 들기도 한다. 법과 문화가 사회의 정치적 활력을 제약하면, 법을 고치고 문화를 바꾸는 '사회적 압력'을 준비하는 수밖에 없다. 헌법을 고쳐 대통령 직선제를 만들었던 87년체제의 사회압을 오늘날에 맞게 준비하자는 것이다. 그 준비의 내용을 공동체 민주주의로 가져가자는 이야기이다. 여기서 '공동체'는, 기본적으로 도시공동체를 지시한다. 한국이 이미 도시사회로 진입했다는 사실은 누구도 부인할 수 없다. 도시는 부정의 대상이 아니라 적극적으로 안아야 할 숙명이다. 도시중심주의는 경계해야 하지만, 도시의 책임성을 높이는 작업은 꼭 필요하다.

강남 투표율이 높은 이유는?

살고 있는 공간의 문제를 개인들의 자유로운 참여와 민주적 과정을 통해 지역 스스로 풀어 가자는 것이 공동체 민주주의의 내용이다. 지방자치단체와 지방의회는 지역기반 '정치사회'이다. 이 정치사회가 갖고 있는 권력을 주권자에 이롭게 쓰일 수 있도록 견인하는 삶터 기반의 '시민사회'를 민주적 원리에 따라 구성하자는 것이 공동체 민주주의이다. 생태환경·경제정의·문화예술 등 이념 차원, 명망가 중심의 시민사회 활동은 꾸준히 전개되어 왔다. 하지만 마을, 아파트, 소지역의 과제들을 토의하고 해결책을 모색하는 삶터 기반 시민사회는 여태까지 '강력한 형태로' 모습을 드러낸 적이 없다. 자본친화형 시민사회(ex. 재개발조합), 또는 자본대치형 시민사회(ex. 소비자단체), 자본 및 사회협력형 시민사회(ex. 나눔·봉사조직)는 있었다. 이들 시민사회는 꼭 필요한 것이기는 하나 속성상 정치적 전망, 권력에 대한 기획이 부재할 수밖에 없다. 단기 목적이거나 특정한 가치지향이 존재의 이유이기 때문이다. 삶터 기반의 시민사회, 곧 공동체 민주주의는 지구가 멸망하지 않는 한 끊임없이 자신의 목적을 새롭게 찾아갈 수 있다.

이쯤 나는 앤디 메리필드와 서동진의 매력 넘치는 문장 두 개를 소개하지 않을 수 없다. 앤디 메리필드Andy Merrifield, 1960~는 도시의 타락상과 건강한 가능성 모두에 주목한 마르크스주의 도시이론가이다. 그의 책

〈마주침의 정치〉를 서동진이 번역했고 맨 뒷 부분에 해제문을 실었다. 두 연구자들이 '공동체 민주주의'를 직접 언급하지는 않았다. 그들은 '저항'이라는 도시운동의 개념을 중심에 놓았고, 나는 '공동체'라는 실천덕목을 끌어 들인 차이점이 있다. 자본과 권력에 포섭되지 않은 주체적인 권력으로서 도시와 도시민의 변화를 갈망한다는 점에서 나와 그들의 전망은 같다.

> 저항이 노리는 것은…… 사람들이 드넓은 이 세상의 전면에 나선 시민으로서 집단적으로 그들 스스로를 공개적으로 표현하고, 서로 마주치고, 대화를 나누는, 그러한 저항에 대한 정의를 가능하게 하고, 그것을 야기하는 도시 사회와 관련된 어떤 것…….[*]
>
> — 앤디 메리필드

> 중심과 주변의 위계를 거부하고 모든 공간 속에 권력과 대항 권력이 공존한다고 보는 이들(유토피아)과 해방적인 주체들이 자신의 권력을 그러모으고, 또 그것을 행사할 중심을 창안해야 한다고 역설하는 이들(헤테로피아).[**]
>
> — 서동진, 괄호 안 표기는 필자

---

[*] 앤디 메리필드, 〈마주침의 정치〉(이후, 2015), 174~175쪽.
[**] 앤디 메리필드, 앞의 책, 326쪽.

앤디 메리필드가 언급한 도시사회와 이 책의 도시공동체는 다르지 않다. 서동진은 유토피아(이상)와 헤테로피아(현실)로 구분해 앤디 메리필드의 '도시사회 저항'을 풀이했지만 내가 보기에는 이상과 현실로 구분하지 않아도 별 상관이 없다. 유토피아와 헤테로피아를 합한 걸 공동체 민주주의라고 보아도 무방하다.

한때는 사회변동이 심했고, 거주지 이전도 잦았기 때문에 공동체 민주주의가 뿌리내릴 수 있는 토양이 부실했다. 이제는 국가적 문제가 될 만큼 사회변동이 정체되어 있다. 큰 틀에서 거주지 이전도 완료된 상태이다. 다만 삶터 기반의 시민사회를 만들어 본 경험이 부족할 뿐이다. 개별적인 사회변동, 계층상승을 위해 막대한 돈을 교육에 쏟아붓고, 그것의 기대결과로서 평수가 더 넓은 아파트로의 이주를 꿈꾸며 '주저앉아' 있는 것이 현재의 한국사회이다. 이들의 꿈이 달성될 것처럼 부추기는 것이 '나쁜 정치'이다. 새누리당이 가장 잘하고 있고, 새정치민주연합 또한 나쁜 정치의 유혹에 종종 무릎을 꿇고 있다. 좋은 정치는 '주저앉아' 있지 말고 '일어서서' 우리가 딛고 선 이 땅에 공동체 민주주의를 식재하자고 부추기는 것이다. 공동체 민주주의는 권력의 중앙집중을 막는다. 그들의 권력을 우리의 권력이 되게 할 수 있다. 선거하는 날 하루만 주권자인 것이 아니라, 365일 주권자 행세를 할 수 있게 한다. 부의 양극화와 권력의 양극화(중앙집중)는 서로가 서로를 챙겨 준다. 권력의 양극화를 해체하면 부의 양극화를 제어할 수 있다.

공동체 민주주의는 말만 멋들어진 '이념'이 아니라 우리 모두가 잘 살수 있는 '실용'이다. 다다르기 어려운 이상이 아니다. 이미 이렇게 하고 있는 공간이 있다. 서울의 '강남'이다. 강남의 투표율은 언제나 다른 지역보다 높다. 돈도 많고 전문가 집단도 몰려 있다. 선거민주주의와 사회자본을 가장 잘 활용해 자신들의 이익을 철저히 챙기고 있는 '물구나무선' 공동체 민주주의의 지역이 '강남'이다. 사회자원을 배타적으로 독식하고 있다는 점에서 '강남'이 우리들의 미래일 수는 없다. 중요한 건 권력을 내 것으로 만드는 노력을 그들은 결코 게을리 하지 않는다는 점이다. 참여와 연대의 기초 위에 공동체 민주주의를 세워 우리 또한 권력을 우리 것으로 만들자는 게 이 책의 주장이다.

　　공동체 민주주의가 (강남뿐만 아니라) 지역 곳곳으로 퍼져 제대로 작동한다는 것은 우리 사회 전체가 분권의 원리에 따라 재구성된다는 이야기이다. 분권은 권력의 소멸이 아니다. 분권은 권력의 생산성을 최대로 이끌어 낼 수 있다. 민주정부 10년과 이명박·박근혜 정부를 비교하는 것만으로도 권력의 생산성은 충분히 증명된다. 인권, 사회통합, 문화신장, 표현의 자유, 경제지표에 이르기까지 이명박·박근혜 정부의 생산성은 민주정부 10년에 한참 못 미친다. 가장 강력한 형식으로 중앙집중화된 권력이 가장 생산성이 낮다. 미국과 독일을 비롯한 서유럽의 강대국, 작지만 안정적인 북유럽의 복지국가 모두 분권정부, 분권정당, 탄탄한 공동체 민주주의의 삼각축으로 제 나라를 운영하고 있다. 인류역사의 전 과정은 일관되게 권력이 쪼개지는 쪽으로 흘러왔다. 그 쪼개진 권력이 마침내 개인에게까지 도달하는 것을 우리는 민주주의로 알고 있다. 잘 쪼개진 권력은 균형 잡힌 몸매와도 같다. 균형 잡힌 권력이 생산성도 높다.

　대통령이 많은 권력을 가지고 있어서 문제가 생길 때마다 우리는 대통령에게 책임을 묻는다. 하지만 대통령은 아무런 책임을 지지도 않는다. 놀라운 것은 '그럼에도 불구하고' 대통령은 여전히 권력을 행사하고 있다는 점이다. 새정치민주연합의 중앙당이 많은 권력을 가지고 있어서 문제가 생길 때마다 지지자들은 당대표를 비롯한 지도부에게 책임을 묻는다. 그들은 아무런 책임을 지지도 않는다. 놀라운 것은 '그럼에도 불구하고' 당 지도부는 여전히 권력을 행사하고 있다는 점이다. 이 대목에서 우리는 대통령을 바꾸고 당 지도부를 바꾸는 것으로 문제를 해결하려 한다. 권력에 대한 우리들의 상상력이 여기까지이다. 틀린 상상은 아니다. 바꾸는 것은 분명 필요한 일이다. 바꾸고 나면 '조금은' 나아질 수도 있다. 그러나 우리에게 필요한 것은 '조금은'이 아니다. 또 다시 사람이 바뀌면 도루묵이 될 '잠시 동안'이어서도 곤란하다. 그들뿐만 아니라 우리도 권력을 갖자는 것이 '내일의 권력'의 요체이다. 우리가 권력을 가질 수 있는 당장 가능한 방법이 공동체 민주주의를 정립하는 것이다. 튼튼한 공동체 민주주의에 기반했을 때 정권을 교체하고, 국회의원을 교체하고, 시장·시의원, 구청장·구의원을 교체하는 것이 단지 얼굴만 바꾸는 데 그치지 않고 교체 자체로 의미 있는 변화를 일으킬 수 있다. 이것이 '내일의 권력'의 요체이다. 하나씩 하나씩 풀어 가 보자.

2장
▼
권력들, 그리고 권력총량의 법칙

　권력은 관계다. 외딴 섬에 홀로 남은 누군가가 권력을 갖는 것은 불가
능하다. 사람과 사람 사이의 관계에서 권력은 나고 자란다. 권력의 모습
은 인간관계의 복잡성만큼이나 다양하고 어지럽다. 무엇이 권력이고 무
엇이 권력이 아닌지 구분하는 작업은 쉽지 않다. 좋은 권력과 나쁜 권
력을 가르는 일도 간단하지 않다. 권력이 꼭 필요한 것인지도 의문이다.
전쟁도 평화도 권력에 기원을 두고 있다. 도무지 권력의 얼굴을 알 수가
없다.

　우리에게 권력은 억압과 동의어였다. 무너져 내린 조선왕조, 가혹했
던 식민지 시절, 6·25전쟁, 군사독재와 1980년 5월까지 권력이 자기의

지를 관철시키는 주요 수단은 억압이었다. 억압은 폭력을 수반했다. 오랜 세월 잔혹한 폭력을 견뎌 온 경험이 권력에 대한 우리의 인식을 억압으로 고정시켰다. 논리 차원에서 '권력=억압'은 정확하지 않을지라도 경험 차원에서 '권력=억압'은 분명했다.

큰 권력의 성격이 작은 권력의 특성을 규정했다. 억압적인 중앙권력이 똑같이 억압적인 지역권력을 낳았다. 왕조나 대통령의 통치방식이 군대와 학교와 작업장의 운영방식으로 옮겨 갔다. 호혜성에 근거를 둔 지역공동체나 가족까지도 큰 권력의 억압을 모방했다. 사회 전체가 억압을, 그것에 내재되어 있는 폭력을 운영방법으로 삼았다. 한동안 한국사회가 그랬고, 지금이라고 해서 그런 특성이 완전히 사라진 것도 아니다.

좀 더 나은 세상을 만들려는 우리의 정치사회 운동은 권력 분쇄에 골몰했다. 자연스럽고 불가피했다. '권력=억압'이었으므로 권력을 제거하면 억압도 사라질 것 같았다. 권력은 스스로 무너지기도 했고, 다른 권력에 의해 대체되기도 했다. 우리가 권력을 몰아낸 적도 있었다. 그러나 어느 경우든 권력의 빈자리에 억압 없는 세상이 저절로 자라나지는 않았다.

권력을 추구하지 않는, 힘의 행사에 무관심한 사회운동세력이 등장하기도 했다. 권력은 곧 억압이었으므로 권력의 절제나 초월은 억압을 선택하지 않는 것처럼 여겨졌다. 그래서 권력 없음은 선해 보였다. 권력 없음, 혹은 권력을 행사하지 않는 게 좋은 것이라는 이념이 어느덧 사람들 사이의 확신처럼 굳어졌다.

덜 억압적인 정치권력이 등장할 때도 있었다. 폭력을 절제하고 구성원의 눈치를 훨씬 많이 보는 권력의 등장은 참신했다. 눈에 보이는 억압이 줄어들었나. 억압이 사라진 자리에는 한 사회가 공동으로 인정하는 약속체계가 자리 잡았다. 법, 제도, 이념, 문화규범 같은 것들이다. 공동의 약속이므로 이 약속을 어긴 자들에 대한 억압은 억압이 아닌 것처럼 생각됐다. 그런데 이 약속은 어제의 억압이 만들어 낸 결과물에 다름 아니었다. 그 약속체계 안에 이미 억압이 숨어 있었다. 숨어 있었기 때문에 알아차리기 어려웠다. 더 이상 권력은 공공연하게 폭력을 드러내는 방식으로 자신을 입증하지 않았다. 권력이 자기 의지를 관철하는 방식은 은밀했다. 권력은 세련되게 작동하기 시작했다.

'내일의 권력'의 출발은 '우리의 권력'

억압이 사라지거나 약화되었다고 해서 권력이 사라지거나 약화된 게 결코 아니었다. 세련된 권력이라고 해서 권력이 아닌 것은 아니었다. 억압뿐만 아니라 호혜도 권력이다. 권력은 관계이기 때문이다. 사회가 사라지지 않는 한 관계는 계속될 것이고, 그 안에서 권력은 변함없이 작동할 것이다. 권력을 억압으로 규정하는 한 우리는 관계에 접근할 수 없다. 억압은 권력관계의 한 방식이지 권력의 유일한 근거는 아니다. 억압 외 다종한 다른 관계를 포착함으로써 우리는 권력을 올바르게 이해할 수 있다. 올바르게 이해해야 우리가 원하는 권력관계를 구축할 수 있다. 관계의 새로운 구축, 그것이 우리가 창출해야 할 내일의 권력이다.

오늘의 권력을 정확하게 인식하는 범위 안에서 우리는 내일의 권력을 상상할 수 있다. 상상은 기획으로 이어지고 기획은 실천을 가능케 한다. 넉넉한 상상만이 정밀한 기획과 힘 있는 실천의 발판 역할을 할 수 있다. 내일의 권력의 출발은 오늘의 권력이다. 오늘의 관계이다.

자신의 뜻대로 타인의 행위를 결정하려는 힘이 권력이다. 그 힘의 방법으로써 억압은 가장 저급한 권력이 채택하는 수단이다. 세련된 권력일수록 억압을 최소화한다. 줄이는 게 어려우면 숨기기라도 한다. 억압이 클수록 권력이 원하는 생산성이 낮기 때문이다. 진실로 강한 권력일수록 억압은 약하다. 억압에 덜 의존하는 권력일수록 생산성은 더 높다.[*] 권력은 억압을 즐기는 사이코패스가 아니다. 다른 모든 분야와 마찬가지로 권력 또한 높은 생산성을 원한다. 그래서 권력은 억압을 줄

---

[*] 한병철, 〈권력이란 무엇인가〉(문학과지성사·2011), 14~15쪽 재구성.

이는 방향으로 진화해 왔다. 인류사 전체가 그랬고, 우리 역사도 다르지 않았다. 다시 말해 이전보다 억압을 강화하는 권력이 있다면 그것은 사회의 퇴화를 의미한다. 한 사회를 운영해 가는 데 필요한 권력의 총량이 정해져 있다고 가정할 때 억압이 줄어든 자리를 어떤 '관계'로 채우느냐가 오늘의 권력을 결정한다. 그 권력이 내일로 이어질 우리들의 삶을 규정한다.

우리 역사에서는 '민주정부 10년'이 최소억압의 시기였다. 그 10년 동안 우리는 억압이 줄어든 자리를 '미래가치'로 채우기 위해 많은 노력을 했다. 괜찮은 생산성을 창출했다. 하지만 만족스럽지 않았다. 권력의 관점으로 평가하자면, 우리는 어렵게 획득한 권력의 힘으로 미래가치라는 '테마'에는 집중했다. 그러나 '권력관계'를 재구성하지는 못했다. 권력관계라는 토양을 그대로 두고 좋은 묘목만 심은 것이다. 묘목은 시들거나 겨우 자랐다. 이후 등장한 두 번의 정권은 억압이 사라진 자리를 다른 종류의 억압으로 채우고 지난 시절의 권력관계들을 재구성해 가고 있다. 그 사이 권력의 생산성은 급격하게 하락하고 있다. 생산성 하락으로 인한 피해는 권력 없는 자에게 돌아가고 있다. 하지만 그들 권력의 입장에서는 나쁘지 않다. 자신들의 권력이 영속할 수 있는 방향으로 권력관계가 재구성되고 있기 때문이다.

어제의 권력을 모방하는 것이 그들의 방식이다. 어제의 권력은 우리에게도 익숙하다. 익숙한 것은 자연스럽다. 자연스러우면 틀리지 않은 것 같다. 옳은 것 같다. 습관처럼 우리는 어제의 권력에 동의한다. 동의 당한다. 내일의 권력은 아직 우리가 경험하지 못한 것이어서 낯설다. 낯 설기 때문에 쉽게 동의하기가 어렵다. 정면응시해야 할 사실은, 두루 익 숙한 어제와 오늘의 권력으로는 우리 삶을 결코 개선하지 못한다는 점 이다. 내일의 권력을 어떻게 상상하느냐에 따라 내일의 삶이 결정된다. 우리가 해야 할 일은 내일의 권력을 창출하기 위해 오늘의 권력을 살펴 재구성하는 작업이다. 익숙하지 않을 것이다. 자연스럽지 않게 느껴지 고, 옳게 느껴지더라도 실현가능성에 늘 의문이 생길 수밖에 없다.

오늘날 권력에 대한 야권의 상상력은 내일로 펼쳐져 있지 않다. 내 일의 권력을 차기 대통령이 누구냐는 질문으로 생각하는 것이 야권이 가진 상상력의 전부다. 가장 게으르고, 가장 경계해야 할 태도이다. 내 일의 권력은 지금과는 다른 '이름'이 아니라 다른 '관계'인 권력이어야 한다. 정부여당과 야당, 정부와 개인, 자본과 정치, 지자체와 지역민, 정 치사회와 시민사회, 선출직과 전문관료, 마을과 개인, 개인과 개인, 사 람과 자연까지 다양한 관계의 재구축이 이 책 〈내일의 권력〉이 다루고 있는 권력관계의 범위이다.

정치, 한 사회를 대신한 갈등의 난장

살아 있는 모든 것들은 힘이 있다. 힘이 삶이라면, 힘 없음은 죽음이다. 권력은 힘이다. 권력은 삶이고, 권력 없음은 죽음이다. 살아 있는 우리는 모두 권력을 가지고 있다. 권력의 크기, 권력의 작동양식이 다를 뿐이다. 개체뿐만 아니라 사회 또한 살아 있기 위해서는 힘이 있어야 한다. 권력이 있어야 한다. 사회 유지를 위해 필요한 권력의 총량이 있다. 권력의 총량이 구성원들 사이에 어떻게 분배되어 있느냐에 따라 사회의 성격이 규정된다.

논의를 간단히 하기 위해 우리 사회를 구성하는 권력을 정치권력, 사법권력, 시장권력으로 갈래쳐 보자. 정치권력은 주권자가 선출한 권력이다. 나머지 권력들은 선출되지 않는 권력들이다. 권력이 어느 한쪽으로 쏠리면 다른 권력이 그만큼 줄어든다는 걸 '권력총량의 법칙'*이라고 하자. 정치권력, 곧 선출된 권력의 힘이 약해지면 선출되지 않는 권력의 힘이 강해진다. 선출되지 않는 권력의 힘이 강해지면 정치권력, 곧 주권자의 권력이 약해진다.**

---

* 어느 권력이든 상대적 크기의 과잉은 문제를 낳는다. 정치권력의 과잉도 문제를 낳기는 마찬가지이다. 정치혐오가 만연해 있고, 상대적으로 야권의 정치력이 위축되어 있는 한국의 현재 상황을 감안해 '정치권력 강화'의 맥락에서 권력총량의 법칙을 서술한다. 이상적인 권력관계는 '균형'일 것이다. 균형이 어긋날 때 '견제'를 통해 권력의 쏠림을 막는 것이 민주주의이다. 우리가 아는 '견제와 균형의 원리'가 여기에 근거한다.
** 박성민, 〈정치의 몰락〉(민음사·2012), 237~238쪽 참조.

노무현 대통령은 재임시기에 "권력은 시장으로 넘어갔다."는 말을 했다. 정치보다 기업의 힘이 더 세졌다는 이야기이다. 선출권력보다 시장권력이 더 강해졌다는 이야기이다. 실제로 그럴까? 예, 아니오로 간단히 말할 수 있는 문제는 아니다. 다만 시장권력이 예전에 비해 아주 센 것은 분명한 사실이다.

권력이 한쪽으로 쏠리면 다른 권력이 줄어든다고 했다. 시장권력이 강해지고 나서 어느 권력이 줄어들었을까. 사법권력은 정부여당과 굳건하게 연대하고 있다. 현재의 정부여당은 정치권력이라기보다는 아주 오래된 기득권연합체라고 볼 수 있다. 결국 주권자권력이 제도화된 형태라고 할 수 있는 야권의 정치권력이 크게 줄어들고, 사법권력과 시장권력은 아주 강해졌다. 정치권력이 줄어들었다는 것은 시민권력, 곧 주권자의 권력이 줄어들었다는 의미이다. 정치권력은 스스로, 저절로 줄어들었을까. 그렇지 않다. 정치권력의 힘을 줄이려는 시도는 언제나 있었고, 지금도 진행 중이다. 보수언론은 끊임없이 정치의 무능과 부패를 확대하고 강조하고, 없는 이야기까지 만들면서 보도한다. 주권자들도 "정치인은 정말 문제가 많아." 하면서 정치혐오에 동조한다. 시장권력에는 관대하면서도 정치권력에는, 그중에서도 특히 새누리당이 아닌 정치권력에는 이해할 수 없는 판결을 많이 하는 게 사법권력이다. 이런 과정을 통해 정치권력을 끊임없이 약화시켜 온 게 나머지 권력들의 작업이었다.

최장집 교수는 "민주주의의 반대자들도 민주주의를 공격하지는 못한다. 그들은 정치인과 정치권을 공격하는 방식으로 민주주의를 약화시킨다."고 말했다. 민주주의의 동력은 정치권력이다. 정치권력은 주권자권력이다. 주권자의 의지를 반영하고 실현시킬 수 있는 현실의 합법적인 힘은 정치권력밖에 없다. 선출된 권력이 선출되지 않는 권력을 통제해 주권자의 삶에 이로운 결과를 이끌어 내는 것이 민주주의이다.

정치인은 정치의 힘으로, 곧 정치권력으로 세상을 더 좋게 만들려고 노력하는 사람이다. 주권자가 위임한 힘으로 주권자에게 더 좋은 세상을 만들려고 애쓰는 것이 정치인의 역할이어야 한다. 정치인이 자신이 가진 권력을 공익을 위해 쓰지 않고, 사익을 위해, 혹은 공익을 가장한 사익을 목적으로 쓰는 것은 충분히 비판받아야 한다. 하지만 공익을 위해 쓰려고 하는데 의견이 달라 다투고, 조금 격렬하게 싸움도 하고, 경우에 따라서는 꼼수도 쓰고, 이런 과정은 당연하고 정상적인 정치과정이다. 이 과정을 비난하는 것은 옳지 않다.

정치가 없으면 세상이 더 조용하고 좋을까? 다시 말해 권력 쟁취를 위한 싸움을 멈추면 세상은 평화로워질까? 정치는 갈등을 사회화해 조정하고 해결하는 문명화한 시스템이다. 정치가 사라지면 만인에 대한 만인의 투쟁만이 남게 된다. 거리에서 난투극이 벌어진다. 정치가 있기 때문에 세상의 다툼이 압축돼 정치적 공간에서 물리적인 상처 없이 처리된다. 사회의 다양한 욕망, 의견의 다름, 이해의 다름을 공론화시켜 정치적 제도의 틀 안에서 대화, 토론, 타협 같은 기법을 통해 관리하고 해결해 간다. 그렇기 때문에 정치는 다소 난장판처럼 보이고 진흙이 잔뜩 묻은 것처럼 지저분하다. 사회를 대신한 난장판이고, 사회를 대신해서 지저분한 모습이다. 더 나은 정치를 위해 비판을 아끼지 않아야 하겠지만 정치 그 자체를 혐오해서는 곤란하다.

　오직 정치만이 성인남녀 모두의 의지를 수집하고 그것을 현실에서 실현시키기 위해 노력한다. 정치만이 공익을 지향한다. 모든 정치인들이 공익을 지향하는 건 아니지만 공익을 지향하는 권력집단은 정치권력밖에 없다. 공무원도, 판사도, 검사도, 언론인도 외견상으로는 모두 공익을 지향한다. 하지만 그들은 약동하는 주권자의 의지를 반영할 수 없다. 정치인은 4년, 혹은 5년마다 주권자에게 검증을 받아야 한다. 다른 권력은 비리만 저지르지 않으면 평생 자기 자리가 보장된다. 주권자의 요구에, 세상의 변화에 가장 민감한 권력은 정치권력일 수밖에 없다. 주권자의 다수는 노동자, 농민, 도시의 서민이다. 이들이 몸을 기대고 희망을 걸 수 있는 권력집단은 정치권력밖에 없다. 비판할 건 하더라도 결코 사라지게 해서는 안 되는 게 정치이다.

　정치가 다른 분야보다 더 중요하지만, 정치가 다른 분야보다 우월한 건 아니다. 다만 정치가 다른 분야보다 우월할수록 세상은 더 좋아질

가능성이 크다. 정치가 우월해지면 더 많은 공익이 실현될 것이다. 정치가 비참한 수준으로 떨어지면 공익은 심각한 침해를 받게 된다.

　민주주의 사회에서 각각의 정치권력은 자신들 기준의 합리성을 추구하지만 어느 것이 더 합리적이냐는 판단을 전문가에게 묻지 않는다. 주권자에게 묻는다. 판사는 법을 해석하고 공직자는 법을 집행한다. 모두 주권자가 뽑은 정치권력이 만든 법이다. 공직을 직업으로 삼는 이들은 법의 테두리 안에서 일해야 하는 의무가 있다. 하지만 정치권에서 공직을 수행하는 이들은 그 법이 주권자에게 이로운가를 끊임없이 의심해야 한다. 동시에 법을 넘어, 법과는 다른 방향의 공적 실천을 기획하고 실행해야 한다. 그 주권자가 돈 가진 자들이라면 금권정치이고, 그 주권자가 세습되는 상층신분이라면 귀족정치이고, 그 주권자가 아예 없거나 형식으로만 있고 한 사람이 모두 결정하면 독재정치이다. 그 주권자가 인종, 종교, 학력 따지지 않고 20세 이상의 성인남녀 모두일 경우 우리는 민주주의라고 부른다. 대한민국은 민주주의 국가이다. 주권자의 의지를 가장 중시하는 사회이다. 주권자 의지의 실현을 위해 전문가의 합리성을 동원하는 것이 민주주의이다. 민주주의는 정치권력이 주권자의 의지를 반영해 사법권력과 시장권력, 전문가 권력을 통제해 주권자에게 이로운 결과를 이끌어 내는 권력이용 시스템이다.

　그런데 주권자의 의지는 하나가 아니라 여럿이다. 그 여럿의 의지를 조정해야 하는 것이 의회의 역할이고, 그 여럿의 의지를 최대한 통합해 실천해야 하는 것이 정부의 역할이다. 그러다 보니 정치행위는 늘 소란스럽다. 소란스러운 것이 정치이고, 소란스러워서 불편한 그것이 민주주의이다.

소란없이 깔끔한 정치가 있다. 히틀러 치하의 독일 제3제국이 그랬고, 북한이나 일부 아랍국가들이 그러고 있다. 시끄럽고 어수선한 게 정치의 숙명이다. 민주주의에 기초한 의사결정은 대부분 어설픈 결과로 나타난다. 왕정이나 독재권력이 민주주의보다 나은 결과를 도출하기도 한다. 세종대왕의 여러 업적들, 박정희 정권이 단행한 고교평준화가 민주주의 사회라면 불가능했을 수도 있다. 하지만 왕정이나 독재권력의 성과는 우발적이고 예측불가능하며 거개는 매우 예외적인 '사건'이다. 그 성과를 위해 오랜 시간 동안 목숨까지 내놓는 잔혹한 탄압을 견뎌야 한다. 민주주의는 어설프고 느리며 당장에는 비효율적이지만 일정 시간을 놓고 보면 사회적 비용이 가장 적게 드는 성과를 낸다. 성과에 희생된 피해자가 가장 적게 나오며 때때로 경이로운 창조적 결과를 만들어 낸다. 이것이 민주주의이다. 분산된 권력 구조를 가진 민주주의가 사람에게 가장 이로운 결과를 만들어 낸다는 것에서 나는 권력에 대한 근본적인 성찰의 필요성을 느낀다.

모두가 무서워 숨을 죽인 침묵의 평화보다는 모두가 한마디씩 하면서 북적대는 참여의 소란스러움이 우리 사회를 더 좋게 이끈다. 집중된 권력구조의 사회보다 분산된 권력구조를 성취한 사회가 더 좋다. 그것이 민주주의이다. 주권자가 위임한 힘으로, 선출되지 않는 다른 권력을 통제해 세상을 더 좋게 만드는 것이 민주주의 하에서 정치권력의 일이다. 가난하고, 힘 없고, 차별받는 누군가가 기댈 수 있는 최후의 언덕은 정치권력일 수밖에 없다.

주권자는 언제나 더 나은 세상을 바란다. 주권자의 바람에 정치 또한 조응해야 한다. 미래를 꿈꿔야 정치이다. 삶의 시간은 미래로 흐르기 마련이어서 여러 권력들 중 정치권력이 가장 많은 권력을 가져야 한다. 이 말은 다수 대중, 곧 주권자가 더 많은 권력을 가져야 한다는 말과 같다. 모두가 정치인은 아니지만 우리 모두는 주권자이다. 주권자가 정치를 잘 알면 알수록 좋은 정치인이 나온다. 좋은 정치인이 더 좋은 정치를 하면 그 혜택이 결국은 주권자에게 돌아간다.

권력에 대한 새로운 상상력

권력은 관계이다. 가장 좋은 권력관계는 민주주의라고 했다. 한국은 민주주의 국가이다. 그렇다면 한국은 가장 좋은 권력을 가진 나라인가. 당연히 아니다. 대통령을 바꾸고 국회의원을 바꾸면 더 좋은 민주주의가 가능한가. 어느 정도는 그러할 것이지만 사람이 다시 바뀌면 도루묵이다. 민주주의를 더 민주적으로 재구축하는 작업이 근본적인 대안이다. 정부-정당-개인유권자로 분산된 권력을 정부-정당-시민결사체로 재구축해야 한다. 선거일 하루만 권력을 가진 개인유권자를 "깨어있는 시민의 조직된 힘"으로 바꿔야 한다.

정부권력도 더 쪼개야 한다. 정부권력 안쪽을 쪼개는 것이 아니라 정부'들'로 분산시켜야 한다. 우리가 지방자치단체라고 부르는 '지역정부'의 역량과 기능을 더 강화시켜야 한다. 지역으로 분산된 여러 개의 정부들이 있고 그중 큰집 격으로 중앙정부가 있어야 한다. 중앙정부의 위상은 지켜주되 지역정부를 중앙정부의 '하위'로 묶어 두는 족쇄를 풀어야 한다. 서울과 그 나머지, 혹은 서울과 영남, 그리고 그 나머지로 나뉘는 지역불균등 상황을 고쳐야 한다.

권력의 집중과 분산이라는 주제와 관련해 정당은 사회일반과는 다른 내용을 필요로 한다. 기능적 관점에서 가장 모범적인 정당은 새누리당이다. 스스로 설정한 국가관, 이념, 정치적 목적을 강력한 힘으로 추구해야 하는 게 정당이다. 새누리당이 그러고 있다. 사회에서 민주주의는 원리이지만, 정당에서 민주주의는 여러 수단 중 하나라야 한다. 정당 내 민주주의는 목표 추구의 필요에 따라 채택할 수도 있고 버릴 수도 있는 수단일 뿐이다. 복수의 정당'들' 사이에서는 민주주의의 원리가 작동해야 한다. 단일 정당은 효율적인 의사결정과 강한 실천력을 확보해야 한다. 중요한 건 정당 내 민주주의가 아니라 사회의 다양한 갈등과 욕구를 수용할 수 있는 여러 정당들의 등장이다.

새정치민주연합은 매우 이질적인 개인, 그룹이 하나의 정당 안에 난마처럼 얽혀 있는 '포괄정당'이다. 당내 민주주의의 이름으로 개인과 계파와 지역기반 정치계급의 이익을 조정하고 있는 게 새정치민주연합이 하고 있는 '정치'이다. 당내 모든 개인과 계파가 한목소리를 내고 있는 테마는 오직 '정권교체'밖에 없다. 새정치민주연합은 좀 더 단일한 대오를 갖춰야 한다. 그러기 위해서는 지나치게 이질적인 개인과 계파는 다른 정당으로 쪼개져 나가야 한다. 쉽지 않다. 정당법이 가로 막고 있어서이다. 새정치민주연합의 여의도 국회의원들은 자신들이 쥐고 있는 정치독점을 풀어야 한다. 여의도 바깥의 정치를 활성화시켜야 한다. 그것이 주권자가 살고 새정치민주연합도 사는 길이다. 그러기 위해서 가져야 할 태도는 스스로 정치독점을 해체하고 법령 차원의 제도를 손봐야 한다. 정당법, 공직선거법, 정치자금법이 정치의 활성화를 가로막고 있는데도 여의도정치세력들은 손질하려는 노력을 하지 않고 있다. 그 법들이 새정치민주연합 여의도정치인의 '현직'을 유지시키는 데 도움이 되기 때문이다.

정권교체를 외치는 것은 쉽다. 누구나 바라는 바를 소리 높여 외치는 것은 용기도 지혜도 열정도 아니며 정치일 수도 없다. 그냥 쇼다. 진실은 더 깊은 곳에 있다. 선거는 민주주의 구현의 한 방법일 뿐 유일한 것도 절대적인 것도 아니다. 권력에 대한 상상력을 보다 근본적으로 펼쳐야 한다. 선출권력과 비선출권력의 관계, 선출권력 내부의 관계를 뿌리에서부터 재배열해야 한다. 권력관계 재배열을 위해 진실을 캐고, 용기를 내고, 지혜를 모으고, 열정을 바쳐야 한다. 여기에 우리의 미래가 달려 있다. 국회의원선거, 대통령선거는 두말할 것도 없이 중요하지만 '그 이후'까지 설계해야 한다. 이 책은 '그 이후'를 상상하고 설계하려는 무모한 시도이다. 상식과 일상으로 자리 잡은 모든 현재들의 고향은 과거의 무모함이다. 무모함에 대한 양해를 구하며 '내일'의 관점에서 '권력'의 얼굴을 조소彫塑해 가고자 한다.

3장

▼

민주주의는 '사회의 상태'

민주노총 광주지역 일반노동조합이 광산구청 앞에서 시위를 했다. 2015년 7월2일 목요일에 벌어진 일이다. 구청을 규탄하거나 구청에 특정 정책을 요구하는 모습을 자연스레 떠올릴 수 있다. 그런데 이날 시위는 달랐다. 민주노총이 생겨나고 지방자치가 실시된 이래 처음이라고 해도 틀린 말이 아닐 정도로 특별한 시위였다. 이날 민주노총은 "광산구가 아주 잘했다. 우리도 잘 하겠다." 이런 내용으로 구청 앞마당에서 시위를 했다.

민주노총 시위 하루 전, 그러니까 7월1일은 사기업 4개 업체가 맡아 오던 생활쓰레기 수거 업무를 광산구 직영으로 이관 받은 첫날이었다. 첫날을 기념해 나는 새벽에 환경미화요원들과 함께 쓰레기 수거를 했다.

광산구는 대략 30년 동안 특정 사기업들이 광산구의 생활쓰레기 수거업무를 독점해 왔다. 독점의 결과 노동환경은 극도로 악화됐고 쓰레기 수거 비용은 다른 구보다 더 많이 들었다. 사업주들의 호주머니만 두둑해졌다. 그나마 두둑한 돈으로 딴짓을 하다가 일부 사업체는 폐업까지 하면서 쓰레기 수거업무에 차질을 빚었다. 생활쓰레기 수거업무라는 공공영역에 사적인 욕망만 팽배해 있었던 것이다. 사업체 폐업으로 고용승계 문제까지 잇달아 생겨 아주 곤혹스러웠다.

광산구의회가 특위를 구성해 이런 문제점들을 제기해 주었다. 광산구는 '시설관리공단'을 통한 직영 운영을 해결책으로 제시했다. 당시 광산구에는 시설관리공단이 없었다. 새롭게 구상하고 있는 조직이었다. 시설관리공단은 생활쓰레기 수거 업무뿐만 아니라 체육시설, 유개승강장, 종량제 봉투 관리, 공영주차장 관리 등 생활과 밀접한 업무를 효율적으로 처리하기 위해 준비하고 있는 조직이었다. 광산구는 곧바로 시설관리공단 운영 조례를 의회에 제출했다. 연구, 토론, 선진사례 및 유사사례 벤치마킹 등 다각도의 노력이 뒤따른 끝에 2014년 8월 시설관리공단을 출범시켰다. 자칫 설립이 무산될 뻔도 했다. 시설관리공단이 하려는 업무와 이해관계가 충돌하는 지역사회 기득권 세력의 방해가 끊이지 않았다. 급기야는 행정소송까지 갔고, 광산구가 승소했다. 시설관리공단 논의를 시작한 지 약 3년 만에 설립을 마쳤다.

시설관리공단의 첫 번째 작업이 생활쓰레기 수거 업무의 직영 이관이었다. 업주들에게 돌아갈 이윤이 이제는 노동자의 근무여건과 복리 개선에 쓰일 수 있게 됐다. 당연히 생활쓰레기 수거업무의 효율은 높아졌고, 비용은 이전보다 적게 들어갔다. 19세기 미국의 재야경제학자 헨리 조지는 "최고의 능률은 정의에서 나온다."고 말했다. 정의로운 정책은 듣기에 좋을 뿐만 아니라 실제로 비용절감, 서비스 향상과 같은 효율과 능률을 높이는 정책 결과를 가져온다. "광산구 잘했다, 우리도 잘하겠다."는 민주노총의 특별한 시위가 벌어진 배경이다.

분산된 권력의 균형 잡힌 상호작용이 민주주의

영국의 정치철학자 토마스 홉스Tomas Hobbes·1588~1679는 절대군주제를 가장 좋은 국가 형태라고 주장했다. 요즈음으로 치면 독재나 다름없는 강력한 대통령 중심제를 선호한 셈이다. 대표적인 저서인 〈리바이어던 Leviathan〉(1651)에서 홉스는 이기심을 인간의 본성으로 규정하고 "모든 사람들이 모든 사람들과 싸우는 것"을 인간의 자연스러운 상태라고 보았다.*

---

* 이하 홉스의 견해는 토마스 홉스, 〈리바이어던〉(서해문집·2007) 이곳 저곳에서 가져왔다. 널리 알려진 관용구 "만인의 만인에 대한 투쟁"은 〈리바이어던〉 제13장에 있다.

홉스가 보기에 인간은 자연상태 그대로 두면 이해관계 충돌에 따라 서로 다투고 전쟁을 일으킬 게 빤했다. 근대 자본주의의 여명기라 할 수 있는 홉스의 시대는 실제로 전쟁의 시대이기도 했다. 홉스가 보기에 개인이 이기적인 권리를 포기하지 않는 한 인간이 모여 사는 사회는 파멸을 피할 수 없었다. 파멸을 피하기 위해 인간은 국가에게 이기적 권리를 양도하는 사회계약을 맺어야 한다는 게 홉스의 생각이었다. 그래야만 '사회'가 평화로울 수 있다는 것이다. 개인에게 양도받은 권리의 총합이 국가의 정당한 '권력'이며, 그 권력으로 국가가 평화(강압적인 수단을 써서라도)를 유지시켰을 때 사회는 파멸에 이르지 않고 존속가능하다는 게 홉스의 '사회계약'이다.

얼추 350년을 훌쩍 넘긴 영국 사람 홉스의 생각을 끄집어 낸 건 오늘날에도 권력 분석에 유효한 개념이기 때문이다. 멀리 갈 것도 없이 생활쓰레기 업무를 광산구 직영으로 전환한 사례가 홉스의 사회계약에 닿아 있다. 세부적인 내용을 제거하고 굵은 본질만을 놓고 보면, 광산구 생활쓰레기 업무의 비효율성은 자본의 탐욕과 그에 따른 노동착취가 1차 원인이었다. 이 1차 원인은 발주권을 쥔 광산구가 제어할 수 있었다. 하지만 1차 원인을 제어한다고 해서 문제해결이 가능한 건 아니었다. 노동자 내부의 서로 다른 생각과 주장이 또 있었다.

생활쓰레기 수거 효율성을 높이고 노동조건을 개선하려면 어떻게 해야 하는가. 이 질문에 우리의 상상력은 대부분 홉스의 방식을 떠올린다. 국가, 곧 광산구가 해결해야 한다는 것이다. 문제해결을 국가에 위임하는 방식이다. 국가의 일부로서 광산구의 개입은 꼭 필요하고, 문제해결은 당연한 의무이다. 하지만 어느 경우에나 국가 위임 방식이 옳은 것은 아니다. 위임받은 국가가 문제를 해결하지 못할 수도 있다. 의지와는 상관없이 법률과 제도의 한계가 그렇게 만들기도 한다.

실제로 광산구의 '직영전환'은 결코 쉽지 않았다. 호봉체계, 임금체계, 형평성 맞추기 등 노동자 내부의 '갈등'을 줄이는 일이 보통 복잡하지 않았다. 기득권 자본의 행정소송과 지역사회 이해관계자들의 로비와 여론전도 거셌다. 광산구는 자본의 이익보다 노동조건 개선과 공공성 확장에 더 무게를 두고 직영전환을 성공시켰다. 그 과정은 매우 험난했다. 실패할 수도 있었다. 다시 말해 광산구가 가진 '단독권력'만으로 일이 성사된 건 아니었다. 노동자들 내부의 이해 조정, 지역사회의 응원 등 다른 차원의 '권력관계'가 함께 작동했기 때문에 가능한 일이었다.

만약 광산구가 '절대권력'을 가졌다면 해결은 쉬웠을 수 있다. 이 쉬움을 홉스는 선호했다. 쉽기 위한 전제조건이 개인의 권리를 국가권력에게 맡기는 것이었다. 하지만 절대권력이 만든 평화는 침묵을 강요받은 평화와 다름이 없다. 불이익을 감수하는 것이 침묵의 내용이다. 개인이 좋은 생각으로 불이익을 감수하고 있을 때 그 이익은 특정인에게 집중된다. 이익을 보호하기 위해 권력은 더 많은 침묵을 강요한다. 그런 권력은 오래 갈 수 없다. 멀지 않은 시기에 '혁명'의 기운이 싹트고 마침내는 폭발한다. 절대권력이 만든 평화는 그 권력이 지닌 절대성만큼 허약할 수밖에 없다. 침묵과 혁명에 따른 사회적 비용은 많은 이들을 고통에 빠뜨린다. 국가에 위임해서 쉽게 해결하는 것보다는 다소 에돌더라도 사회에 의한 해결이 훨씬 안정적이다. 긴 시간을 놓고 보면 비용도 적게 든다. 국가의 권력 개입보다는 사회적 관계의 재정립이 더 매력적인 결과를 만들어 낸다. 집중된 권력의 일방적인 일처리보다는 분산된 권력이 상호작용하면서 문제를 수습해 가는 것이 더 좋다는 이야기이다.

서로 연대한 '작은 권력'들의 힘

클린광산 협동조합이 있다. 직영전환을 하지 않고 광산구와 대행계약을 맺어 생활쓰레기를 수거하는 청소협동조합이다. 여기서 일하는 분들은 원래 사기업 미화업체 소속 노동자들이었다. 이 사기업이 경영난으로 폐업을 결정했다. 말이 좋아 경영난이지, 사실은 경영 외적인 자금 운영으로 폐업을 해야만 하는 지경에 이르렀다.

미화원들은 일자리를 잃게 되었고, 광산구는 다른 업체를 찾아 대행계약을 맺어야 했다. 이때 흔히 발생하는 문제가 고용승계이다. 새로 대행계약을 맺은 사기업이 고용승계를 해야 한다, 그럴 수 없다, 이런 주장들이 충돌하면서 심각한 갈등이 생긴다. 장비나 시설까지도 승계하느냐, 마느냐 문제가 발생한다. 노동자들은 새로 대행할 업체가 자신들의 고용을 책임져 주게끔 광산구에 요구했다. 하지만 대행 업체가 고용을 승계할 의무는 없다. 그걸 알면서도 노동자들은 광산구에게 '절대권력'을 행사하라고 요구했다. 충분히 이해할 수 있는 요구이다. 문제는, 고용승계를 할 경우 노동자들이 직업을 잃지 않을 뿐 다른 여선은 그내로라는 점이다. 시간이 지나면 이전에 발생했던 것과 똑같은 문제가 재발할 가능성이 높았다. 공공기관-대행기업-노동자로 엮이는 관계 자체를 바꿔야 했다.

실직위기에 놓인 이들 청소노동자들과 광산구는 협동조합으로 문제를 풀어보자고 의견을 모았다. 노동자들은 신속하게 클린광산 협동조합을 만들었고 광산구는 곧바로 이 협동조합과 대행계약을 맺었다. 노동자들은 일자리를 이어 갔고 광산구는 깨끗한 도시환경을 지킬 수 있었다. 노동자들의 근무환경이 훨씬 좋아졌다. 이전에는 없었던 휴게실, 샤워실을 만들었다. 이전에는 다 해어진 장갑이나 부러진 삽으로 일을 했는데 이제는 필요한 용품이 더 좋은 품질로 제공된다. 노동자이자 사장인 조합원들이 이 모든 것들을 스스로 결정했다. 2012년 12월21일 출범한 '클린광산'은 전국 최초로 결성된 공무노동자 협동조합이다.

돈이 많이 들었을까. 그렇지 않다. 협동조합 설립 1년 만에 클린광산 조합원들의 임금은 25% 올랐다. 사업주의 이익으로 돌아갔던 것이 조합원들의 후생과 좋은 근무여건으로 환원된 것이다. 청소노동자들 사이에도 계급이 있다. 운전하는 사람이 대장이고 갑이다. 클린광산 협동조합은 그런 것이 없다. 3개월 단위로 순환근무를 한다. 서로 평등하게 일한다. 클린광산의 노동자들은 지역사회 나눔활동에도 적극적이다. 근무여건뿐만 아니라 사람과 사람 사이의 관계까지도 좋아진 것이다.

청소노동을 직접 하는 김성복 클린광산 상임이사는 "우리 스스로가 노동자이자 사장이니까 주인의식이 생겨 민원이 발생하지 않게 더 신경쓰면서 업무를 처리한다, 열정이 더 생긴 것 같다."고 말했다. 클린광산 협동조합으로 풀린 문제가 단순히 고용승계만은 아닌 것이다. 직영전환이 옳을까, 협동조합 설립이 더 나을까. 쉽게 단정할 수는 없다. 말하고픈 바는 홉스가 주장하는 것처럼 권력에 의한 '쉬운'(강압적이기 마련인) 방식이 유일한 해결책은 아니라는 것이다. 그것은 이 권력을 저 권력으로 대체하는 '돌려막기'일 뿐이다. 권력관계의 전반적인 재구성이 더 나은 해결책이다. 재구성의 방향은 '작은 권력'들이 서로 연대하는 것이다.

생활임금제, 노동정책이자 사회정책

민선5기(2010~2014) 들어서 광산구가 맨 처음 했던 일은 공공부문 비정규직 공무노동자를 정규직으로 전환하는 것이었다. 정규직 전환 그 자체는 어려운 일이 아니었다. 구청장이 결심하면 가능했다. 특별히 돈이 더 들지도 않았다. 중요한 것은 정규직 전환의 원칙과 기준을 세우고 지속가능한 기반을 마련하는 것이었다.

아무나, 무조건 정규직으로 전환할 수는 없었다. 광산구는 개인사업장이 아니라 혈세를 쓰는 공공기관이다. 정규직 전환을 하더라도 세금을 낭비하거나 공공서비스에 차질을 빚어서는 곤란하다. 비정규직 공무노동자들의 직무적성, 직무능력을 파악하는 기준을 마련하고 때가 되면 정규직으로 전환하는 엄격한 프로그램이 필요했다. 이런 것들을 준비하는 데만 8개월 정도 걸렸다. 그렇게 해서 의회의 동의와 조례제정 절차를 거쳐 2011년 3월에 정규직 전환 규칙을 공포했다.

비정규직을 정규직으로 전환하는 건 일차적으로는 노동정책이지만, 그 본질은 사회정책이다. 노동과 인간을 경시하는 풍토, 사람의 노동을 단순경비로 보는 태도, 이러한 사회적 분위기에 파열을 낼 수 있다는 점에서 사회정책이다. 기업가는 자기가 번 돈을 쓰지만 단체장은 세금을 쓴다. 그래서 "니 돈 아니라고 맘대로 정규직 전환 하냐?"는 비판이 있을 수 있다. 틀린 비판이 아니다. 그래서 사회정책 차원에서 접근했고, 원칙과 기준, 지속가능한 기반 마련에 주력했다. 정규직 전환은 '배려'가 아니다, 노동자들이 마땅히 누려야 할 '권리'다, 이 맥락에서 접근했다는 점에서 사회정책이다.

생활임금제도 마찬가지이다. 당장에 "니 돈 아니라고 맘대로 임금 올리냐?"는 비판이 나왔다. 그럴 때 나는 생활임금제는 노동자들에게 혜택을 주는 것이 아니다, 그분들이 공무노동에 종사하는 대가로 당연히 가져가야 할 몫을 지급하는 것이다, 어쩌면 이것도 부족하다, 더 많이 줘야 하지만 혈세를 함부로 쓸 수 없어서 이만큼이다, 공공부문에서까지 노동을 경시하고 노동에 들어간 돈을 비용으로만 취급하니까 민간영역의 수많은 노동현장에서 부당한 대우가 만연하는 것이다, 당신도 그리고 당신의 자녀들도 부당한 대우 앞에 놓여 있다, 이걸 고치려는 것이다, 당장에는 어렵더라도 전국의 지자체들이 하나둘씩 도입하면 민간영역에도 영향을 줄 것이다, 이렇게 말하곤 했다. 그러면서 든 예가 주5일제 근무였다. 일주일에 이틀이나 놀면 나라 망할 것 같고 사람들이 게을러질 것 같았지만, 실제로 5일 근무가 정착되고 나서 그런 문제는 발생하지 않았다는 이야기를 했다.

생활임금은 인간다운 삶을 보장할 수 있는 최소 수준의 임금을 말한다. 법률로 정하는 최저임금이 노동자의 생활보장을 목적으로 하고 있다. 하지만 한국의 최저임금은 지나치게 낮아 사실상 생활보장이 어렵다. 경제협력개발기구(OECD)가 권고하고 있는 최저임금은 노동자 평균임금의 50% 이상이다. 한국의 최저임금은 노동자 평균임금의 38%로 경제협력개발기구 국가 중 하위권이다.

광산구는 2014년 4월에 종합계획을 수립했고, 적용대상과 기준을 설정하고 시행계획을 수립해 먼저 행정명령으로 생활임금제를 시행했다. 그 해 6월에는 민선6기 지방선거가 있었다. 누가 구청장이 되더라도 생활임금제를 정책의 주요 사안으로 다룰 수 있게끔 선거 전에 행정명령으로 시행한 것이다. 다행히(?) 나는 재선에 성공했다. 다시 구청으로 들어와 11월에 조례를 제정했다. 최저임금 인상률, 근로자 연평균 정액급여, OECD 기준 등을 기준 삼아 광산구 나름의 생활임금을 책정했다. 현재 최저임금의 133%가 광산구의 생활임금이다. 또 생활임금심의위원회에서 매해 9월10일까지 생활임금을 결정해 이듬해 1년 동안 집행하도록 제도화했다.

광산구 생활임금은 조금 독특하다. 시간당 급여는 2015년 현재 생활임금제를 시행하고 있는 타 자치구에 비해 높지 않다. 보통 수준이다. 시간당 급여는 서울 성북구와 노원구가 가장 높다. 그런데 최종적으로 받는 월급으로 보면 광산구가 가장 높다. 다른 구들은 닷새 일하면 하루 임금을 더 얹어 준다. 일주일 중 이틀이 노동자들의 휴식기간인데 그중 하루를 유급휴가로 산정하는 방식이다. 광산구는 이틀을 유급휴가로 산정하고 있다. 명목시급은 보통인데 월급으로 환산하면 광산구가 가장 높은 이유다. 광산구는 생활임금제 또한 사회정책이라고 보았다. 노동자들의 생계에 실질적인 보탬을 주기 때문에 우선은 노동정책이다. 하지만 생활임금 산정 방식, 거기에 담는 노동철학이 무엇이냐에 따라 노동과 노동비용을 대하는 사회 전반의 태도에 변화를 가져올 수 있다. 일주일에 이틀을 유급휴가로 산정하는 광산구 방식의 생활임금제는 우리 사회에 이런 이야기를 전하고 싶었다. 두 가지이다.

첫 번째는 시급을 제시하면서 "봐라, 별로 올린 것도 없다." 이렇게 말하는 것이다. 눈 가리고 아웅한다고 비난할지도 모르겠지만 이 방식이 정당하다고 보았다. 우선은 "혈세를 맘대로 쓴다."고 비난하는 분들에게 논리적으로 떳떳해야 했다.

둘째는 노동에 대한 인식을 바꾸고 싶었다. 일주일에 쉬는 이틀은 노동하지 않는 시간이 아니라 노동력을 재생산하는 시간이다, 그렇기 때문에 당연히 유급이어야 한다, 이런 이야기를 하고 싶었다. 노동관계법령에서 주당 유급휴일을 1일이 아니라 1일 '이상'이라고 정한 이유가 여기에 있다, 이런 이야기를 사회 각 분야와 나누고 싶었다.

광산구가 시행한 대표적인 노동정책이 비정규직의 정규직 전환과 생활임금제이다. 이 둘은 공무노동자의 삶에 실질적인 도움을 준다. 하지만 이것만이 정책의 목표여서는 곤란하다는 것이 광산구의 생각이었다. 그것은 시혜적, 후견인적인 사고방식이기 때문이다. 이 정책을 사회정책으로까지 확산시키려면 노동과 인간에 대한 철학을 정책의 디테일에 담아야 한다고 보았다. 그래야 확산이 가능하다고 본 것이다. 예를 들면 광산구는 현재 7개 아파트입주자대표회의와 경비노동자들의 생활임금을 보장하는 협약을 체결했다. 이러한 민간 부문과 협약을 체결할 때 공공부문이 기준이 될 수밖에 없다. 당장에는 '시간당 얼마냐'가 관심이겠지만, 휴일·휴가·근로조건 등 연동되는 다른 부문까지를 포괄하는 노동철학 이야기가 나올 수밖에 없다. 그때 광산구가 추진한 정규직 전환이나 생활임금제 같은 것이 대화의 기준이 될 수밖에 없는 것이다. 광산구는 사회정책으로까지 확장하는 걸 염두에 두고 노동정책을 다듬었다. 이 부분을 강조하고 싶다.

사회의 지적·도덕적 기초가 민주주의의 출발

프랑스의 정치사회학자 토크빌A. de Tocqueville · 1805~1859은 민주주의를 '사회의 상태'라고 보았다. 모든 성인에게 차별없이 투표권을 주는 보통선거가 있고, 이 선거로 대통령·국회의원·자치단체장을 뽑는다고 해서 민주주의가 실현될 것이라고 생각하지 않은 것이다. 토크빌은 한 사회가 지닌 민도民度, 즉 "그 사회가 어떤 지적·도덕적·문화적 토양을 발전시키는가에 따라 더 좋은 내용으로 성장할 수도 있고 그 반대일 수도 있다."고 보았다. 비슷한 틀의 민주주의 시스템을 갖추고 있다 하더라도 나라마다 민주주의를 실현하는 수준과 내용은 다르다. 히틀러 치하의 독일 제3제국도 선거를 기반으로 꾸려졌다. 북한도 표방하기로는 '조선민주주의인민공화국'이다. 토크빌은 제도보다 중요한 게 사회의 상태라고 본 것이다.

구체적으로 토크빌은 평범한 시민들 각자가 스스로를 통치하는 행위에 규칙적으로 적극적으로 참여하지 않으면 민주주의는 불가능하다고 경고했다. 그는 큰 권력보다 작은 권력을 더 중요시했다. 날마다 발생하는 작은 일들, 곧 작은 권력에서 복종이 일상화되면 공동체 전체가 복종의 무감각 상태에 빠진다. 그들은 체념하고 포기하는 노예가 되어간다. 반면에 중요하지만 가끔씩 강요되는 복종(ex. 국가보안법, 예비군훈련)은 특정 시기에만 예속을 강요하고 그 부담을 소수에게만 지운다.

큰 권력은 크기 때문에 분명하게 보인다. 저항이든 예속이든 사람들은 그것을 모르지 않는다. 사소한 일로 여겨지는 작은 권력은 작기 때문에 권력이 아닌 것처럼 느껴지고, 한 번 두 번, 하나둘씩 보류하고 포기하다 보면, 궁극에는 자기 자신을 위하여 생각하고 느끼고 행동하

---

* 이하 토크빌의 논점은 A. 토크빌, 〈미국의 민주주의 1·2〉(한길사·1997) 이곳 저곳에서 가져왔다.

는 능력까지 잃게 된다. "마침내는 인간 이하의 상태로 떨어지는 것을 막아내지 못한다."* 그래서 토크빌은 국가보다 자치공동체를 더 중요시했다. 토크빌은 스스로를 스스로가 다스리는 자치를 '민주주의의 초등학교'라고 보았고, 튼튼한 초등교육 없이는 이후 고등교육을 달성하기 어렵다고 보았다. 자치를 통해 훈련된 민주시민이 민주적인 국가권력을 만든다는 이야기이다.

홉스는 개인의 권리를 '국가'라는 절대권력에 위임해야 세상이 평화로울 것이라고 주장했다. 그 위임을 '사회계약'이라고 이름 붙였다. 토크빌은 작은 권력조차도 위임하지 않는 '자치공동체'가 큰 권력의 상태를 결정지으며 그것이 곧 '민주주의'라고 말했다. 홉스 대 토크빌, 국가 대 자치공동체, 사회계약 대 민주주의가 서로 마주 보고 서 있다. 홉스는 전쟁으로 점철된 근대 여명기의 유럽을 보았고, 토크빌은 독립전쟁 이후 약동하는 미국을 보며 민주주의를 고민했다. 누가 옳을까. 상황에 따라, 어느 부문이냐에 따라 옳고 그름은 다를 수 있다. 지금 우리 사회의 권력구조를 염두에 둔다면 어느 사상이 우리에게 좀 더 풍족한 상상력을 제공해 줄 수 있을까. 흥미로운 사례 하나를 소개한다.

---

* 사울 D. 알린스키, 〈급진주의자를 위한 규칙〉(아르케·2008), 35쪽. 토크빌을 인용하면서 알린스키가 한 말이다.

미국 독립전쟁에서 조지 워싱턴을 보좌한 프로이센 장교 출신의 슈토이벤 남작이 있었다. 그는 오합지졸에 가까운 미국의 민병대들을 엄격하게 훈련시켰다. 질서와 규율, 위생관념 같은 군대 운영의 기본틀을 정립했다. 오합지졸 민병대들은 영국군 못지 않은 정예군으로 재편되었다. 그가 제작한 〈혁명전쟁 훈련 매뉴얼〉은 지금도 미군의 일부에서 사용되고 있다. 민병대를 훈련시키면서 슈토이벤 남작은 이렇게 말했다. "이 나라(미국)의 정서는 프로이센이나 오스트리아, 프랑스와는 전혀 다르다. 유럽의 병사들은 명령에 절대 복종하지만 여기서는 명령하는 이유를 스스로 납득해야만 비로소 움직인다."[*]

홉스는 명령에 절대 복종하는 개인을 원했다. 토크빌은 스스로 납득해 움직이는 개인들을 민주주의의 버팀목이라고 보았다. 두 종류의 개인들 중 어떤 개인들이 모여 구성한 사회가 더 좋은 사회일까, 더 자유로운 사회일까. 나는 토크빌을 지지한다. 다음 장에서 그 이유를 살펴보자.

---

[*] 다큐멘터리 〈미국 400년의 도전 제3부·남북전쟁〉(KBS·2012), 원작 〈The History of the U.S〉 (History·2010).

4장

▼

정권교체보다 중요한 사회권력 재구축

2015행복박람회. 세련된 작명은 아니다. 바꾸고 싶었지만 그대로 밀어 붙였다. 행사의 취지를 직관적으로 전달하는 데 부족한 말은 아니라고 판단해서다.

2015행복박람회는 5·18광주민중항쟁 35주기를 맞아 광산구와 오마이뉴스가 함께 마련한 행사다. 광산구는 자치공동체 현장을 견학하기 좋게 준비했고, 오마이뉴스는 '꿈틀여행단'이라는 이름으로 전국 각지에서 박람회 참여자를 모집했다. 더 좋은 세상을 만들기 위해 '꿈틀댄다'라는 뜻의 '꿈틀'이었다. 행사는 5월15일부터 18일까지 나흘 동안이었다. 오마이뉴스가 모집한 꿈틀여행단 외에도 행복박람회를 궁금해

하는 이들이 많았다. 5·18을 맞아 광주를 찾은 외지 분들, 광주에 살고 있는 시민과 학생들을 위해 셔틀버스를 준비했다. 4일간 4대의 행복버스가 광산구를 누볐다.

꿈틀여행단은 16일부터 1박2일 동안 광산구가 준비한 자치공동체 현장을 '꿈틀버스'를 타고 둘러봤다. 꿈틀여행단 구성원은 귀촌부부, 모녀팀, 자매, 공직자 등으로 다양했다. 서울, 경기, 경상, 전라, 제주 등 전국 곳곳에서 모인 이들이었다. 여행코스는 〈마을협동조합이 만든 카페 '아름다운 송정씨'〉 - 〈환경미화 노동자들이 설립한 '클린광산 협동조합'〉 - 〈마을 만들기, 잘되는 이유가 있다 '공익활동지원센터'〉 - 〈마을복지의 거점 우산동 북카페 '마을애'〉 - 〈인문공간, 예술작업장 꾸린 '선운중'의 교육자치〉 - 〈행복박람회의 뿌리 5·18과 윤상원 열사를 찾아서〉 - 〈노인복지의 혁신 '더불어락 노인복지관'〉 이었다.

행복박람회의 거점은 운남동 더불어락 노인복지관과 운남근린공원에 마련했다. 이곳에서는 행복박람회의 부대행사로 자치도서전, 오월도서전, 정책아이디어 마켓, 현장민원실, 프리마켓, 주먹밥 나눔행사 등이 함께 열렸다. 광산구는 나흘간 참가자들이 적어 준 정책아이디어들과 민원들을 취합했다. 이하 여행 코스별 풍경 묘사는 〈광산구보〉 254호를 재구성한 것이다.

박람회 첫날인 15일 신가초교 6학년생들이 행복버스를 탔다. 이들은 선운중학교에 마련된 '인문공간 2037'과 '예술작업장 꼬물'에 큰 관심을 보였다. 세월호 전시를 본 학생들은 울기도 했다. 환호성과 눈물이 함께한 박람회 답사에서 한 학생은 "내년에 이 학교에 다니게 해 달라."며 동행한 엄마를 조르기도 했다.

마을협동조합이 만든 카페 '아름다운 송정씨' 카페가 사람들로 꽉 찼다. "이렇게 많은 사람들이 온 적 없다."고 놀란 기영철 상임이사는 송정동 구석구석 누벼 온 활동가답게 마을자치 이야기를 구성진 전라도 말로 생생하게 풀어 놓았다. 여행단은 배꼽을 쥐며 답사의 '준비운동'을 마쳤다.

환경미화 노동자들이 설립한 클린광산 협동조합 실직 위기에 있던 환경미화 노동자들이 직접 협동조합을 꾸리고 성공모델을 만들기까지의 과정을 김성복 상임이사와 양성채 회계이사가 소개했다. 참가자들은 캠코더로 기록하고, 수첩에 꼼꼼히 메모했다. 협동조합 설립에 대한 질문이 많았다. "조합원 모두가 사장인데 왜 노조를 만들었나요?", "다른 환경미화 노동자들과 연대하고, 필요하면 힘을 보태기 위해서요."

마을 만들기, 잘되는 이유가 있다 '공익활동지원센터' 수완동 원당숲 어울마루로 오르는 길은 숲길이다. 숲길 끝에 공익활동지원센터(이하 공익센터)가 있다. 윤난실 센터장이 공익센터의 역할을 설명했다. 마을 만들기, 사회

적경제 등 주민들의 공익활동을 돕는 곳. 윤 센터장은 '관설민영'(광산구
설립, (사)마을두레 운영)의 중요성과 효과를 강조했다.

"행정의 지원을 받아서 사업을 하는 건 비슷한데, 우리 동네는 관의 간
섭이 너무 심해요." 창원에서 온 마을활동가의 고뇌다. "여러분의 활동이
세금을 공익적으로 쓰는 일이라면, 당당하게 맞서십시오. 그래야 관도 변
합니다." 윤 센터장의 답변이었다.

마을복지의 거점 우산동 북카페 '마을애' 우산동 잉계마을 북카페 '마을愛'에서
유자차 한 잔씩. 김금주 우산동복지네트워크 위원장이 소개에 나섰다. 우
산동복지네트워크는 복지수요가 큰 마을 특성을 살려 주민들과 사회단체·
기관이 함께 꾸린 조직이다. 마을愛는 그 중심이 되는 거점 공간.

김 위원장은 구체적인 사례로 활동을 설명했다. 마을문패 만들기, 홀몸
어르신-청소년 돌보미 짝꿍 맺어 주기 등등. 김 위원장의 소곤소곤 수다
스타일 소개법이, 여행단을 실감나는 간접체험으로 이끌었다.

이튿날. 선운휴먼시아 아파트단지에 있는 '황룡강 게스트하우스'에서 자
고 나온 여행단이 걸어서 선운중학교로 이동했다. 이 게스트하우스는 주
민들이 설립한 마을자치의 산물. 비교적 평수가 작은 아파트라서 손님이
오거나 친척들이 함께 모일 때를 대비해 공동의 공간으로 준비한 게스트
하우스이다. 합리적인 가격으로 임대사업을 벌여 자치기금으로도 쓴다.
숙소마저 '혁신 자치현장'이다.

인문공간, 예술작업장 꾸린 '선운중'의 교육자치 선운중학교 도착. 교사들과 학생들은 학교 안에 인문공간 '2037'과 예술작업장 '꼬물'이라는 공간을 마련했고, 여기서 자유롭게 배움을 꾸리고 있다. 김태은 선생이 소개하는 '세월호 1주년 수업결과물 전시'가 감동의 태풍을 몰고 왔다. 여행단이 '인문공간 2037'에 흠뻑 빠진 덕에 다음 일정이 늦어졌다.

행복박람회의 뿌리, 5·18의 윤상원 열사를 찾아서 이번에는 '정통' 5·18 답사지. 항쟁 당시 시민군 대변인이었던 윤상원 열사의 신룡동 천동마을 생가를 찾아가 추모의 시간을 가졌다. 열사 생가를 찾아가는 중에, 여행단은 노래 '임을 위한 행진곡'이 애초 1982년 윤상원 열사의 영혼결혼식을 위해 만들어졌다는 이야기를 들었다. 대부분이 놀라워했다.

노인복지의 혁신 '더불어락 노인복지관' 운남동 더불어락은 행복박람회 주요 행사장이다. 노인복지관 안팎이 광산구민들로 북적북적. 이곳에서 여행단은 5·18을 기억하고, 미래를 설계하는 여러 장면들을 목격했다. 행사 '우리동네 5·18'은 진지하면서도 즐거운 축제였다. 더불어락 어르신 합창단이 부르는 '임을 위한 행진곡'이 특히 인기였다. 앵콜곡은 '아빠의 청춘'. "마을 단위에서도 이렇게 풍성하게 기념행사를 하네요!", "임을 위한 행진곡부터 아빠의 청춘까지, 행복박람회 목표가 여기 담겨 있는 거 같아요." 놀라운 반응의 연속.
강위원 복지관장의 강연에 박수 세례가 쏟아졌다. "복지는 시혜가 아니라, 스스로 삶을 세울 수 있도록 돕는 것"이라는 말이 큰 공감을 샀다. 참가자들은 북카페를 직접 만들고 협동조합, 자치회 등을 꾸리는 어르신들을 만났다. 그리고 '낮에는 노인복지, 저녁에는 마을복지, 주말에는 청소년복지' 공간으로 활용되는 더불어락의 개방성을 생생히 확인했다.

행복강연, 그리고 금남로의 바다로 여행단은 동구 광주YMCA로 옮겨가 오연호 오마이뉴스 대표의 행복강연을 듣고 여정을 마무리했다. 그리고 흐르는 강물이 바다에 이르듯, 5·18민중항쟁 35주년 기념 전야제가 열리고 있는 금남로로 향해 갔다.

농촌의 인간적 연대를 끌어들인 도시공동체

소개한 광산구의 자치현장들은 제각각 다른 특성을 지니고 있다. 마을, 사업장, 학교, 복지관, 중간지원조직 등으로 다양하다. 농업기반 전통사회는 이 모든 것들이 통합되어 있는 공동체였다. 마을에 논밭이 있었고, 그 논밭에서 마을 사람들이 함께 일했으며, 멀지 않은 곳에서 서당이나 초등학교가 아이들을 가르쳤다. 마을 주민들은 계나 두레 같은 유사 복지시스템을 공유했다. 농업기반 전통사회의 '지역공동체'는 생활공동체, 생업공동체, 교육공동체, 복지공동체, 문화공동체의 기능을 모두 포괄했다. 하지만 이처럼 통합적인 공동체 조성이 도시에서는 불가능하다.

1960년대 이후 산업화가 급격히 진행되면서 한국에도 본격적으로 도시가 성장했다. 이 시기 한국의 도시에는 토착민보다 이주민이 더 많았다. 산업화의 급격함에 보조를 맞춰 재산변동이나 계층이동 또한 속도가 빨랐다. 주거공간이 아파트이든 단독주택이든, 자가소유이든 전월세이든 상관없이 초기 도시에 정착했던 이주민들은 도시 안에서도 끊임없이 이주를 거듭했다. 집은 정거장의 대합실과 같았다. 지역에 대한 소속감은 생겨나기 어려웠다. 공동체는 이웃과 '가까운 거리', 이웃과 함께한 '시간의 축적'을 조건으로 삼는다. 잦은 이주로 '거리'는 늘 파괴되었으며, '시간'은 자주 원점으로 되돌아갔다. 초기 이주민들에게 도시공동체는 상상조차 쉽지 않았다.[*]

인간은 사회적 동물이다. 공동체 없이는 살아갈 수 없다. 도시 안에서 어느 종류의 공동체도 구성할 수 없었던 이주민들은 추억과 상상의 공동체에 자신을 의탁했다. 향우회나 동문회, 친족들 간의 정기적인 모임 같은 한국사회의 유별난 연고문화가 탄생한 배경이다. 고단한 공장노동, 생소한 도시생활의 독소를 제거하기 위해 고향과 동창과 친척을 찾는 것이다. 한국의 연고문화를 전근대적인 퇴행으로만 볼 수 없는 이

---

[*] 정기용, 〈사람 건축 도시〉(현실문화연구·2008), 22쪽 '대합실' 비유를 인용해 재구성했다. 정기용은 "이 나라 사람들은 집 속에 살고 있는 것이 아니라 모두 대합실에서 '대기'하고 있는 것이나 다름없다. 대기하는 대합실 속에서의 삶이란 '임시적'이고 '즉흥적'이며 연속성이 없다. 시간이 되면 모두 떠날 준비가 되어 있는 유목민들의 모습이다. 이런 도시에서 '공동체'니 '이웃관계'니 하는 이야기들은 성립하지 않으며 난센스 같이 들린다."고 말했다.

유가 여기에 있다. 사회적 동물로서 생존하기 위한 처절한 몸부림이 학연·지연·혈연을 중시하는 연고문화를 낳았다. 연고문화가 사회의 진화를 더디게 하는 걸 부인할 수는 없다. 오늘날 연고문화는 탐욕과 배제, 차이와 특권을 조장하는 고약한 것이 되어 가고 있다. 그렇다고 연고문화를 무작정 비난하는 것만으로는 문제를 해결할 수 없다. 연고문화를 없앨 수도 없다. 불가능할 뿐만 아니라 옳지도 않다. 연고문화는 다른 무엇으로도 대체할 수 없는 '정서적인 위로'의 기능이 있다. 그 기능은 존중해야 한다. 없애기보다는 연고문화를 대체할 공동체를 도시 안에 꾸리면 될 일이다.*

1980년대를 넘어 가면서 한국의 산업화는 일단락됐다. 산업화의 관성이 여전히 살아 있어서 신도시 건설과 그에 따른 연쇄 이주는 계속됐지만 마무리 국면이었다. 1995년에 지방자치제가 부활한 것이 우연만은 아니라고 본다. 이동이 줄어들고 시간의 안정성이 확보되기 시작한 때가 1990년대부터이다. 도시공동체가 싹틀 수 있는 조건이 확보될 즈음 지방자치제가 실시된 것이다. 도시공동체에 관한 이론적 탐색이 활발하게 벌어진 때도 이즈음이다. 현장 활동가들의 공동체 운동 또한 어

---

* 발레리 줄레조는 시골에서 이주해 도시의 아파트에 사는 경제활동인구가 시골의 부모님이나 친척들과 어떤 관계를 맺고, 어떤 방식으로 상호지원을 하며, 거기서 어떤 습속이 발생하는가를 살폈다. 도시 내 잦은 이주로 인해 전통적으로 집과 맺고 있는 강한 인연이 단절된다는 것이 주된 내용이다. 이 단절이 현실의 공동체(도시) 조성을 억제하는 한편 추억의 공동체(시골)를 강화시킨다는 것으로 해석 가능하다. 발레리 줄레조, 〈아파트공화국〉(후마니타스·2007), 214~216쪽 참조.

느 때보다 활발했다. 안타까운 대목은 공동체를 탐색한 이론과 실천의 성과가 그 성과의 수준만큼 제도로 옮겨가지 못했다는 점이다. 시민사회가 어렵사리 추출한 공동체의 씨앗을 정치사회가 수용하지 못했다는 의미이다. 현장과 제도 사이에는 커다란 강이 흐르고 있었는데 강의 이쪽과 저쪽을 연결해 줘야 하는 정치사회는 지역의회와 지방자치단체였다. 그런데 지역정치세력은 중앙정치에 종속되어 있거나 잘해 봐야 보조적 역할에 머물렀다. 지역정치세력의 정치행위 과정에 시민사회는 자원이 아니라 훼방꾼처럼 여겨지던 때였다. 지방자치는 이제 막 걸음마를 뗀 단계여서, 도대체 지방자치가 무엇인지 인식조차 고르지 않았다. 강의 이쪽과 저쪽을 연결시켜 주는 정치사회의 교각은 놓이지 못했다.

21세기 첫 10년에 이르러 지방자치의 정치사회는 '공동체' 또는 '자치'에 깊은 관심을 갖게 되었다. 이때는 민주정부 10년의 성과와 한계를 경험한 세력들이 대거 지방정치에 투신하던 때였다. DJ의 지역등권론이 노무현 대통령에 이르러 '국가균형발전'이라는 정책로드맵으로 구체화되었다. 대통령이 되기 이전에 정치인 노무현은 '지방자치실무연구소'를 꾸려 한국사회의 미래를 모색했다. 그 결과가 '국가균형발전론'이기도 했다. 노무현 대통령의 철학에 공감한 세력들이 국가권력을 잃은 상황에서 지방정부의 가능성에 주목하는 건 자연스러웠다. 시민사회의 맥락에서 21세기는 도시가 안정화 단계에 접어든 때다. 상징적인 예로 이

제 아파트를 선택하는 기준이 자산가치로서 '평수'뿐만 아니라 근린공원, 교육환경, 출퇴근 편리성 같은 생활가치도 강력하게 작동하기 시작한 것이다. 도시공동체 형성의 조건이 확보되었고, 이때가 도시공동체 조성의 골든타임이었다.

좁은 공간에서 집단적으로 생활을 꾸리고 있는 게 도시민의 특성이다. 하지만 생활의 장소와 생계의 장소는 분리되어 있기 마련이다. 특정 지역에 산다는 것은 주거, 교육, 취향 등 '제한된 필요'를 그 지역 내에서 충족한다는 의미이다. 나머지 필요는 주거 공간 밖에서 얻는다. 도시공동체 조성의 1차적 동기는 '이익'이다. 재개발, 혹은 대형자본의 상업시설 진입에 따른 보상요구처럼 화폐이익과 생활이익이 결합된 경우도 있고, 교통·환경·교육·안전 같은 비화폐적인 시민권리로서 이익도 있다. 중요한 것은 이 이익이 거주민 전체의 삶과 관련된 집합적 성격을 지녔다는 것이다. 이전에는 이익 추구를 위해 선택한 방식이 개별적인 이주였다. 이제 도시 안에서 이주 동력은 줄어들었다. 정착민이 된 도시 사람들은 공동의 이익을 얻거나 잃지 않을 목적으로 이웃을 '발견'했다. 이웃과 이웃이 서로 머리를 맞대기 시작했다. 지방자치단체도 행정행위, 정치행위의 앞자리에 '공동체'를 놓기 시작했다. 퇴니스Ferdinand Toenis·1855~1935 분류에서 게마인샤프트Gemeinschaft에 가까운 유형의 도시공동체가 등장하기 시작한 것이다.

퇴니스가 제시한 게마인샤프트는 혈연·지연 중심 농업기반의 전통 사회를 설명하는 개념이다. 게마인샤프트의 건너편에는 게젤샤프트 Gesellschaft가 있다. 게젤샤프트는 업무, 계약, 제도로 교류하는 도시사회를 설명하는 개념이다. 흔히 게마인샤프트를 공동사회, 게젤샤프트를 이익사회로 번역하는데 적절하지 않다. 게마인샤프트, 게젤샤프트 모두 공동사회이며, 동시에 이익사회이다. 다만 '공동'과 '이익'을 연결하는 매개물이나 양식이 다를 뿐이다. 게마인샤프트는 혈연, 지연 같은 일차적인 인간관계를 바탕으로 이질적인 구성원들이 한 울타리 내에서 살아간다. 게젤샤프트는 특정한 생업배경, 전문적 지식 등을 공유하는 동질적인 구성원들이 공동의 이익을 추구하며 살아가는 유형이다. 지연과 혈연, 땅이나 바다의 생업으로 묶여 선택지가 없는 공동체가 게마인샤프트라면, 산업사회의 생업·전문성·이해관계·취향·자기선택에 따라 엮이는 게 게젤샤프트라 할 수 있다. 이 둘의 전형적인 양상이 각각 농촌공동체, 도시공동체이다. 두 공동체는 각각의 장단점이 있다. 무엇이 더 미래지향적이고 우월하다고 말할 수는 없다. 상징적인 맥락에서 한국의 명절은 게마인샤프트를 찾아가는 과정이다. 그리고 도시의 일상은 게젤샤프트 안에서 이뤄진다. 어느 하나가 더 중요하거나 덜 의미 있는 것은 아니다. 한국의 산업화 시기, 도시에 공동체가 아예 없었던 것은 아니다. 노조나 직장협의회, 직종 이름이 앞에 있는 각종 협회(ex. 변호사협회)의 형태로 있었다. 하지만 이러한 공동체는 수단적 인간관계가 기반이었고, 계약에 근거했으며, 탈장소적이었다. 또 배타적인 특성을 지니고 있었다. 도시 삶의 한 요소로 작용할 뿐 인간적 연대나 공공성 같은 것, 즉 게마인샤프트의 장점이 부족한 게젤샤프트였다. 하지만 자유로운 선택, 평등한 인간관계, 합리성의 장점을 갖췄다. 게마인샤프트의 단점이 없었다.

게마인샤프트	게젤샤프트
농촌	도시
혈연 기반 인간관계, 위계질서	계약, 수단적 인간관계
지연, 기명성, 장소성	법, 규칙, 제도, 익명성, 탈장소
전근대, 전통규범	근대, 합리적 선택

뿔뿔이 흩어진 도시 속 개인들이 공동의 이익을 위해서 모였다. 이익은 지역을 기반 삼고 있다. 모인 개인들이 혈연은 아니다. 이들이 추구하는 공동의 이익은 삶의 질 향상이나 시민적 권리에 가깝다. 여기에는 도시 삶이 주는 反인간성을 극복하려는 규범적인 목적, '더불어 살자'는 연대의 맹아가 담겨 있다. 순수한 의미의 게마인샤프트는 아니지만 그것에 '가까운' 유형이라 할 수 있다. 그래서 조명래 교수는 "도시에서 일차적인 공동체가 필요하다면 그것은 도시적 맥락에 맞게 재편성된 '게마인샤프트적'인 공동체일 것이다. 더불어 살아가는 공동체가 도시에 있어야 한다는 것은 과거의 공동체적 삶에 대한 향수 때문이 아니라 현재 긴박하게 전개되는 도시적 삶을 주체적으로 이끌기 위한 자의식적

인 실천을 위한 것 때문이다."고 간파했다.[*]

  광산구가 실천하고 있는 여러 공동체 운동의 사례들은 지역기반, 공동의 이해, 공동의 요구에 기초해 있다. 농촌공동체를 도시에 복원하는 것이 아니라 농촌공동체가 지니고 있었던 공공성, 인간적 연대 같은 긍정의 요소를 끌어들여 도시에 알맞은, 그리고 꼭 필요한 공동체를 구축하는 작업이다. 공동체 운동이 빠지기 쉬운 오류, 즉 배타성이나 이해집단화를 막는 작업이 동시에 진행되었다. 게마인샤프트와 게젤샤프트의 좋은 점만을 취하려는 시도로 봐도 무방하다.

스스로 다스리는 자치공동체가 민주주의의 미래

  건강한 도시공동체 조성은 왜 중요할까. 꼭 해야만 하는 일일까. 이에 대해 사울 D. 알린스키Saul D. Alinsky·1909~1972는 "일단 당신이 환경오염과 같이 일반적으로 모두가 동의하는 어떤 것과 관련해서 사람들을 한번 조직하고 나면, 조직된 사람들이 활동하기 시작한다. 거기에서 정치적 오염, 그리고 다시 국방부의 오염으로까지 가는 것은 한 걸음 더 내딛는 것만큼 간단하고 자연스러운 일이다."[**]고 말했다. 삶터 주변의

---

[*]   조명래, '지역사회에의 도전: 도시공동체의 등장과 활성화', 〈도시공동체론〉(한국도시연구소 엮음, 한울아카데미·2003), 87~89쪽 참조.
[**] 사울 D. 알린스키, 〈급진주의자를 위한 규칙〉(아르케·2008), 33~34쪽.

생활환경문제를 해결하기 위해 사람들이 모여 공부하고 의논하고 실천하면, 목적 달성 이후에도 모임이 존속하면서 사회의 건강성을 높이는 분야에 관심을 갖게 되고, 그것을 위한 더 많은 활동을 이어간다는 이야기이다. 집 주변 도시숲 조성에 관심을 갖고 참여하다 보면 어느새 핵에너지 문제에도 의견을 내고, 그린피스의 활동에도 귀를 기울이게 된다는 주장이다. 알린스키가 내린 결론은 "변화를 위한 권력을 세우려고 한다면 우리는 우리가 서 있는 곳에서부터 시작해야 한다"는 것이다.*

권력은 관계이다. 좋은 내용으로 도시공동체가 조성된다 하더라도 여전히 남는 문제는 '권력'이다. 공동체 내부의 관계, 그리고 공동체가 공동체 바깥 세계와 맺는 관계는 '권력' 문제를 반드시 일으키게 되어 있다. 이를테면 더불어락으로 바뀌기 전 광산구노인복지관은 전형적인 '노인이해집단'이었다. 그들은 공공기관에 강력하게 '요구'하거나 개별 정치인이나 정치권과 '표 거래'를 하는 방식으로 자신들의 이해를 추구했다. 배타적이고 닫힌 공동체였다. 지역사회에 공적으로 기여하는 것은 없었다. 한정된 공공자산에서 '노인의 몫'을 더 가져올 뿐이었다. 스스로의 위상을 존엄한 방향으로 정립하지 않았다. 스스로를 통치대상으로 여기고 공동체 바깥 세계와 '권력관계'를 맺었다. 그렇기 때문에

---

* 사울 D. 알린스키, 앞의 책, 265쪽.

'요구'했고, 특정 정치인을 극단적으로 추앙하거나 배제했다. 당연히 공동체 내부의 관계도 자유로운 개인들의 연대가 아니었다. 영향력 있는 몇몇 노인들이 복지관 전체를 장악하는 위계서열 구조였다. 간단히 말해 '자치'가 없는 공동체였다. 사람들이 단순히 모여 있는 것만으로는 좋은 공동체를 만들 수 없다. 스스로 다스리는 자치의 원리가 작동해야 좋은 공동체가 될 수 있다. 좋은 공동체는 열려 있어야 하며, 공공성에 기여해야 한다. 공동체 안쪽이나 바깥쪽이나 그 관계가 '열린 공공성'이어야 한다. 그랬을 때 공동체에도 개인에게도 좋은 결과를 가져다 주고, 공동체의 지속가능성도 확보할 수 있다.

북한과 쿠바, 무엇이 같고 무엇이 다른가

1990년에 소련 사회주의가 몰락했다. 곧바로 서방 자본주의 국가들이 쿠바를 경제적으로 봉쇄했다. 소련에 설탕을 팔아서 경제생활을 겨우 유지했는데 외부 세계와 교역을 할 수 없게 된 쿠바는 이제 망하는 일만 남게 되었다. 소련 몰락 이후 대략 5년 동안 실제로 쿠바는 망해가기 시작했다. 7개월 가까이 전기가 끊기는가 하면 영양 부족으로 시력을 잃는 국민들이 속출했고 전체 국민의 체중이 평균 9kg 정도 줄어 버렸다. 그런데 지금 쿠바는 부자는 아니지만 안정적인 삶을 살고 있다.

쿠바는 미국 남쪽 아래에 있는 섬이다. 우리 한국, 남한보다 면적이 조금 더 넓다. 인구는 1천100만 명 정도 된다. 원래 미국의 경제 식민지였는데 사회주의 혁명으로 미국을 몰아내고 소련과 손을 잡았다. 소련이 무너지자 미국을 중심으로 한 서방 자본주의 국가는 쿠바를 무너뜨리려고 쿠바의 경제교역을 막았다. 쿠바가 망하는 건 시간 문제 같았다. 그런데 쿠바는 다시 살아났다. 어떻게 죽지 않고 살아났을까. 쿠바는 도시농업에서 살 길을 찾았다. 다행히 쿠바는 따뜻한 나라이다. 추위는 없다. 먹을거리와 기본적인 에너지를 생산할 수만 있으면 일단 죽지 않고 살 수 있다. 쿠바 사람들은 천연거름과 지렁이 분변토로 농사를 지었다. 석유에너지가 없으니까 비료나 농약을 사용할 수 없었다. 결과적으로 유기농혁명이 일어났다. 전국적으로 개인농장, 가정텃밭, 기업농장, 협동조합농장이 재빠르고, 광범위하게 퍼졌다. 기본적인 먹을거리를 해결하기 시작했다. 사탕수수 폐기물을 이용한 바이오에너지, 풍력발전소와 태양광발전소로 기름과 전기도 해결하기 시작했다. 예전처럼 풍족하게 사용할 수는 없었지만 시설확대와 에너지절약을 병행하니까 무난한 생활이 가능해졌다.[*]

쿠바와 비슷한 처지의 나라가 북한이다. 1970년대 이후 지금까지 북한은 경제봉쇄를 당하고 있다. 국제적인 금융거래가 불가능하고 석유

---

[*] 신승철, 〈갈라파고스로 간 철학자〉(서해문집·2015) 334~338쪽.

같은 에너지도 북한 내로 들여오지 못한다. 북한도 망해 가기 시작했는데 그 돌파구를 '핵'에서 찾으려 하고 있다. 경제봉쇄를 안 풀어 주면 핵무기 개발하겠다, 풀어 주면 핵무기 안 만들고 핵을 에너지로만 쓰겠다, 이게 지금 북한 핵 위기의 본질이다. 이른바 벼랑끝 전술이다. 이래 죽으나 저래 죽으나 마찬가지다, 배 째라, 이렇게 국제사회에 외치고 있는 것이다. 쿠바는 기왕에 있는 핵에너지도 없애 버렸다. 그런데 북한은 핵으로 무장하고 있으면서도 굶어 죽는 사람이 속출할 정도로 가난한 폐쇄사회가 돼 버렸다. 쿠바와 북한의 차이는 어디서 발생했을까. 쿠바처럼 북한도 도시농업을 하고 태양발전소, 풍력발전소를 많이 세우면 경제위기에서 탈출할 수 있지 않느냐, 이렇게 생각할 수 있다. 맞다. 그렇게 하면 북한은 경제적으로 살아날 수 있었을지도 모른다. 그런데 북한은 그렇게 할 수 없다. 쿠바에서는 가능했던 것이 왜 북한에서는 불가능할까, 쿠바에는 있고, 북한에는 없는 게 무얼까.

쿠바에는 공동체가 있었다. 마을공동체, 지역공동체, 도시공동체가 있었다. 북한에는 공동체가 없다. 쿠바에서는 농촌공동체 사람들이 도시공동체 사람들에게 농업기술을 전파했다. 마을단위, 지역단위로 대안에너지 운동을 펼쳤다. 북한에도 마을이 있고, 지역이 있다. 형식적으로는 공동체가 군건하다. 하지만 북한은 철저하게 국가 중심 사회, 중앙집중화된 사회이다. 북한은 공동체 단위가 아니라 국가 차원에서 광범위하게 국토개발을 시도했다. 그 결과는 오히려 극심한 가뭄과 홍수피해로 나타났다.*

나라가 정상적으로 튼튼하게 운영되려면 어떤 부분은 중앙집중으로 가야 한다. 안보, 외교, 민족문제, 안전, 의무교육 이런 것들은 국가가 중심이 돼서 일관된 원칙을 가지고 이끌어야 한다. 그러나 또 어떤 부분은 지역의 자율성에 맡겨야 할 게 있다. 지역보다 더 작은 단위로 마을 공동체가 담당해야 할 게 있고, 마을보다 더 작은 가족공동체에 맡겨야 하는 것도 있다. 그런데 북한은 모든 게 국가의 계획, 통제, 지시 체계이다. 쿠바 역시 국가 중심 체계가 강한 사회인데 일상 생활 같은 데서는 여전히 대가족과 마을공동체, 지역공동체가 살아 있었다. 이 말은 그들이 자치능력을 지니고 있다는 뜻이다. 북한은 모든 권력을 중앙에 넘겨 줘 버려서 자치능력이 없는 사회라 할 수 있다. 경제위기를 극복할 수 있는 힘은 국가가 아니라 공동체에 있었다. 권력이 분산되어 있어야 위기를 극복할 수 있다. 쿠바의 성공과 북한의 실패가 그 사례이다.

"인간은 사회적 동물이다." 누구나 잘 아는 유명한 말이다. 고대 그리스 철학자 아리스토텔레스의 명언이다. 여기서 '사회적'이라는 말이 바

---

* 참여정부 끝자락인 2007년 개성과 개성공단을 방문했다. 거기서 만난 사람과 풍경이 흑백필름의 영상처럼 느껴졌다. 산야는 벌거벗었고, 사람들은 앙상하게 마른 채 무표정했다. 군인, 농부들이 사용하는 생산도구나 생필품은 몹시 낡은 것들 뿐이었다. 한 세대 이전 어느 시점으로 시간이동을 한 것 같았다. 진화를 멈춰버린 세계에 다름 아니었다. 가난하다고 해서 행복하지 않다고 단정 짓는 것은 아니다. 개성을 보면서 생겨난 문제의식은 활력이나 생동감의 부족이었다. 위기를 돌파할 수 있는 내부 동력이 허약해 보였다.

로 공동체이다. 우리 사회에는 여러 공동체가 있다. 군대, 가족, 동창회, 자전거동호회, 마을 같은 것들이 모두 공동체이다. 공동체마다 운영하는 원리가 있다. 군대는 국방의무를 수행할 목적에 따라 계급위계와 명령을 운영원리로 삼는다. 가족의 운영원리는 혈연에 기반한 사랑과 서로 간의 돌봄이다. 동창회의 운영원리는 추억을 공유하면서 구성원들이 친분을 쌓아 가는 것이다. 자전거동호회의 운영원리는 같은 취미를 기반으로 한 건강과 활력추구일 것이다. 마을공동체는 함께 사는 지역의 이해관계를 공유하고 남녀노소 사람과 사람 사이의 유대를 튼튼히 하는 것, 대충 이렇게 정의할 수 있다.

예시를 든 공동체 중에서 군대를 제외하면, 모든 공동체의 운영원리는 '자치'이다. 남이 나를 다스리는 것이 아니라 내가 나를, 우리가 우리를 다스리는 자치이다. 사실 군대를 공동체라고 말할 수는 없다. 특수한 목적 수행을 위한 위계조직이다. 그렇다. 특수한 목적 수행을 위한 위계조직, 이것이 국가이다. 앞서 이야기한 안보, 외교, 민족문제, 안전, 의무교육, 이런 것들은 국가가 책임을 지고 조직을 만들어서 위계적인 통제로 시행하는 게 효율적이고 목적달성에도 적합하다. 그런데 마을의 아이들과 노인들을 돌보는 일, 샛강과 골목을 예쁘고 청결하게 가꾸는 일, 부녀회장을 뽑고 마을 대표를 세우는 일, 정월대보름을 맞아 한바탕 굿을 치르는 일, 아파트 층간 소음을 해결하기 위해 회의를 하는 것, 이런 일들을 국가가 할 수 있을까? 할 수도 없고 해서도 안 된다. 주민들이 스스로 해야 한다. 너무나 당연한 이야기이다. 그런데 국가는 이런 일까지도 통제하려고 했다. 대표적으로 우리 민족 고유의 공동체 운영 방법이었던 울력이나 두레 같은 자치 노력을 박정희 정권은 국가의 지시와 명령을 수행하는 전달체계로 변질시켜 버렸다. 새마을운동이라는 이름으로 공동체를 유지하는 자치의 전통을 뭉개버렸다. 자조와 협동을 내세웠으면서도 국가주의적, 중앙집권적 지시사회로 몰고 갔다. 자치력을 쇠진시켜 버린 것이다. 국가가 이렇게 하면 주민들도 국가를 따라 하게 된다. 예를 들면 아파트 층간 소음을 해결하는 데 서로 간에 노력해서 방법을 찾지 않고 구청에 연락하거나, 심하게는 고발을 해 버리는 식이다. 입주자대표회의 같은 자치회 운영방식도 죄다 그런 식으로 변질한다. 스스로 해결책을 찾는 게 아니라, 다시 말해 스스로 자기 자신을 다스리는 게 아니라 다른 사람들에게 "나를 다스려 주세요." 하고 위탁해 버리는 것이다.

모로 가도 서울로만 가면 된다고, 그렇게 해서 좋은 결과가 나오면 다행인데 결코 좋은 결과가 나올 수 없다. 내 가족, 우리 마을의 일은 나와 동네 사람들이 가장 잘 안다. 쿠바가 성공할 수 있었던 것은 우리 지역에 적합한 대안에너지 방식이 풍력인지, 태양광인지를 공동체가 스스로 결정했기 때문이다. 우리 마을 협동조합 농장에 가장 잘 자랄 작물이 무엇인지를 스스로 결정했기 때문이다. 지역 사람들이 가장 잘 알기 때문에 지역공동체의 결정이 최적의 결과를 가져온다. 그런데 북한은 국가가, 당이, 그런 걸 다 결정했다. 그리고 나서 쇠락했다. 소련도 마찬가지였다.

주민자치는 주민들이 생활하고 있는 마을과 지역의 대소사를 주민들이 직접 결정하고 집행한다는 개념이다. 행정기관, 지방정부는 주민들의 그러한 활동을 뒷받침하는 게 본래의 역할이다. 어쩌면 주민자치는 주민들에게 불편한 것일 수 있다. 복잡하게 머리 쓰지 않고 누군가가 결정해주는 대로 따라 할 때 편안한 경우가 많다. 주민 여러분 어떻게 할까요? 이렇게 주민들에게 생각을 물으면 사실 불편하다. 중요한 건 이 불편에 우리 사회의 미래가 있다는 것이다. 쿠바와 북한의 사례에서 보듯이 마을은 마을대로, 국가는 국가대로 제자리에서 필요한 역할을 할 때 위기대응 능력도 생긴다. 국가에게, 행정기관에게 모든 걸 맡겨 버리고 우리는 하라는 대로 하겠다, 이러면 사실상 주민들은 스스로 현대판 노예가 되겠다고 선언하는 셈이다. 노예는 자유가 없지만 굶어 죽지는 않는다. 자유민은 자유가 있지만 굶어 죽을 가능성이 있다. 한국은 세계 10위권의 교역국가이다. 여전히 힘들게 사는 분들이 있지만 사회 전반의 흐름으로 보면 절대빈곤에서는 탈피했다. 예외적인 경우를 제외하면 굶어 죽지는 않는다. 굶어 죽을 걱정도 없는데 우리가 자처해서 노예가 될 이유는 전혀 없다.

한국의 산업화는 배고픔을 벗어나게 했고, 한국의 민주화는 인간답

게 살 수 있는 최소한의 정치적 자유를 얻게 했다. 하지만 삶은 여전히 팍팍하다. 굶어 죽지 않고 고문당하지 않는 정도의 세상이 왔을 뿐이다. 더 좋은 세상으로 가기 위해서는 '더 많은 화폐'와 '더 좋은 정치권력'이 필요하다. 그러기 위해서 투쟁하고 투표한다. 결론은 참담하다. 화폐소득은 오히려 줄어들고, 정치권력은 갈수록 나빠지고 있다. 사회가, 공동체가 무너졌기 때문이다. 시장권력과 국가권력은 넘치는 반면 사회권력이 취약하기 때문이다. 사회권력을 튼튼하게 재구축해야 한다. 좋은 기업가를 기대하고, 좋은 국가권력을 선출하는 일은 중요하다. 하지만 그것이 전부는 아니다. 사회권력을 튼튼하게 재구축하면 좋은 기업가는 더 좋아지고, 나쁜 기업가는 덜 나빠진다. 좋은 국가권력은 더 좋게 변하고, 나쁜 국가권력이라 할지라도 함부로 나쁜 짓을 하지 못한다. 정권교체, 국가권력 교체를 통한 시장권력의 제어라는 것도 사회권력의 힘에 따라 그 폭과 깊이가 달라진다. 그래서 정권교체보다 중요한 것이 사회권력 재구축이다. 사회권력의 의미를 압축한 다른 말이 '자치공동체'이다. 한국의 사회권력은 도시의 자치공동체에 있다.

2부
●

공동체의 힘

●

●

●

5장

▼

오월광주와 스페인 마리날레다, 그리고 광산구

실업자가 없다. 누구나 일을 할 수 있다. 노동자 1인당 평균임금이 한 달에 180만 원 안팎인데 주택, 교육, 의료 등 삶의 필수 요소를 해결하는 데 아무런 문제가 없다. 급식비까지를 포함해 놀이방 이용료는 한 달에 1만5천 원 정도이고, 4인 가족이 살 수 있는 공동주택의 월 임대료는 2만5천 원 수준이다. 돈을 엄청 모은 갑부도 없고, 하루하루 끼니를 걱정해야 하는 빈곤층도 없다. 스페인 안달루시아 지방에 있는 인구 2천700명 규모의 마리날레다 시 주민들이 살아가는 모습이다.[*]

---

[*] 이하 마리날레다 이야기는 댄 핸콕스, 〈우리는 이상한 마을에 산다〉(위즈덤하우스·2014)에서 가져왔다. 필자는 2015년 3월 중순에 사회적경제를 공부하기 위해 포르투갈과 스페인을 둘러볼 기회가 있었다. 이때 마리날레다 시를 직접 찾아가고 그곳 부시장과 이야기를 나누면서 몇 가지 궁금증을 풀었다. 이 책의 마리날레다

마리날레다 시의 크고 작은 현안을 결정하는 방식은 총회이다. 총회
는 주민의 요구에 따라 수시로 열린다. 400~500명의 성인 주민들이 모
여 안건을 토의하고 손을 들어 다수결로 의사결정을 한다. 참여하지 못
한 주민들은 총회의 결정에 이의 없이 따른다. 충분히 토론하고 검토하
는 숙의민주주의deliberative democracy, 주권자들이 직접 정치과정에 참여
하는 직접민주주의direct democracy가 마리날레다 시의 운영 원리이다.[*]

생활은 안정적일지 몰라도 사는 게 재미없을 것 같다는 생각이 들 수
도 있다. 그렇지 않다. 마리날레다 주민이라면 누구나 축구장, 수영장,
종합체육관, 원형극장, 인터넷 카페 등을 무한대로, 거의 공짜로 이용할
수 있다. 마리날레다 시는 비슷한 규모의 다른 도시에 비해 다섯 배 이
상으로 레저를 즐길 기회가 있고, 시설을 갖추고 있다.

오늘날의 마리날레다를 만드는 데 결정적인 기여를 했고 지금도 애쓰
고 있는 산체스 고르디요 시장은 "기쁨도 인민의 권리"라고 강조한다. 마

이야기에는 댄 핸콕스의 서술 외에 필자의 취재도 일부 반영되었다.
[*] 직접민주주의가 대의민주주의representative democracy의 반대편에 있는 건 아니다. 직접민주주의를 하더라
도 '대표'는 필요하며, 대의민주주의가 대표성의 왜곡 없이 잘 작동하기 위해서는 시민참여 기반의 직접민주
주의 요소들이 활발하게 작동해야 한다. 숙의민주주의는 민주주의의 내용, 참여의 질을 높이는 것에 연결되
는 개념이다. 숙의, 직접, 대의가 따로인 것은 아니며, 어느 하나가 다른 것을 배제하거나 대체하는 개념도 아
니다. 마리날레다 시의 주민들도 자신들을 대표하는 시장과 의원을 '따로' 뽑는다. 다만 강력한 직접민주주의
의 전통과 숙의의 관행이 확립되어 있어서 전반적으로 민주주의의 '품질'이 좋다고 볼 수 있다. 이 점을 염두에
두고 각각의 용어들을 독해해 주길 권한다.

리날레다 시는 삶의 물질기반이 되는 '빵' 문제를 해결했다. 동시에 자기 동네의 현안을 스스로 해결하면서 자유롭고 즐겁게 살 수 있는 '장미'까지를 얻어 가고 있는 중이다. 그래서일까. 공부를 위해, 혹은 더 큰 기회를 얻으려고 대도시로 나간 마리날레다 젊은이들의 98%가 다시 고향으로 되돌아온다고 한다. 그들이 자라면서 마리날레다에서 경험한 '참세상'을 마리날레다 바깥에서는 찾을 수 없었다는 증표일 것이다.

마리날레다는 인류가 오랜 세월 동안 수많은 시행착오를 거치면서 시도해 온 '자치공동체'의 현대판 성공사례이다. 쉽지 않았다. 무려 35년 이상 공항과 기차역, 정부청사, 농장, 궁전을 점거하고, 길을 가로막고, 행진하고, 단식투쟁도 여러 차례 하는 등 쉼 없이 싸워서 만들어 냈다. 투쟁에 참여한 주민 상당수가 구타당하고, 체포되고, 투옥되었다. 투쟁의 리더였던 고르디요 시장은 일곱 차례 감옥 신세를 졌고, 두 번의 암살 위기를 넘겼다. 그럼에도 그들은 포기하지 않고 여기까지 왔다. 더 좋은 세상을 만들기 위한 마리날레다 시의 노력은 지금도 멈추지 않고 있다.

모든 지역이 마리날레다 시처럼 될 수 있을까. 쉽지 않을 것이다. 설혹 모든 지역이 마리날레다처럼 된다 하더라도 그것이 우리가 도달할 수 있는 최고의 삶이라고 단언할 수는 없다. 그럼에도 굳이 마리날레다 사례를 거론한 까닭은 "정치를 하는 다른 방법, 경제를 하는 다른 방법,

함께 사는 다른 방법이 있다는 것, 다른 사회가 있다는 것"(고르디요 시장)을 마리날레다가 알려 주기 때문이다.

광주는 왜 '다른 사회'로 나아가지 못했나

직접민주주의의 기원은 고대 아테네의 민회로 알려져 있다. 모든 시민들이 아고라 광장에 모여 자신들이 해결해야 할 문제를 토론했고, 결정했다. 민회의 운영을 관장하고, 결정된 일을 집행하기 위해서는 누군가를 뽑아 위임해야 했다. 실제로 아테네는 민회의 운영과 집행을 위해 사람을 뽑았다. 부분적으로 대의민주주의의 기능을 채택한 것이다. 위임은 필연적으로 정치엘리트, 정치계급의 등장으로 이어질 수 있다. 아테네 사람들은 이러한 문제를 차단하기 위해 독특한 방식의 '선출' 시스템을 작동시켰다. 누군가를 임의로 추첨해 일정 기간 동안 일을 하게 했다. 연임은 없다. 구성원 모두가 때가 되면 자동으로 위임직 수행의 기회를 갖게 되었다. 이른바 '추첨민주주의'이다. 희한하게 여겨질 수 있는 '위임'이지만 요즘 세상에서 완전히 사라진 것은 아니다. 추첨을 통한 임의 선출 방식은, 예컨대 미국 법원의 배심원 선발 방식에 그 흔적이 남아 있다.

오늘날에도 직접민주주의를 실천하고 있는 공동체들이 있다. 스위스 연방에 소속된 몇몇 작은 주들은 란츠게마인데Landsgemeinde로 불리는 직접민주주의를 구현하고 있다. 인구 3만 명의 작은 도시 글라루스 Glarus도 그중 하나다. 인구만으로 비교한다면 전라남도의 곡성군이나 구례군 규모다. 글라루스에서는 매년 5월 첫째 주 일요일에 주민총회가 열린다. 찬반을 묻는 법안은 주민들이 직접 준비한다. 누구에게나 법안을 발의할 기회가 주어지는 것은 아니다. 일정 수 이상 주민들의 서명을 받아야 한다. 서명을 받는 과정에서 자연스럽게 '숙의'가 이뤄진다. 이 과정에서 법안은 폐기되기도 하고, 좀 더 정밀하고 풍부하게 다듬어지기도 한다. 서명을 받아 채택된 법안은 주민총회에서 발의자의 설명(연설)과 함께 찬반을 묻는 투표로 이어진다. 손을 들어 찬반 의사를 표시한다. 진행자는 눈대중으로 통과여부를 선언한다. 란츠게마인데에서 다루는 법안은 대개 15개 안팎이다. 글라루스 도시가 모든 사안을 란츠게마인데로 처리하는 것은 아니다. 1년에 한 번 란츠게마인데를 열고 한 해 동안 네 번의 주민총투표를 실시한다.*

1980년 5월 대한민국 광주는 위대한 항쟁 공동체를 경험했다. 총탄을 뚫고, 죽음을 넘어 서로 먹여 주고, 지켜 주었다. 항쟁 이후 광주는 그날을 기억하고 복원하는 데 많은 힘을 쏟았다. 하지만 광주만의 독특한 정치문화, 민주주의 모델, 생활환경을 만들지는 못했다. 마리날레다 같은 공동체를 꾸리지 못했고, 스위스의 란츠게마인데처럼 직접민주주의를

---

* SBS '최후의 권력' 제작팀, 〈권력이란 무엇인가〉(새로운현재·2014), 193~198쪽 참조.

향한 열망이 조직된 적도 없다. 인구 150만의 광주를 마리날레다나 글라루스에 비교할 수는 없다. 그렇지만 광주가 겪은 처참하면서도 위대한 피의 경험을, 새 시대를 준비하는 정치적 상상력으로 치환시키는 노력이 부족했다는 건 부인할 수 없다. 대선이나 총선 등 전국 정치 국면에서 호남 몰표, 노무현 선택 같은 방식으로 광주의 특별함을 보여 주기는 했다. 다만 그뿐이었다. 5·18은 '기억'하는 날이기도 하지만, 우리의 '미래'를 상상하고 설계하는 날이기도 할 것이다. 그 상상에 좋은 도움을 줄 것으로 보아 마리날레다와 글라루스를 끌어왔다.

광산구에서 만나는 '5·18의 미래'

해마다 오월이 되면 많이 불편했다. 먼저 간 분들이 남긴 숙제를 산 자들이 제대로 못 했다는 생각 때문이다. 오월의 피가 밑거름이 되어 한국 민주주의가 이만큼 왔다. 항쟁은 국민 모두가 기억하는 기념일로 자리 잡았다. 하지만 늘 허전했다. 뭔가 부족한 광주, 아쉬운 5월이 한 해 두 해 시간을 넘겼다.

5·18광주민중항쟁은 두 종류의 상징적인 사진을 갖고 있다. 옛 전남도청 앞 광장 분수대를 중심으로 2만여 명의 시민과 학생들이 모여 '민족민주화대성회'를 여는 장면, 청년들이 트럭을 타고 태극기, 각목을 들고 구호를 외치며 도심을 지나가는 모습을 담은 사진이 첫 번째 종류다. 두

번째 종류는 큰 솥단지를 걸어 놓고 아녀자들이 '주먹밥'을 만드는 모습, 그리고 교복을 입은 고등학생까지 나서서 헌혈을 하는 사진이다.

우리가 보통 '5·18정신 계승'이라고 이야기할 때 떠올리는 이미지는 첫 번째 사진들이다. 세상의 부조리를 몰아내고 민주사회를 만들자는 다짐 같은 것을 사진 속에서 읽을 수 있다. 광주와 대한민국은 이 부분에서 꾸준히 노력해 왔다. 충분히는 아닐지라도 그나마 지금의 한국사회가 이룬 민주적 성취는 상징과 현실 양쪽에 걸쳐 첫 번째 종류의 사진들과 연결된다.

두 번째 사진 '주먹밥'과 '헌혈'은 오늘날 우리들 삶의 어느 부분에 닿

아 있을까. 항쟁 당시 광주 시내 중심가 각 마을에서는 쌀과 김과 김치와 꼬깃꼬깃한 돈을 아낌없이 내놓았다. 옆 동네보다 더 많이 내려고 서로 경쟁이 붙기도 했다. 아녀자들이 대거 참여해 함께 음식을 만들었다. 그 음식을, 죽은 자의 몸을 씻기었던 '업소'의 아가씨들, 총을 든 시민군, 유인물을 든 학생들이 둥글게 둘러앉아 너나없이 서로 나눠 먹었다. 헌혈과 관련해서는 정말로 안타까운 이야기가 있다. 목포에서 올라 온 여고생 한 명이 헌혈을 하고 돌아가다 계엄군의 총탄에 맞아 목숨을 잃었다. 그 여고생은 자신이 헌혈했던 그 병원에 주검으로 돌아왔다. 여학생의 얼굴을 알아본 의사와 간호사들은 꺼억-꺼억 울음을 삼키면서 눈물범벅인 채로 또 다른 부상자, 또 다른 시체를 수습했다.

80년 5월 당시 주먹밥을 만들어 시민군들에게 나눠 주고, 시체를 수습하고, 부상자를 돌보는 등 직간접적으로 항쟁에 참여했던 여성 19명의 구술을 정리한 〈광주, 여성〉(후마니타스)이라는 책이 있다. 이 책 속 구술자들은 "내 자식 같고 이녁 동생 같아서" 참혹한 학살을 보고만 있을 수 없었으며, "아무라도 배고프믄 살려야"된다는 마음으로 주먹밥을 만들었다. 심지어는 "그놈들도 다 굶은 것 같아서" 진압군에게까지 밥을 주려고 했다. "저놈들 다 죽었다 싶은께" 헌혈을 하고 부상자를 돌봤는데 지금도 "더 많이 도와주지 못한 게 후회가" 되고, "그것만 생각하면 지금도 가슴이 저려"라면서 눈물을 떨군다. 이분들은 광주항쟁을 자랑스럽게 생각할지언정 자신의 '참여'에 대해 결코 생색내지 않는다.

"그때 그런 일 안 한 사람은 없겠죠, 다 내 일이었으니까."라고 간단하게 말한다.*

소개한 4장의 사진은, 하나는 '정의로운 항쟁'으로 또 하나는 '자치공동체'로 갈래칠 수 있다. 우리가 보통 '5·18정신 계승'이라고 이야기할 때 연결하는 이미지는 '정의로운 항쟁'의 사진들이다. 세상의 부조리를 몰아내고 민주사회를 만드는 노력, 투쟁이다. 광주와 대한민국은 이 부분에서 꾸준히 노력해 왔다. 오늘날 한국사회가 이룬 민주적 성취는 '정의로운 항쟁'의 사진들과 연결될 것이다.

두 번째 종류의 사진, 주먹밥과 헌혈은 오늘날 우리들 삶의 어느 부분과 연결될까. 너와 나를 구분하지 않는 "나는 너다."라는 '대동세상', 국가폭력을 몰아낸 해방공간으로서 '광주꼬뮌', 단 한 건의 절도도 범죄도 일어나지 않은, 스스로 다스려서 평화로운 '자치공동체' 이런 의미들일 것이다.

5월 항쟁의 두 축을 나는 정의로운 항쟁과 자치공동체라고 생각한다. 정의로운 항쟁은 1987년 6월 항쟁의 동력으로 작동했고 대통령 직선제 쟁취로 이어졌다. 제주4·3특별법, 진실화해위원회 활동 등을 통해 해방 전후, 한국전쟁 시기, 그리고 독재정권 시절 벌어진 민간인 학살이나 인

---

* 광주전남여성단체연합, 〈광주, 여성〉(후마니타스·2012) 참조.

권유린 사건들을 정리하고 복원하는 작업도 5·18의 정의로운 항쟁 정신이 있어서 가능했다고 본다.

5·18정신의 또 하나의 축인 자치공동체는 지금 우리 사회의 어느 부문이 얼마나 계승하고 있을까. 제도나 정책으로 보면 지방자치제, 교육감 직선제, 무상급식, 국가균형발전 같은 부분에 연계된다. 하지만 이런 것들은 정치프로그램의 일환으로 도입된 것이지, 구체적인 현장, 구체적인 사람으로 연결되는 나눔, 연대, 자기의사결정, 숙의민주주의와는 결이 다르다. 그러니까 5·18 경험 중 우리가 '정의로운 항쟁'은 적극적으로 계승했지만 '자치공동체' 계승에는 소홀했다, 이게 나의 생각이다. 나의 불편함은 여기에서 비롯되었다.

나처럼 불편한 마음을 가진 광주의 동지들이 적지 않았다. 서로 손잡고 사회단체 활동을 하면서 '자치공동체' 노력을 했다. 광산구청장으로 선출되고(2010~) 나서는 그 동지들과 함께 5·18의 숙제 중 '자치공동체' 실현을 제1과제로 삼자고 결의했다.

광산구의 여러 노력들은 모두 1980년 광주의 자치공동체가 뿌리이다. 그 뿌리가 최종적으로 맺고자 하는 열매는 5·18광주민중항쟁이 궁극적으로 꿈꾼 세상, 즉 스스로 다스려서 자유롭고 평화로운 자치공농체이다. 그래서 광산구 슬로건이 '더불어 따뜻한 자치공동체'이다. 이 슬로건은 오마이뉴스가 퍼뜨리고 있는 '행복'과 같다. 행복지수 1위 덴마크를 탐색한 책 〈우리도 행복할 수 있을까〉를 쓴 오마이뉴스 오연호 대표를 초청해 몇 차례 강연을 열었고, 광주전라를 담당하고 있는 이주빈 기자를 만나 행복박람회를 기획했다. 행복박람회 소식을 듣고 어떤 분이 깜짝 놀라면서 약간 화를 내는 듯한 목소리로 이렇게 이야기했다. "경건하게 추모하고 그래야지, 사람이 죽어 나간 5·18에 무슨 행복 타령이냐, 안 맞다." 과연 안 맞을까, 5·18과 행복은 다른 이야기일까.

홍성담의 판화 〈대동세상〉은 항쟁과 자치공동체를 하나로 묘사했다. 총과 주먹밥을 하나로 묶었다. 정의로운 항쟁과 자치공동체가 동시에 표현되고 있다. 총과 주먹밥, 항쟁과 자치공동체, 5·18과 행복, 이 모든 두 개는 한 몸이고, 그것이 진정한 5·18정신, 광주정신이라는 탁월한 표현이다. 내 형제와 이웃, 우리 마을이 외부 간섭 없이 스스로 대소사를 결정하면서 행복하게 살자, 그런 세상을 만들자, 그것이 5·18광주민중항쟁 당시 광주시민들이 목숨 걸고 싸운 이유였다. 그래서 5·18과 행복의 만남은 너무나 당연한 것이다. 광산구와 오마이뉴스가 공동주최한 2015광산구행복박람회는 5·18광주민중항쟁이 꿈꿨던 미래를 광산구에서 확인해 보자는 것이었다. 이 때문에 우리는 행복박람회의 꾸밈말을 '5·18의 미래'라고 붙였다.

광산구가 지금 행복하다는 오만은 결코 아니다. 한국사회가 안고 있는 여러 불행의 요소들을 광산구 또한 그대로 안고 있다. 다만 광산구는 오늘 이 자리에서 우리가 실천할 수 있는 행복의 길이 '더불어 따뜻한 자치공동체'이지 않겠느냐는 제안을 하고 있는 것이다. 그 제안의 실체로서 광산구가 추진한 여러 노력들을 공유하고 공감하자는 기획이 2015광산구행복박람회였다.

2015광산구행복박람회는 한 가지 목적을 더 가지고 있다. 앞서 말했듯이 해마다 5·18은 '기억'하는 날이기도 하지만, 우리의 '미래'를 상상하고 설계하는 날이기도 해야 한다. 그런데 거개의 5·18행사가 과거에

홍성담, 〈대동세상〉

머물러 있다. 망월동과 금남로가 행사의 주요 동선이다. 나는 5·18이 꿈 꿨던 미래로까지 행사 동선이 확장되어야 한다고 보았다. 그 미래가 바로 자치공동체를 실천하고 있는, 자치공간에서 행복을 찾는 마을과 학교와 작업장이라고 생각했다.

'유권자'를 '주권자'로 만든 수완동장 선거

권력의 맥락에서 접근할 경우 지금까지 오월광주의 열망은 국가권력의 성격을 바꾸는 전국 단위 선거에 집중되었다고 볼 수 있다. 이 집중이 한국사회의 민주화에 크게 기여했고 그 정점으로서 '민주정부 10년'을 창출하기까지 했다. 정점은 곧 내리막길의 시작을 뜻한다. 지금의 시기가 내리막길이다. 도무지 반등할 기미가 보이지 않는 절망적인 내리막길을 우리는 지금 견디고 있다. 지푸라기처럼 붙들고 있는 희망은 '정권교체'이다. 이명박 정부가 출범한 이후부터 지금까지 여의도의 야권세력은 절망을 걷어낼 유일한 목표로 '정권교체'를 제시했다. 나는 이 태도가 윤리적으로는 틀리지 않을지라도, 방법론과 시대에 대한 진단 두 가지 면에서 적절치 못하다고 본다.

큰 권력을 바꿔 작은 권력의 변화를 꾀해야 할 때가 있고, 작은 권력을 탄탄하게 다지면서 큰 권력 쟁취를 준비해야 할 시기가 있다. 뒤에 것이 지금 우리가 취해야 할 태도라고 본다. 광주항쟁이 유산으로 남긴

정의로운 항쟁을 우리는 큰 권력 쟁취에 소모시켰다. 법률과 제도, 국민들의 표준적인 인식틀에서 민주주의는 분명하게 정착되었다. 이제는 더 넓고, 더 많고, 더 깊은 민주주의 확립이 새로운 과제로 등장했다. 광주항쟁이 또 하나의 유산으로 남긴 '자치공동체 만들기'가 더 넓고, 더 많고, 더 깊은 민주주의를 가능케 할 것이라고 믿는다. 정권교체 포기하고 지자체 일에만 신경 쓰자는 게 아니다. 작은 권력을 무시하고서는 큰 권력 쟁취도 어렵다는 주장이다. 민주주의가 밥도 되고, 장미도 되고, 위생과 안전까지를 보장한다는 생활 속 경험이 없으면 민주주의에 대한 상상력은 1인 1표 선거민주주의 수준에서 맴돌 수밖에 없다. 단적인 예가 "진보는 정의를 추구하고, 보수는 경제에 능력이 있다."는 국민들의 고착된 인식이다. 이 인식틀에 따라 이명박이 당선되었고, 이 인식틀에 따라 야권이 경제민주화를 주창했지만, 간단하게 박근혜가 낚아채 버렸다. 우리가 내놓아야 할 테제는 "정의를 추구하는 진보가 경제에도 능력이 있고 삶을 좋게 만드는 생활환경 개선에도 탁월하다."는 것이다. 그런데 테제로만 내놓을 수는 없다. 직접 경험할 기회를 제공하고 그 결과를 함께 누려야 한다. 작은 권력에서 민주주의를 확인하고, 경험하고, 그 기쁨을 만끽해야 한다. 광산구가 시행한 여러 정책들은 정책 그 자체의 성과를 지향하면서 동시에 '민주주의의 경험'이라는 목표를 설정했다.

일선 동장(5급 사무관)을 주민들이 직접 선출하면 어떨까. 민선5기 내

내 생각만 하고 실행하지 못했다. 투표로 동장을 선출하는 방식에 우려의 목소리가 적지 않았다. 내부 경쟁이 가져올 부정적인 효과, 구청장의 인사권 포기, 참여 주민들의 대표성 문제 등 고려할 요인들이 많았다. 과연 실효성이 있느냐는 의구심도 있었다. 동장이 갖는 제한된 권한을 고려할 때 임명이든 선출이든 달라질 게 없다는 이야기였다. 옳은 문제제기였다. 하지만 민선6기 들어 과감하게 시도했다. 내게 중요했던 건 주민들이 스스로 주권자임을 확인하는 '과정의 민주주의'였고, 참여 동기의 제공이었다. 인사권은 구청장이 포기하면 될 일이어서 상관없었다. 내부 경쟁이 가져올 부정적 효과를 고려해 원칙적으로 승진과 연계시키지 않았다. 사무관으로 이미 승진한 공직자를 '출마' 조건으로 삼았다. 주민총투표는 현실적으로 어려웠다. 투표인단 선정 절차를 거쳤다. 투표인단은 그 때 그 때의 여론과 사정에 따라 변화를 주어 조금 들쑥날쑥했다. 참여를 희망하는 주민들로만 구성할 때도 있었고, 기관·사회단체 대표+참여희망 주민, 기관사회단체 대표 등으로 다양했다. 전체 21개 동 중에서 4군데의 동장을 주민투표로 뽑았다. 2014년 하반기에 두 군데, 2015년 상하반기에 각각 한 군데였다.

동	날짜	투표인단	입후보	비고
수완동	2014. 8. 8	300	4	대동
송정1동	2014. 8. 22	19	2	
도산동	2015. 3. 30	140	4	
첨단1동	2015. 7. 29	288	2	

맨 처음 동장 선거를 실시한 수완동의 경우 약간의 설명이 필요하다. 수완동은 인구가 급증하고 있는 신도시이다. 도시가 자리를 잡아 가면서 인구 7만 명을 훌쩍 넘겨 동을 둘로 나누는 '분分동'이냐, 크게 하나로 가는 '대大동'이냐를 결정해야 했다. 그동안은 행정기관에서 일방적으로 결정했다. 분동과 대동은 모두 장단점이 있다. 어떻게 결정하든지 좋은 점도 있고, 아쉬운 대목도 생기기 마련이었다. 나는 주민들의 의견을 물어 결정하기로 했다. 어떻게 의견을 물을 것인가. 그 방식까지도 주민들에게 물었다. 2014년 4월3일 '타운홀 미팅'에서 주민들은 주민배심원단 투표 방식으로 동의 미래를 결정하자고 의견을 모았다. 전수조사, 표본조사, 주민배심원단 중에서 선택한 것이다. 광산구는 곧바로 주민배심원단을 공개 모집해 19세 이상 수완동 주민 256명을 배심원단으로 선정했다. 배심원단 투표일은 7월7일이었다. 투표 전에 '분동'과 '대동'의 차이점, 장단점에 대한 상세한 설명이 있었다. 배심원단은 압도적으로 대동제를 선택했다. 선정된 256명 중 178명이 참석했고, 참석 주민 152명(85%)이 대동제를 선택했다. 주민들의 손으로 직접 결정한, 대한민국 최초의 동 단위 행정구역 개편이었다.

대동제가 됨에 따라 동장을 임명해야 했다. 직접민주주의를 경험한 주민들이어서인지 누가 최초의 동장이 될 것인가에 관심이 많았다. 동장도 주민이 직접 뽑는 게 좋겠다는 제안을 했고, 8월18일 동장 선거를 치렀다. 이때 동장은 부득이하게 승진과 연계되었다. 보통의 동은 5급

사무관이 동장이지만 대동의 동장은 4급 서기관이 맡게 된다. 4급 승진 요인이 추가로 발생해 인사 압박을 받지 않으면서, 동시에 인사 인센티브가 결합된 형태로 수완동장을 선거로 뽑을 수 있게 되었다. 입후보자가 4명이 나왔다. 모두 열정적으로 뛰었다. 의미 있는 공약도 많이 나왔다. 무엇보다도 주민들의 관심이 컸고, 선거는 축제처럼 치러졌다. 동장 선출은 송정1동, 도산동, 첨단1동으로 이어 갔다. 광산구 전체 21개 동 중 4개 동의 동장 인사권을 주민들에게 맡긴 셈이다.

선출직 동장에게는 주민자치와 연계된 부문에서 구청장의 권한을 전

광산구 행정구역(21개동)

폭적으로 위임했다. 선출직 동장이 특별한 정책성과를 내리라고 기대하지는 않는다. 성과를 압박하지도 않았다. 그러나 실제로는 좋은 성과를 많이 냈다. 무엇보다도 주민들의 만족도가 높았다. 보다 중요한 건 동장을 뽑는 과정을 통해 지역 주민들과 광산구는 전에 없었던 형식으로 소통하고 깊이 있게 서로의 생각들을 나눌 수 있었다는 점이다. 민주주의를 함께 경험하고 누리자는 게 동장 직접선출의 목적이었다. 참여의 즐거움, 과정의 민주주의를 체험하는 시간이었다. 단지 한 표를 행사할 수 있는 '유권자'에 머물지 않고, 우리가 주인이라는 '주권자' 자신의 위치를 거듭 확인하는 귀중한 시간이었다.

스페인 마리날레다의 자치공동체, 스위스 글라루스의 직접민주주의를 소개한 것은, 그것이 우리가 지향해야 할 이상향이기 때문이 아니다. 광산구가 일부 동장을 직접민주주의 방식으로 선출한 것도, 꼭 그렇게 해야만 하는 절실한 과제가 있어서는 아니었다. 마리날레다, 글라루스, 광산구의 사례들은 "주권자의 자리는 어디에 있는가"라는 성찰을 가능케 한다. 그 성찰에 대한 답의 모색을 재촉한다. 토크빌이 말했듯이 '사회의 상태'를 튼튼히 하지 않으면 운 좋게 큰 권력을 쥐었다 하더라도 오래 가지 못한다. 4·19혁명 직후 무기력했던 장면 정권, 박정희의 죽음 이후 다시 일어난 쿠데타, 페론-이사벨로 이어진 아르헨티나 '민중주의 정부'의 몰락 등 '사회의 상태'가 허약해 뜻을 펴지 못한 사례는 세계사에서 흔하다. 반면에 노태우-김영삼 정권은 그 기반의 전부, 또는 일부를 군부독재에 의탁했음에도 이명박·박근혜 정부보다도 민주적인 정책들을 더 많이 폈다. 노태우 정부 시절의 토지공개념 논의와 북방정책 추진을 지금 누군가가 주창한다면 '종북'으로 몰릴 가능성이 높다. 김영삼 정부는 금융실명제, 군부 사조직 하나회 해체, 전두환·노태우 구속 등 결코 쉽지 않은 놀라운 일들을 성공시켰다. 모두 수구집단의 기반을 허무는 것이었다. 어떻게 이런 일이 가능했을까. 통치자 개인의 스타일에서 연유한 점도 부인할 수는 없다. 하지만 본질적으로는 튼튼한 사회의 압력이 있었기 때문에 가능한 일이었다.

큰 권력을 쥔다고 해서 세상이 저절로 좋아지는 것은 아니다. 마찬가지로 작은 권력을 튼튼히 한다고 해서 큰 권력의 횡포가 사라지지도 않는다. 큰 권력과 작은 권력이 모두 좋으면 금상첨화이겠지만 한국사회의 정치환경이 그렇게 간단하지는 않다. 지금 우리가 놓치고 있는 '권력'이 무엇인가에 대한 검토가 필요하다. 광주항쟁의 유산 중에서 자치공동체를 소홀히 했듯이 우리는 지금 일상의 정치, 작은 권력의 재구성에 관심이 부족하다. 가장 분명한 증거가 '정권교체'만을 만병통치약처럼 외치는 야권의 전략이다. 사회의 상태를 튼튼히 하지 않으면 정권교체를 한다 해도 쿠데타는 얼마든지 일어날 수 있다. 탱크와 총칼로 무장해야만 쿠데타가 아니다. 피눈물로 쟁취한 민주주의를 후퇴시키는 것 또한 쿠데타이다. 법원, 검찰, 국정원, 재벌 등 '쿠데타' 능력을 가진 합법적인 권력집단은 무수히 많다. 어떤 권력이 이들의 권력을 제어할 것인

가. 뿌리 깊은 나무가 바람에 흔들리지 않는다고 했다. 사회의 힘에 깊고 단단하게 근거를 둔 권력만이 온전하게 제 역할을 할 수 있다. 작은 권력이 큰 권력을 키우고, 큰 권력이 작은 권력의 확장에 기여하는 민주권력의 선순환체계를 구축해야 한다. 오월광주와 스페인 마리날레다, 스위스의 란츠게마인데, 광산구의 동장선거는 모두 민주권력 선순환체계 구축에 유효한 경험이자 의미 있는 상상력의 원천이 될 것이다.

한국의 도시화율은 90%를 넘어섰다. 도시가 곧 사회라고 해도 과언이 아니다. 도시의 상태가 곧 사회의 상태라고 해도 틀리지 않다. 도시의 상태가 어떠해야 사회의 상태가 좋아질까. 페이지를 넘겨 이야기를 풀어 본다.

6장

중요한 건 100년 동안의 승률

자본주의 체제는 시장경제, 공공경제, 사회적경제, 이 세 가지가 복합적으로 얽혀서 돌아간다. 자본주의 체제에서 시장경제가 큰 비중을 차지하고 있는 건 사실이지만, 시장만이 자본주의의 전부는 아니며, 시장 혼자서 자본주의 전체를 감당할 수도 없다.

시장경제는 이윤추구와 경쟁으로 더 높은 생산성을 추구한다. 창조와 혁신의 동기를 가장 강력하게 제공하는 부문이 시장경제이기도 하다. 시장경제는 투자한 자본 지분에 따라 이익을 나눈다. 시장경제에서 가장 중요한 건 더 많은 화폐, 곧 이윤이다.

공공경제는 시장에서 실패했거나 취급할 수 없는 분야를 국가와 지자체가 어떻게 다루느냐와 관련이 있다. 세금을 거둬 재분배하는 것이 공공경제의 기본 기능이다. 이때 재분배는 구성원들 간의 '정치적 합의'에 따른다.

사회적경제는 시장과 공공의 중간 정도에 있다. 신뢰와 협동으로 효율을 추구하는 '기업'이 사회적경제이다. 사회적경제 역시 이익을 추구한다. 하지만 그 이익을 개인에게 집중시키지 않는다. 사회적경제에서 중요한 건 고용, 그리고 기업활동의 사회적 목적이다.

앞서 예시한 광산구의 청소노동자 협동조합 클린광산 사례는 세 가지의 선택지에서 사회적경제로 정착한 경우이다. 특정인이 주식회사를 설립해 광산구와 계약했다면 시장경제가 되고, 광산구 직영으로 전환할 경우 공공경제에 해당할 것이다. 당시 청소노동자들의 상상력은 시장경제나 공공경제에 머물러 있었다. 다른 청소대행업체와 계약을 체결할 경우 '고용승계'를 해 달라, 그게 어려우면 '직영전환'을 통해 고용을 유지해 달라는 게 노동자들의 요구였다. 앞의 것이 시장경제, 뒤의 것이 공공경제에 해당한다. 광산구는 협동조합을 제안했다. 청소업무는 효율 (ex. 톤당단가제)을 추구하는 공공서비스이다. 청소업무는 또한 업무안정성, 투명성, 높은 수준의 자발적인 노력을 필요로 한다. 문제해결을 위한 최적의 대안으로 협동조합, 곧 사회적경제가 가장 알맞은 방식이라는 게 당시 광산구의 판단이었다. 여러 여건상 사회적경제로 전환하기 어려운 대목도 있어서 시설관리공단을 설립해 일부 청소업무를 공공경제로 전환시켰다. 광산구의 청소업무는 사회적경제와 공공경제의 혼합이다.

내일의 권력, 사회적경제

시장경제, 공공경제, 사회적경제가 그 자체로 좋거나 나쁜 것은 아니다. 각각에 어울리는 분야가 있다. 2015년 4월4일 있었던 새누리당 유승민 원내대표의 국회연설 중 사회적경제 분야 한 대목을 인용한다. 야당인 새정치민주연합이 "역대 가장 훌륭했다."고 평가한 연설이다. 시장, 공공, 사회, 이 세 분야가 명쾌하게 정리되어 있다.

최근 많은 국민들께서 사회적경제에 주목하고 있습니다. 복지와 일자리에 도움을 주며 양극화 해소와 건강한 지역공동체의 형성에 도움을 주는 협동조합, 사회적기업, 자활기업, 마을기업, 농어촌공동체회사 등 사회적경제 조직들이 빠른 속도로 증가하고 있습니다. 그 영역도 돌봄, 보육, 교육, 병원, 신용, 도시락, 반찬가게, 동네슈퍼 등 매우 다양하게 나타나고 있습니다.
우리가 中부담-中복지를 목표로 나아간다면 우리 사회 전체의 복지수요를 국가재정이 모두 감당할 수는 없습니다. 일자리도 마찬가지입니다. 기업이 만들어 내는 일자리와 정부가 세금으로 만드는 일자리는 늘 충분하지 않습니다.

사회적경제는 국가도, 시장도 아닌 제3의 영역에서 사회적 가치를 추구하는 경제활동으로서, 복지와 일자리에 도움이 되는 자본주의 경제체제의 역사적 진화라고 생각합니다. 우리보다 훨씬 앞서 자본주의와 시장경제를 해 왔던 선진국들도 사회적경제가 발달하고 있습니다.

사회적경제는 정치적 오염과 도덕적 해이를 경계해야 합니다. 사회적경제를 건강하게 발전시키는 일은 여야 모두의 책임입니다. 우리 19대 국회가 사회적경제 기본법을 제정하여 한국 자본주의의 역사적 진화에 기여할 수 있기를 기대합니다.

자본주의의 역사적 진화라는 말이 눈에 들어온다. 이전의 자본주의는 시장경제 중심이었다. 시장경제 중심 체제에서 기업과 개인이 낸 세금으로 공공경제, 곧 재정이 굴러갔다. 이 경우 민주사회의 주권자이자 노동자인 개인이 소득을 더 늘리고 복지를 강화시킬 수 있는 노력은 딱 두 가지로 좁혀진다. 자신이 소속되어 있는 기업에게는 임금인상을 요구하고, 주권자로서 국가에게는 더 많은 복지혜택을 표로 압박하는 방식이다.

두 방식의 공통점은 '요구투쟁'이다. 더 많은 임금, 더 많은 복지를 기업과 국가에 요구하는 것이다. 요구투쟁의 전제는 '구상 기능을 박탈당한 노동자', '실행만 하는 노동자'이다. 오래 전에 마르크스가 말한 '노동소외'를 전제로 해서 요구투쟁이 성립한다.

국가와 시장의 중간, 혹은 제3지대에 있는 사회적경제는 구상과 실행을 통합한다. 권력은 자신의 의지를 타인이 받아들여 실행하게끔 하는 힘이다. 구상 기능을 가지고 있는 자가 동시에 권력을 쥐고 있기 마련이다. 구상 기능을 독점하고 있는 소수의 명령에 따라 다수가 실행하는 것이 자본주의 대량생산시스템이다.

구상과 실행의 분리는 '노동소외'를 가져온다. 자기 노동을 자기가 결정하지 못한다는 의미에서 노동소외이다. 인간과 동물을 구분시켜주는 근본이 노동이라는 데 동의한다면, 노동소외는 곧 인간소외이다. 내 손과 발을 내가 통제하지 못한다는 점에서 노동소외·인간소외는 곧 권력소외이다. 구상과 실행의 통합은 노동소외를 없앤다. 다시 말해 인간소외, 권력소외를 원칙적으로 차단한다. 자신의 의지를 자신이 받아들여 실행하는 사회적경제는 발생가능한 모든 소외의 근거를 최소화한다. 그래서 사회적경제를 '사람중심' 경제라고도 한다.

유승민 원내대표가 이야기한 자본주의 진화의 의미는 간단하다. 인간 삶의 필요, 예컨대 고용과 복지를 해결하는 방식이 이전까지는 시장경제와 공공경제였는데 이제는 사회적경제까지를 끌어들여야 한다는 것이다. 사회적경제는 사회를 소외시키지 않는 경제이다. 사회는 인간의 집합체이다. 사회적경제는 인간 중심의 경제이다. 소외 없는 노동, 육체만을 요구하는 노동에서 머리까지를 필요로 하는 노동, 인간의 가치를 높여 주는 사회적 목적이 담겨 있는 경제활동이 사회적경제이다. 그런 점에서 사회적경제는 자본주의의 진화이다. 사회적경제는 단순히 경제적 필요만을 해결하는 데 머무르지 않고 인간성의 고양까지를 가능케 하기 때문이다.

미국의 노동자 출신 경제학자인 해리 브레이버만Harry Braverman · 1920~1976은 〈노동과 독점자본〉이라는 저작에서 '구상과 실행의 분리', '탈숙련화' 등이 현대 자본주의의 가장 큰 특징이자 문제라고 보았다. 이른바 '과학적 관리론'을 내놓아 경영합리화와 생산성 향상을 꾀했던 프레더릭 테일러Frederick W. Taylor·1856~1915는 "행동에서 생각을 제거하라."는 유명한 말을 남겼다. 테일러는 기업경영뿐만 아니라 미국 행정학의 기초원리를 제공했다. 현대 자본주의는 사회분야와 경제영역 양쪽에 노동소외, 권력소외 기반을 조성해 '효율'을 꾀했다. 자본과 노동, 구상과 실행, 두뇌와 몸의 분리는 현대 자본주의의 이윤추구 원리이자 국가운영의 원리이기도 하다. 이 원리의 본질은 다수 대중이 권력에 접근하지 못하게 하는 것이다. 이에 대한 노동자의 대응, 주권자의 응전 방식이 '요구투쟁'이었다. 요구투쟁의 대상은 기업과 국가였다. 요구투쟁은 기업과 국가가 쥐고 있는 화폐를 더 달라고 요구하는 것이다. 꼭 필요한 투쟁이지만 근본적으로 권력을 요구하는 것이 아니라는 점에서 진화가 필요한 투쟁방식이다. 요구투쟁은 스스로가 권력의 '객체'임을 전제로 나오는 전략이며, 권력을 '나쁜 것'으로 여기는 습성에 근거해 있다. 한국의 노동조합, 대안사회운동이 상당부분 이 틀 안에서 움직인다는 점을 부인할 수 없다. 스스로가 권력의 주체이면서 가치중립적인(꼭 나쁜 것은 아니라는 의미에서) 권력을 획득해 좋게 활용하는 것이 '내일의 권력'이 지시하는 의미이다. 그 하나로서 사회적경제가 있다.

참여자 개개인이 권력을 쥐는 '협동'

지자체가 고용이나 복지현안을 해결하는 방식도, 이전까지는 기업이거나 국가였다. 기업을 유치해 고용을 창출하겠다, 예산을 많이 타 와서 숙원사업을 해결하겠다, 이번 선거에 ○○○ 후보가 당선되면 더 많은 복지혜택을 받을 수 있다, 이런 말들을 선거공약으로 제시했다. 한때는 'CEO단체장'을 표방하는 게 유행이기도 했다. 시장경제처럼 공공경제를 운용해 고용과 복지를 만들어 내겠다고 했다. 안타깝게도 CEO 방식으로 성공한 사례는 없다. 작동원리가 전혀 다른 '자치현안'을 공공경제나 시장경제에 의존, 통합시키려 했기 때문에 좋은 결과가 나올 수 없었던 것이다. 결론부터 말하자면, 지자체, 그리고 여기에 밀착되어 있는 사람들과 관련된 현안은 사회적경제가 해결책으로 가장 유효하다. 광산구 사례 몇 가지를 표로 제시한다.

이름	주요 업무	범주	조합원 수
클린광산 협동조합	생활폐기물 처리	공무노동	16명
고려인마을 협동조합	국내거주 고려인 정착, 자립	권익보호	200여명
더불어樂 협동조합	어르신들이 식당, 북카페 등 운영	복지생산	22명
마중물 협동조합	폐지 줍는 어르신들 도움	나눔복지	100여명
사회적협동조합 홀더	지역사회에 장애인 정착, 자립	권익보호	12명

이 중에는 사회적기업 인증을 받은 곳도 있고, 예비 사회적기업 단계인 곳도 있다. 마중물 협동조합은 기업활동이라기보다는 협동조합 방식의 나눔활동이다. 폐지나 빈병을 주워 생활하는 어르신들의 안전과 수입에 도움을 주기 위해 지역민들이 조합원으로 참여하는 형식이다. 홀더는 '홀로 삶을 세우며 더불어 살아가는 사람들'이라는 뜻이다. 홀더가 운영하는 카페는 도시철도점과 광산구청점 두 군데이다. 공공기관 종사자들의 구매력으로 사회적 약자의 자립기반을 마련한 일종의 소수자 우대정책affirmative action이다.

자립의 정도에는 차이가 있지만, 여하튼 기업이나 국가에 요구하지 않고 스스로 길을 만들어 가고 있는 협동조합들이다. 목적이 구체적이고, 사회경제적으로 소수자가 연대하는 형태이며, 개인의 인권신장과 지역사회의 통합에 기여하고 있다는 게 공통된 특징이다. 더 많은 화폐(이윤)와 경쟁(강자우위)을 운동력으로 삼는 시장경제는 원리적으로 인권신장에 기여할 수 없다. 인권은 권리이고, 권리는 권력을 기반으로 확보할 수 있다. 권력이 박탈당한 곳에 권리는 싹틀 수 없다.

사회적경제는 시장경제가 회피하거나 실패한 영역, 공공경제의 보편
주의로는 다다를 수 없는 분야에 접근을 시도한다. 그래서 본질적으로
인권친화적이다. 요구에 그치지 않고, 비록 작을지라도 권력을 쥐려는
노력이다. 참여자 개개인이 권력을 쥔다는 점에서 사회적경제는 그 규모
에 상관없이 시장경제, 공공경제보다 본질적으로 진화한 시스템이다. 진
화의 내용은 개인과 국가, 개인과 기업 사이의 텅 빈 공간에 '사회'를 구
축하는 것이다. 사회가 튼튼할수록 국가나 거대기업은 개인을 함부로
대하지 못한다. 다시 말해 사회가 허약할수록 개인은 국가나 거대기업
의 통제를 받기 쉽다.

현실의 필요에 따라 이념을 추출하라

시장경제에 대한 칼 폴라니Karl Polanyi·1886~1964의 견해는 "사회적 가치
나 공동체 통합에 복무하는 형태로 작동할 경우에만 (시장경제가) 인류
사회에 유익하다."는 것이었다.[*] 사회의 통제 아래 시장이 있어야 한다는
이야기이다. 우리 현실은 시장의 통제 아래 사회가 있다. 이 말은 이윤
추구 기업 아래 사회가 있다는 의미다. 멀지 않은 시기에 사회는 해체되

---

[*] 칼 폴라니, 〈전 세계적 자본주의인가 지역적 계획경제인가〉(책세상·2012) 39~42쪽 참조.

고 시장만 남을지도 모른다. 기업왕국이 도래할 수 있다는 뜻이다. 실제로 우리는 그런 세상에 살고 있다.

사회적경제는 사회 아래 시장을 두고, 민주적인 의사결정을 통해 파괴된 사회를 복원하려는 시도이다. 사회적경제는 국가나 기업에 의존하지 않고 당사자가 스스로 해결하려는 노력이기도 하다. 사회적경제는 소유와 노동, 구상과 실행의 통합을 전제로 한다. 시장경제가 불신과 경쟁을 기초로 작동한다면, 사회적경제는 신뢰와 협동으로 움직인다. 시장경제가 '돈' 되는 곳이면 어디든지 '무엇'이든지를 쫓는다면, 사회적경제는 '사람'의 필요에 따라 장소와 품목을 정한다. 광산구의 사례들이 사회적경제의 지향과 특성을 분명하게 보여 준다.

사회적경제의 여러 특성들 중 '정한다'를 잘 이해할 필요가 있다. 정한다는 건 계획한다는 것이다. '계획' 하면 떠오르는 게 사회주의이다. 하지만 사회적경제와 사회주의 경제는 다르다. 사회주의는 국가 차원의 계획을 명령의 방식으로 지역에 강제했다. 사회적경제는 지역과 소집단 차원의 계획에서 출발해 그 실패와 성공사례들을 또 다른 지역으로 확산시키는 방식이다. 이념에 따른 현실 재구성이 아니라, 현실의 필요에 따른 이념의 추출이 사회적경제이다. 이 대목에서 사회적경제에 적합한 공간단위로 '지역공동체'를 도출할 수 있다. 지역공동체가 사회적경제의 기반이 되고, 사회적경제가 지역공동체를 더 강화시키는 것이다. 둘은 동반성장한다.

　이쯤 나는 사회적경제의 가장 적절한 토양을 지닌 도시가 광주라는 점을 말하고 싶다. 광주는 농촌공동체의 기억을 어느 지역보다 강하게 간직하고 있고, 산업사회의 부정적인 유산이 적은 곳이기도 하다. 가난한 저개발 지역이지만 시장경제의 폐해가 상대적으로 덜하다는 의미이다. 광주는 또한 민주주의 쟁취와 인권신장을 위한 역사적 투쟁(동학, 광주학생운동, 70년대 농민운동, 5·18 등)이 가장 활발한 도시였고 대안사회운동 또한 치열하다. 사회적경제가 잘 자랄 수 있는 물질적·인문적 조건이 확보되어 있는 공간이 광주이다. 실제로도 사회적경제 가능성의 징후들이 드러나고 있다. 한국은행 광주전남본부에 따르면 2015년 현재 광주의 사회적 기업과 협동조합, 마을기업은 690여 곳으로 인구 10만 명 당 47곳에 이르고 있다. 전국 평균보다 2배 이상 많은 수치이다. 이 수치는 광주경제의 어려움을 나타내는 것이어서 자랑거리일 수만은 없다. 하지만 그 어려움의 돌파구를 사회적경제에서 찾고 있는 것은 옳은 방향이라고 본다.

　철저한 민주주의자였던 폴라니는 국가수준의 계획은 불가능하다고 보았다. 노동조합, 산업결사체, 협동조합, 지방자치체, 지역커뮤니티 수준에서 현실성 있는 계획이 가능하다고 보았다. 폴라니는 역사, 문화, 생활방식, 인적 친밀성 등에서 공유의 폭과 깊이가 넉넉한 '지역커뮤니티'가 민주주의의 원리를 왜곡 없이 작동할 수 있는 공간적 임계점이라고 확신했다. 폴라니의 견해가 옳다는 것을 나는 최근에 스페인 안달루시아 지방의 마리날레다 공동체를 보면서 확인할 수 있었다. 근래 몇 년 사이에 사회적경제 공부를 위해 독일, 캐나다, 스페인 등지를 둘러보았다. 여러 좋은 사례들이 있었는데 특히 마리날레다가 인상 깊었다. 인구 2천700명 정도가 살고 있는 마리날레다는 협동조합을 통해 지역사회를 온전히 유지하고 있었다. 주택, 의료, 교육, 고용, 문화 등 모든 면에서 주민 만족도가 높았다. 새로운 기회를 찾아, 혹은 명문대학에서 공부하기 위해 마리날레다를 떠난 젊은이들의 98%가 다시 돌아온다고 했다. 그들은 더 많은 화폐취득의 기회를 버리고 노동소외, 인간소외, 권력소외가 없는 고향을 연어처럼 다시 찾았다.

문화적 독창성, 저항의 역사, 중앙정부와 동떨어진 거리 등 여러 가지 면에서 스페인의 안달루시아 지방이나 바스크 지역(게르니카 학살로 잘 알려진)은 광주와 비슷하다. 바스크 역시 너무나도 유명한 몬드라곤 협동조합의 근거지이다. 지역소외, 차별, 중앙정부에 의한 정책적 저개발을 사회적경제로 극복하고 있는 지역들이다. 광주와 닮은 지역이면서 광주와는 다른 대안사회를 만들어 가고 있는 곳이다. 그 도시들의 사례와 경험을 적극적으로 끌어올 필요가 있다.

'큰 거 한 방'으로는 세상을 바꿀 수 없다

　폴라니의 견해, 스페인 몇몇 지역의 경험, 광산구의 사례 등에서 우리는 사회적경제의 적정 공간단위로서 '지역공동체'의 의미를 충분히 알아차릴 수 있다. 지역의 제도적 단위가 기초지자체(이하 지자체)이다. 제도나 법률의 측면에서 한국의 지자체는 시장경제와 공공경제에 손을 댈 수 있는 정책수단을 매우 제한적으로 갖고 있다.

　오늘, 이 자리, 나와 당신, 우리 마을의 문제를 해결해야 하는 게 지자체의 역할이다. 그 문제가 경제영역이라면, 운용 방식은 사회적경제인 것이 자연스럽다. 하지만 지자체가 '직접지원' 방식으로 사회적경제를 견인해서는 곤란하다. 그렇게 하면 공공경제가 되는 것이고, 경제주체의 자립은 요원해진다. 마중물을 붓고 조건을 조성하는 것이 지자체의 역할이다. 예컨대 경영컨설팅, 금융지원 연계, 공동의 공간 제공, 사회적기업 제품·서비스 우선구매 등과 같은 간접지원 정책을 추진할 수 있다. 간접지원 정책도 신중해야 한다. 이런 정책들이 꼭 필요한 건 사실이지만 사회적경제에 근본적인 것은 아니다.

　문제는, 다시 민주주의이다. 사회적경제는 고용, 복지, 인권, 생태환경, 어린이, 노인, 소수자 등과 관련된 사회적 과제 중 시장이 해결할 수 없거나 시장으로 해결해서는 안 되는 부문을 다룬다. 다루되 자립적인 기업활동의 방식으로 문제해결을 시도한다. 신뢰와 협동을 통해 효율성을 추구하는 한편, 커뮤니티 내에서는 철저히 계획하고 그 밖에서는 시장 기능을 활용해 재화와 서비스를 나누고 교환한다. 이 모든 과정에서 꼭 필요한 접근 방식이 심도 있게 검토하고 토론하여 결정을 이끌어 내는 숙의deliberation이다.

　지자체 단위의 경제적 대안이 사회적경제이고, 그 활동의 선계·추진·책임은 민간 경제주체들의 몫이다. 지자체가 해야 할 근본적인(간단하지 않다는 의미에서) 일은 정치적 대안을 마련하는 것이다. 그 정치적 대안이 '숙의민주주의의 도입과 확산'이다. 협동과 신뢰를 통해 사회적 자본을 두툼하게 하는 것이 사회적경제에 가장 필요한 조건이다. 민주적 대표성과 법치기반 공공기관의 위상을 지니고 있는 풀뿌리 지자체가 이 조건을 확보할 수 있는 최적의 '단체'일 것이다. 숙의민주주의를 확산시켜 사회적경제 네트워크를 보다 친밀하고 튼튼하게 해 민주주의의 품질을 높이는 게 지자체의 과제이다. 이때 네트워크는 아래 제러미 리프킨Jeremy Rifkin·1945~이 말하는 네트워크이며, 사회적경제는 아래 정태인이 말하는 중소기업과 협동조합이다.

　제러미 리프킨 시장은 속성상 불신을 기초로 하지만 네트워크는 신뢰를 기본으로 한다. 시장은 사리를 추구하지만 네트워크는 공동의 이익을 추구한다. 시장은 서로 거리를 두는 거래를 하지만 네트워크는 친밀한 관계를

바탕으로 한다. 시장은 경쟁의 장이지만 네트워크는 협력의 장이다.[*]

정태인 중소기업과 협동조합이 과연 5천만 국민을 먹여 살리는 성장동력
이 될 수 있을까? 우리에게 안정적인 일자리와 만족스러운 삶을 제공할
수 있을까? 아직 한 번도 시도해본 적이 없는 일이기에 미심쩍을 수도
있다. 하지만 앞으로 중요한 것은 '큰 거 한 방'이 아니라 지속가능성이라
는 점을 기억하자.[**]

광산구는 비정규직을 정규직으로 전환했고, 민관협력 나눔문화재
단을 출범시켰다. 지역민의 여러 커뮤니티 활동을 돕는 공익활동지원
센터도 설립했다. 생활임금제 도입, 아파트공동체 조성활동, 아파트 경
비노동자 처우개선책 마련, 동장을 주민이 직접 뽑는 직접민주제 도입,
갈등사안을 깊이있게 논의하는 타운홀미팅 등도 추진해 오고 있다. 여
기에다 앞서 이야기한 여러 사회적경제 활동들도 직간접적으로 돕고
있다. 민주주의의 심화와 확대를 통해 '지역공동체-사회적경제'의 선순
환을 이끌어 내고 있다는 자부심이 광산구에는 있다.

현재 한국사회의 상태는 억압적인 국가, 차가운 시장, 파괴된 사회, 고

---

[*] 제러미 리프킨, 〈유러피언드림〉(민음사.2010), 251쪽.
[**] 정태인 외, 〈리셋코리아〉(미래를소유한사람들·2012), 254쪽.

립된 개인으로 요약할 수 있다. 여기에 대응해 정권교체, 경제민주주의, 공동체운동이 나타나고 있다. 이러한 노력들이 옳다고는 보지만 그 방식이 요구투쟁에 머물거나 정치권에 전면적으로 위임하는 방식이어서는 곤란하다. 내 손 안에 권력을 직접 쥐어야 한다. 사회적경제는 말 그대로 경제와 사회를 통합하는, 우리끼리의 실천이다. 비록 작을지라도 내가 권력을 쥐고 내가 일을 주도해 간다. 생업 따로 민주주의 따로, 생활 따로 공동체 따로가 아니다. 작업장 단위에서 민주주의를 연습하고 실행한다. 사회적경제와 그 기반으로서 지역공동체, 그리고 이를 이끌어 가는 원리로서 숙의민주주의는 지속가능한 방식으로 사회를 복원하고 자본주의를 진화시키는 데 유효한 전략이라고 할 수 있다. 본질은 '내 손 안의 권력'이다. 사회적경제는 큰 권력을 '한 방'에 쥐는 혁명이 아니다. 작은 권력들의 연대로 삶을 이끌어 가는 일상의 혁명이라고 말할 수는 있다. 100년에 한 번 있을까 말까 한 혁명, 혹은 그 비슷한 것을 '포기'하고 하루하루의 삶에서 더 나은 길을 개척해 '100년 동안의 승률'을 높여 가는 게임이 사회적경제이다.

광산구는 시장에 개입할 수 없고 국가를 움직이지 못한다. 그래서 '숙의'를 작동시켜 '지역공동체-사회적경제'의 선순환을 확립, 민주주의의 품질을 높이고자 한다. 세상을 바꾸려는 야심 따위는 없다. 아니 있다. 지역을 바꾸는 것이 세상을 바꾸는 것이라고, 나는 믿는다.

7장

▼

지방자치 정치세력의 중요성

2014년 12월30일 아침. 박우섭 인천 남구청장이 새정치민주연합 최고위원 경선 출마를 공식 선언했다. 출마선언을 한 인천시청 기자회견 자리에 나도 함께했다. 박 구청장의 뜻에 전적으로 공감했기 때문이다. 기초단체장이 제1야당의 고위 당직을 맡겠다고 나서는 일은 한국의 헌정 사상 처음 있는 일이었다. 지방자치 20년 동안 기초단체장이 시·도 당이나 지역위원장을 맡는 경우도 찾아볼 수 없었다. 박우섭 인천 남구청장의 최고위원 도전은 놀라운 파격이었다. 풀뿌리정치가 여의도정치 중심부 진입을 시도한 사건이었다. 박 구청장 혼자서 결정한 일이 아니었다. 새정치민주연합 기초단체장협의회(이하 기초단체장협의회)가 결의해 박 구청장을 추대했다. 박 구청장은 출마선언을 통해 "지방의 힘으로 정권교체의 길을 열겠다."면서 "현재 당의 지지율은 낮은 반면 풀뿌리정치인들은 주민들에게 높은 신뢰를 받고 있다. 저희가 나서서 당의 지지율을 끌어 올리겠다"고 말했다. 점잖게 이야기하고 있지만 국회의원 중심의 여의도정치에 대한 비판이 분명하게 담긴 발언이었다.

새정치민주연합 소속 기초단체장은 모두 81명이다. 기초단체장은 생활정치에 가장 가까이 있고, 당원들과 일상적인 관계를 맺고 있다. 기초의원 및 광역의원 등 지역정치인들과도 상시 접촉한다. 풀뿌리정치와 여의도정치 두 축이 당의 기둥이어야 한다는 논리가 설득력을 얻으면, 박 구청장의 득표력이 폭발할 수 있는 환경이다. 국회의원을 제외한 풀뿌리정치 당선자들은 기초단체장을 포함해 총 1천597명이나 된다. 결집만 이뤄진다면 당내 이보다 큰 세력은 없다.

기초단체장협의회의 결의로 박 구청장이 새정치민주연합 최고위원 경선에 출마한 공적 근거는 크게 세 가지였다.

첫째, 풀뿌리정치와 여의도정치의 화학적 결합을 통해 새정치민주연합의 당력을 키워야 한다는 전망이 있었기 때문이다. 정치의 범위를 여의도에 한정하는 게 한국 정당정치의 특징이다. 이 특징이 현장과 생활의 과소, 정쟁과 이념적 의제의 과잉이라는 여의도정치의 성격을 만들어 왔다. 현장과 생활 위주의 풀뿌리정치를 여의도정치에 접목해 정치적 사고와 행위의 중심을 국회의원이 아닌 주권자로 돌려야 새정치민주연합의 당력을 키울 수 있다는 게 기초단체장들의 판단이었다.

둘째, 풀뿌리정치의 힘을 당의 공적 자원으로 만들어야 한다는 필요성을 절실히 느꼈기 때문이다. 한국의 정치 문화는 기초단체장, 기초 및 광역의원을 해당 지역위원장의 '사조직'처럼 여기고 있다. 풀뿌리정치 세력의 역량은 국회의원이거나 국회의원이 되려고 하는 지역위원장을 거쳐야만 중앙당에 전달되는 것이다. 그나마 전달되면 다행인데, 대부분 지역위원장이 '소모'해 버린다. 풀뿌리정치 세력의 힘이 당을 통해 공적으로 쓰이지 않고 사적으로 탕진되고 있다는 것이 기초단체장들의 생각이었다.

셋째, 기초단체장들은 한국정치의 긍정적인 미래가 풀뿌리정치에 있다고 보았다. 새정치민주연합의 정치적 상상력은 진보 대 보수, 민주 대 반민주, 집권여당 대 야당에 머물러 있다. 거대담론과 중앙정치에 갇혀 현장과 생활에서 한참 먼 정치행위들이 나왔다고 해도 틀린 말이 아니다. 풀뿌리정치가 일군 다양한 성과와 새로운 시도, 심혈을 기울여 싹 틔우고 있는 미래 가치들을 여의도정치가 수용하지 못한다는 문제의식이 기초단체장들 사이에 강하게 퍼져 있었다. 예컨대 무상급식, 사회적 기업, 마을 만들기, 비정규직의 정규직화, 생활임금 등이 모두 풀뿌리정치에서 나왔다. 하지만 새정치민주연합 중앙당은 이러한 성과들을 '홍보재료', '정책재료'로 사용하지 못했다. 전국으로 확산시키지 못한 것이다. 반反새누리당이라는 단순한 네거티브가 아니라, 현장과 생활, 분권과 자치에 기초한 정책 포지티브로 승부를 걸어야 정권교체도 성공할 수 있다는 것이 기초단체장들의 의견이었다.

이와 같은 공적 근거를 마련하는 데 영감을 준 역사적 사례는 미국의 '민주지도자회의'Democratic Leadership Council였다. DLC는 레이건 재선 직후인 1985년에 창설되어 미국 민주당의 노선과 비전을 재정립했다. DLC 의장이었던 빌 클린턴Bill Clinton, 1946~은 1991년 '새로운 길' 연설과 동시에 뉴민주당 노선을 본격 추진했고, 이듬해 대통령에 당선되었다. 12년 만에 정권교체에 성공한 것이다.

클린턴을 중심으로 DLC가 정립한 민주당 노선의 특징은 '우클릭'이었다. 18년 만에 정권교체에 성공한 영국 노동당의 토니 블레어Tony Blair, 1953~가 주창한 '제3의 길' 노선과 본질적으로 같았다. 클린턴과 블레어의 성공사례를 참고 삼아 한국의 '민주당'도 한때(어쩌면 지금도) '우클릭'에서 당의 활로를 모색했다. 미국과 영국은 성공했지만 한국의 민주당은 성공하지 못했다. 클린턴과 블레어는 그들의 부족분을 보완하기 위해 '우클릭'을 채택했다. 새정치민주연합의 약점이 과연 오른쪽 이념의 부족, 즉 보수성일까. 아니라고 본다. 정당공천이 작동하지 않는 교육감 선거에서 유권자들이 압도적으로 '진보교육감'을 선택한 것만 봐도 보수성의 부족이 새정치민주연합의 문제라고 말할 수는 없다. 기초단체장협의회는 미국과 영국이 채택한 '우클릭' 자리에 풀뿌리정치의 힘과 성공사례를 앉히는 것이 새정치민주연합이 살 길이라고 보았다. 생활정치의 결여가 새정치민주연합의 부족분이라고 본 것이다.

대한민국 제6회 지방선거(교육감 성향별 분포)

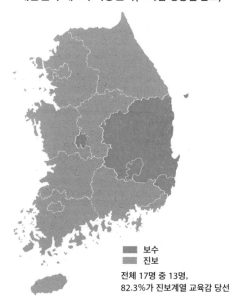

■ 보수
■ 진보
전체 17명 중 13명,
82.3%가 진보계열 교육감 당선

영국과 미국은 생활정치, 지방자치가 매우 튼튼한 정치체제이다. 영국
과 미국의 '진보세력'에게 부족했던 것은 이념적 유연함이었고, 그 부
분을 클린턴과 블레어가 보충했던 것이다. 기초단체장협의회는 당원과
국민에게 지지를 얻고, 궁극적으로 나라를 이롭게 할 수 있는 한국판
'새로운 길', '제3의 길'을 찾았다. 풀뿌리정치와 여의도정치의 조화가
새정치민주연합의 '새로운 길', '제3의 길'이라고 판단했다. 이런 고민
과 문제의식에서 새정치민주연합 기초단체장협의회는 박우섭 인천 남
구청장을 추대해 2015년 2월8일 전당대회 최고위원 경선후보로 내세

웠다. 풀뿌리정치의 내용과 역량을 당의 근육으로 만드는 것에 새정치민주연합의 미래가 달려 있다는 것이 기초단체장협의회의 생각이었다. 국민들의 삶이 나아지고, 비정상으로 치닫고 있는 대한민국 정상화의 길도 여기에 있을 것이라고 확신했다.

여의도의 무한 독점 구조에 맞서라

지난 '5대선거' 결과*

2012년 4월11일 총선 결과

	새누리당	민주당	통합진보당	자유선진당	무소속
합계	152	127	13	5	3
지역	127	106	7	3	
비례	25	21	6	2	

2012년 12월19일 대통령선거 결과

새누리당 박근혜	민주당 문재인
51.6%	48.0%

2014년 6월4일 지방선거 결과

광역자치단체장			기초자치단체장			교육감	
새누리	새정치	무소속	새누리	새정치	무소속	진보	기타
8	9	0	117	80	29	13	4

---

* 이하 선거 결과 통계는 중앙선관위와 위키피디아의 자료를 재구성했다.

2014년 7월30일 재보궐선거

구분	지역	당선자	정당	득표율(%)
국회의원	서울특별시 동작 을	나경원	새누리당	49.9
	경기도 수원 을	정미경	새누리당	55.7
	경기도 수원 병	김용남	새누리당	52.81
	경기도 수원 정	박광온	새정치	52.67
	경기도 평택 을	유의동	새누리당	52.05
	경기도 김포시	홍철호	새누리당	53.45
	충북 충주시	이종배	새누리당	64.08
	충남 서산시·태안군	김제식	새누리당	49.66
	대전광역시 대덕구	정용기	새누리당	57.41
	전남 담양군·함평군·영광군·장성군	이개호	새정치	81.29
	전남 나주시·화순군	신정훈	새정치	62.42
	전남 순천시·곡성군	이정현	새누리당	49.43
	광주광역시 광산구	권은희	새정치	60.61
	울산광역시 남구 을	박맹우	새누리당	55.81
	부산광역시 해운대구 기장군 갑	배덕광	새누리당	65.6

2015년 4월29일 재보궐선거

구분	지역	당선자	정당	득표율(%)
국회의원	서울특별시 관악 을	오신환	새누리당	43.89
	인천시 서구 강화 을	안상수	새누리당	54.11
	광주광역시 서구 을	천정배	무소속	52.37
	경기도 성남시 중원구	신상진	새누리당	55.9
광역의원	강원도 양구군	조영기	새누리당	52.76
기초의원	서울시 성북구 아선거구	이은영	새누리당	48.93
	인천광역시 강화군 나선거구	윤재상	무소속	54.26
	경기도 광명시 라선거구	안성환	새정치	39.16
	경기도 평택시 다선거구	이병배	새누리당	57.7
	경기도 의왕시 가선거구	김상호	새누리당	58.53
	전남 곡성군 가선거구	이재호	새정치	29.28
	경북 고령군 나선거구	박주해	무소속	52.14
	경남 의령군 나선거구	김철호	새누리당	8.12 재선거

2012총선-2012대선-2014지방선거 등 2년 동안 치른 세 번의 전국
선거에서 '민주당'은 내용적으로 패배했다. 이길 수 있는 선거에서 이기
지 못했다. 이후 치른 두 번의 보궐선거에서는 완패했다. 단 한 사람의
최고 권력자를 뽑는 2012대선은 확실한 패배였지만 문재인 후보의 득
표율은 역대 야권 후보 중 가장 높았다. 그러다 보니 이긴 것도, 진 것
도 아니라는 게 세 선거의 공통점이었다. 정확히 하자면 민주당이 그렇
게 평가하고 싶어 했다. 2012년 총선은 공천 실패로, 2012년 대선은 전
략 실패로, 2014년 지방선거는 홍보 실패로, 대충 그렇게 얼버무리고 싶
어 했다. 대략 49:51로 승패가 갈린 모호한 선거 결과가 이런 모호한 평
가를 용인해 주었다. 설혹 졌다고 인정하더라도 '공학'의 차원에서 졌다
고 여겼다. 민주, 민생, 도덕에서 결코 뒤지지 않는데, 단지 선거를 못해
졌다고 스스로를 위로한 것이다. 명백한 패배를 패배로 받아들이지 못
했다. 패배를 인정하지 않으면 성찰도 없다. 실제로 '민주당'은 성찰하지
않았다. 그 결과 2014년 7·30재보선과 2015년 4·29재보선에서 '민주당'
은 확실하게 패배했다. 지고 또 져도 패배를 인정하지 않으니까, 진심으
로 돌아보지 못하니까, 분명한 패배를 통해 유권자가 성찰의 기회를 준
것이다.
　성찰하지 못하면 다음 선거도 없다. 민주주의는 더 멀리 후퇴할 것
이다. 지도부가 책임을 져야 하는 건 이론의 여지가 없다. 다만 그 책임
은 도의적인 것일 뿐이다. 지도부의 사퇴가 괜찮은 내일을 보장해 주시
는 못한다. 2012년 총선~2015년 재보궐선거(이하 5대선거)까지 무려 다

섯 차례에 걸쳐 내려졌다. 지려 해도 지기 쉽지 않은 선거에서조차 계속 졌다. 근본적이고 거대한 흐름을 생각하지 않을 수 없다. 새누리당이 선거를 더 잘해서 '민주당'이 패배했다는 분석은 '위선'이다. 새누리당이 선거를 잘한다는 '선거능력론'은 '민주당'이 시대의 흐름을 인지하지 못하고 있다는 고백으로밖에 들리지 않는다.

철저하게 '중앙(당) 중심'이었다는 것이 5대선거의 공통된 특징이었다. 지역도, 지역정치인도, 지자체도 없었다. 국회의원만 있고, 그 나머지 선출직은 모두 실종됐다. 당원과 지역정치인은 동원 역량으로, 국민은 여론조사의 수치만으로 존재했다. 여의도는 블랙홀처럼 정치자원 전부를 끌어갔다. 그리곤 확대재생산하는 게 아니라 고갈시켰다. 김대중-노무현 시절에는 그렇게 해도 됐다. 그때는 '87년체제'의 영향력이 힘을 잃지 않은 시절이었다. 정치권이 핵심전선을 형성하면 학생운동, 민중진영, 시민사회 등이 자기역할을 설정해 지원사격을 했다. 제도정치+비제도정치 영역(학생/민중/시민사회 등)의 연합전선이 87년체제를 움직였고, 거기서 성과가 나왔다. 정당(민주당 계열)은 지원사격을 직접 조직하기도 했고, 조직하지 않더라도 비제도정치 영역의 자발적인 움직임이 활발했다.

국민의정부-참여정부를 거치면서 비제도정치 영역은 사라졌다. 물론 여전히 존재하고 있다. 하지만 그것은 역량이라기보다는 여론과 문화의 형식이다. 참고하고 주시하되 여당이든 야당이든 87년체제의 시절처럼 비제도정치 영역으로부터 정치적 압박을 받지는 않는다. 형식은 존재할지언정 실질적으로는 사라진 것이나 다름없다. 상당수의 비제도정치 역량은 제도정치권으로 흡수됐고, 제도로서 민주주의의 성숙은 비제도정치 활동의 근거지인 비합법 공간을 대폭 축소시켰다. MB 정부의 미국산 쇠고기 파동, 박근혜 정부의 세월호 참사에 대한 국민적 저항 양상이 확인시켜 주는 사실 하나는 바로 이 비제도정치 영역의 최소화 혹은 부재이다.

김종엽 교수의 진단에 따르면 "사회운동과 제도권 정치 사이에 어떤 합력이 존재했을 때 민주화는 크게 진전될 수 있었다."는 점이 87년체제의 경험이다. 하지만 87년체제 '승리'의 경험이 가져다 준 "항쟁중심주의적 태도는 정치가 절차화되는" 87년체제 이후의 흐름과는 잘 맞지 않는다. "대중의 함성은 여전히 중요한 정치적 요소이지만 그것이 직접 억압적 국가기구의 작동을 정지시키고 정부를 퇴진시킬 수는 없다. 그것은 오직 영향력의 행사로만 남고 결정의 심급은 헌정에 새겨진 정치적 과정, 즉 정당의 입법활동과 선거정치로 넘어가게 된다"는 것이 김종엽 교수의 진단이다.[*]

비제도정치 영역, 사회운동의 축소는 제도정치의 역할을 대폭 확장시켰다. 국회든 지자체든 시민사회든 주어진 현안은 모두 제도와 법의

---

[*] 김종엽, "바뀌거나, 천천히 죽거나-87년체제의 정치적 전환을 위해", 〈창작과비평〉(2015년 가을)

테두리 안에서 해결해야만 한다. '포스트 87년체제'의 특징이다. 문제는 이처럼 커진 제도정치의 역할에서 '의사결정' 부문을 여의도정치가 죄다 가져가 버렸다는 데 있다. 광역단체장에서 동네 기초의원까지 모두 여의도가 결정하는 무한 독점구조다. 여의도정치만 정치이고, 나머지는 정치가 아닌 것으로 치부되고 있다. 국회의원보다 훨씬 더 많은 지역자원을 지니고 있는 광역단체장(경우에 따라 기초단체장 포함)도 정치를 할 수가 없다. 법이 그렇게 제한했고, 한국의 정치문화가 그것을 당연히 여기고 있다. 지방자치는 여의도정치의 하부단위, 동원역량의 의미 이상을 가지지 못하고 있다. 여의도정치와 생활정치가, 국가정치와 국민정치가, 국회의원 정치와 비국회의원 정치가 거의 완벽하게 분리되고 말았다. 아니다. 앞의 정치가 뒤의 정치를 죽이고 있다. 정치를 여의도로 한정시키고 독점함으로써 사실상 '정치'가 사라진 것이다.[*] 국회의원의 동원역량으로 전락한 지역정치를 정치라고 할 수 없다. 정치의 요체, 민주주의의 근본은 수평적인 참여다. 위계와 동원에는 정치도 민주주의도 숨을 쉴 수가 없다. 당원을 대접하지 않는 정당, 지지자의 의지가 투영되지 않는 의사결정은 정치의 기반을 잠식시킨다. 정치를 서서

---

[*] 총선을 5개월 정도 앞둔 2015년 11월28일, 새누리당 이노근 의원은 지방자치단체장의 정당 지도부 활동 제약을 중심 내용으로 한 공직선거법 개정안을 발의하겠다고 밝혔다. 현행 선거법은 지자체장이 선거일 60일 전부터 정당이 개최하는 정치행사에 참여하지 못하도록 규정하고 있다. 선거사무소 방문도 금지하고 있다. 이것만으로도 지자체장의 정치적 자유를 심각하게 가로막고 있는데 이노근 의원은 한 발 더 나가 지자체장이 어떠한 정당활동에도 참여하지 못하도록 법 개정을 시도하고 있다. 이 의원의 개정안에 따르면, 지자체장은 선거일 120일 전부터 정당의 대표나 간부가 될 수 없고, 간부가 주최하는 회의에도 참석할 수 없다.

히 죽인다. 죽은 정치는 민주개혁진영의 역량을 파괴한다. 죽은 정치 위에서 수구세력의 힘은 가장 찬란하다. 이때 수구세력의 힘은 억압적 통제로 나타난다. 정치가 가장 활발할 때, 곧 정치가 살아 있을 때 수구세력의 억압적 통치는 줄어든다.

여의도엔 '마을과 골목'이 없다

지역구는 있으되 '지역'이 없다. 민생·민주 구호는 있으되 '현장'이 없다. 전략은 없고 '전략공천'만 있다. 이른바 '큰 형님'으로서 무너진 야권, 굶어 죽기 직전의 민주세력 전체에 대한 관심은 없고, 생존한 야권들과의 제한적인 연대가 겨우 전략이다. 지난 '5대선거'에서 적나라하게 그 모습을 드러낸 '민주당' 판 여의도정치의 맨얼굴이다. 그 와중에도 가까스로 피어난 꽃이 지역과 현장 매개성이 강한 '무상급식', '비정규직 정규직화', '생활임금제' 정책 같은 것들이었다. 이 정책들은 여의도가 아닌 지역정치의 성과였다. 기초지자체가 발굴한 숱한 미래가치들은 여의도로 흘러들어가지 못하고 있다. 여의도에서 들려오는 목소리는 '정권교체' 하나뿐이다. 정확히는 대통령 교체일 것이다. 여의도는 '지방정부'도 권력이라는 사실을 모르거나 애써 외면하고 있다. 대통령까지 교체할 필요성은 분명하나 대통령만 교체한다고 해서 우리 사회의 문제가 저절로 해결되는 것은 아니다.

이즈음 무엇보다 시급한 권력 과제는 여의도정치의 독과점 구조를 깨는 것이다. 정치를 복원하자는 이야기다. 포스트 87년체제에 호응하는 여의도 바깥의 정치역량을 부활시키자는 주장이다. 현재의 한국정치에서 가장 의미 있는 여의도 바깥의 정치역량은 지방자치의 정치역량이다. 광역 및 기초 단체장과 지방의원, 그리고 당원이 독립적인 정치주체로서 역할을 할 수 있어야 한다. 그들은 건강이나 취미 동호회부터 준정치조직까지 수많은 지역 자원과 구체적으로 연결되어 있다. 이들이 마을과 골목, 즉 현장의 대변자들이다.

국민들은 이미 지자체에서 가능성을 발견하고 있다. 차기 유력한 대선 후보 상당수가 광역단체장 중에 거론되는 여론의 흐름이 그 한 예이다. 나와 세상 일에 주체적으로 참여하는 '정치'는 이미 전방위적으로 확산되고 있고, 지역정치로까지 옮겨 왔는데 현실정치는 여전히 여의도에 한정되어 있다. 여의도의 국회의원들이 그렇게 붙들고 있다. 포스트 87년체제는 이미 문턱을 넘어 버렸는데 여의도정치는 87년체제의 마당에서 제자리걸음 하고 있는 것이다. 그 제자리걸음의 결과가 '5대선거'의 실패다. 탈정치, 황폐화한 정치의 사막, 죽은 정치의 무덤이 수구정당의 존립 근거이다. 그들보다 선거를 못해서 '민주당'이 진 것이 아니라, 지금처럼 정치가 실종된 지형에서는 어떤 선거를 하더라도 질 수밖에 없다는 현실을 정면 응시해야 한다. '정치'가 침몰할수록 새누리당은 더 강력해진다. 정치를 복원해야 한다.

문재인-안철수 연대가 조금 더 매끄러웠다면, 야권연대의 소음이 좀 더 줄어들었다면, 당 홍보팀의 역량이 새누리당을 앞섰다면, 5대선거의 결과가 좋아졌을까? 본질에서 벗어난 시각이다. 이런 분석조차도 여의도 중심주의, 공학정치의 산물이다. 오히려 "선출직 단체장이 미국처럼 정치적 의사표현을 자유롭게 할 수 있다면"과 같이 여의도를 벗어난 상상력이 필요하다. 여의도정치를 벗어나지 못하면 '민주당'은 87년체제의 마당(지금은 늪이 되어 버린)에서 빠져나오지 못할 것이다. 87년체제의 문턱을 넘는 정치 패러다임의 전환이 새누리당과 '민주당'을 구분해 낼 유일한 기준점이다. 이른바 '새정치'의 출발점 또한 여기다. 아쉽게도 지난 5대선거에서 '새정치'는 약속, 겸손, 양보, 품격 같은 행태논리에 집중되어 있었다. 여의도 독점 타파는 '지방선거 정당공천 배제'라는 왜곡된 형태로 여론화되었다. 그나마도 '민주당'과 '안철수'가 통합한 새정치민주연합 탄생을 계기로 훨씬 강력한 형태의 정당공천이 작동해 여의도 독점은 더 강력한 형태로 회귀했다. 유권자의 요구로서 '새정치'의 시대정신을 파악했으나 그 내용을 실천하는 데는 용기도 지혜도 부족했다.

다섯 번의 선거 패배가 건네는 메시지

정치의 복원이라고 이야기했다. 실상은 복원할 것도 없다. 정치는 이미 광범위하게 진행되고 있다. 비제도정치 역량은 '안철수 현상'이라는 모습으로 등장했다. 새누리당은 당 차원에서 이준식이나 손수조를 내세웠다. 당 차원의 젊은 역량을 야권이 내세우지 않으니까 야당 후보들의 아들 딸들이 뛰었다.[*] 이미 확산되고 있는 정치의 일반화를 여의도 야권이 인정하지 않고 있을 뿐이다. 지난 5대선거에서 야권의 지지자들은 회복가능한 작은 상처를 주면서 끊임없이 여의도 독과점 해체와 정치복원의 신호를 보냈다. 여의도가 수용하지 못하니까 현실과 상징 양면에서 큰 칼질을 한 것이 2014년 7·30재보선과 2015년 4·29재보선의 참패였다. 그것이 야권의 지지자가 야권의 '큰 형님'에게 보낸 매우 비판적인 메시지였다.

정치복원이라는 과제가 너무나도 지난해서 애써 외면하고 '한 방'을 기대했던 게 지난 시절 우리들의 정치행태는 아니었는지 반성이 필요하다. 우리의 성공을 준비하지 못하고 저들의 실패를 발판 삼아 '어부지리' 정치를 꾸몄던 게으름도 솔직히 인정해야 한다. 이 게으름을 국민들은 '무능'이라고 비웃으며 경고하고 있다. 정당, 지자체, 노조, 시민사회, 대안사회운동, 지식그룹, 국제연대 등 우리 주변의 다종다양한 '정치력'을 재구조화 시키라는 것이 지난 5대선거의 메시지다. 한꺼번에 시작하는 건 어려울 것이다. 당장은 당원과 지자체 역량에서 정치복원의 닻을 올려야 한다. 가장 현실적이면서 실질적인 역량이 여기에 있기 때문이다.

---

[*] 2014지방선거에서 조희연 서울시 교육감 후보의 두 아들, 강원도지사 최문순 후보의 딸이 '아버지'의 선거를 도운 대표적인 사례이다. 이들은 이름과 얼굴을 공개적으로 드러내 놓고 적극적으로 선거전에 뛰었다. 2014 7.30 보궐선거에서는 박광온 새정치민주연합 경기 수원시정 후보의 딸이 익명으로 트위터에서 활동했는데, 선거운동 기간 동안 폭발적인 인기를 누렸다. 선거가 끝나자마자 익명의 딸은 미련 없이 '계폭'(트위터 계정을 없애는 것)했다.

지난 5대선거 실패의 1차적인 책임자는 현직 국회의원이다. 국회의원 개개인의 역량이야 어떻든 간에 한 묶음의 '여의도'가 분명하게 1차적인 책임단위이다. 국회의원 모두가 져야 할 책임을 면피할 요량으로 특정 인물, 특정 당직을 겨냥한 '사퇴 압박 쇼'를 벌이고 있는 것이 현재 새정치민주연합의 '정치'이다. 이것은 정치가 아니다. 정치가 아니기 때문에 국민들의 동의는 물론, 열성 지지자들까지 지지를 철회하고 있다. 정치를 복원시켜야 한다. 사고는 여의도가 치고 책임은 '전 당원'이 함께 지는 기형적인 권한-책임의 분배 구조부터 바꾸는 게 정치의 시작이다. 누군가에게 책임을 전가하면서 권한은 그대로 여의도에 남겨 두려는 꼼수부터 버려야 한다. 모두가 함께 책임을 져야 한다. 새정치민주연합이 갖고 있는 정치권력을 재배치하는 것이 모두가 함께 책임을 지는 첫걸음이다.

원내 및 원외 위원장, 광역 및 기초 단체장, 광역 및 기초 의원, 평당원, 유관단체 및 조직 등 새정치민주연합의 이름으로 아우를 수 있는 모든 영역이 정치적 의사결정의 주체로 참여해야 한다. 이 과정에서 자연스레 비제도정치 영역의 역량이 복원되기 시작할 것이다. 이때 현직 국회의원은 '원내'라는 1/N 단위의 참여권 보장이 바람직하다. 의사결정에 너무 많은 숫자가 참여한다는 걱정은 버려도 된다. 걱정해야 할 것은 '참여하지 않는 것'이다. 기술적으로는 안건 숙성 단위와 의결 단위로 분리하면 참여의 '복잡성'으로 인해 발생가능한 문제들은 해소될 수 있다. 정치 복원에 꼭 필요한 물적 조건이 연수원과 매체다. 10년 동안의 집권 경험을 가진 제1야당이 당세를 모으고 확장하는 물리적 공간 한 군데를 여태 제대로 갖추지 못하고 있다. 당과 국민이 광범위하게 소통할 수 있는 여론조성과 학습 매체도 없다. 특별한 제안이라기보다는 '비정상의 정상화' 차원에서 꼭 검토해야 한다.

지난 5대선거의 패배는 정치와 정당의 패러다임을 새롭게 하라는 주권자들의 경고이자 동시에 제안이다. 근본적이면서 새로운 상상력이 필요하다. 새로움의 기본방향은 '여의도+알파'이다. 알파의 내용은 여의도 독점 타파이고, 궁극적으로 정치의 복원이다. 주역은 '復(국민에게 돌아가라)'과 '同(동지를 모으라)'을 정치의 방법으로 제시했다. 맞는 말이다. 새누리당을 이기고 민생·민주를 정상화할 수 있는 길은 '정치능력'의 강화다. 동지를 규합해 국민을 향하는 것이 정치이다. 선거능력은 정치능력에서 파생된다. 정치능력을 키우지 않고 선거능력에만 집중하는 것을 '공학정치'라고 한다. 공학정치는 정치능력에 기반했을 때 의미 있는 시너지 효과를 낼 수 있다. DJ의 정치능력이 DJP연합을 지역정치로 퇴행시키지 않고 정당한 집권전략으로 작동하게끔 했다. 노무현의 정치능력이 정몽준과의 단일화를 원칙없는 연대로 추락시키지 않고 집권으로 가는 촉매로 작용하게끔 했다. 먼저 정치능력을 키워야 한다. 정치공학은 그 다음의 일이다. 정치공학은 정치능력의 결과이다. 원인이 아니다.

2015년 2월8일 새정치민주연합 전당대회에 최고위원 후보로 나선 인천 남구청장 박우섭 후보의 슬로건은 "변방에서 불어와, 중앙을 확 바꿀 반란의 돌풍, 지방의 힘"이었다. 연설 내용 중 일부를 소개한다.

"여기 여덟 분의 최고위원 후보님이 계시지만 모두 국회의원이시고 저 기호2번 박우섭이 유일하게 중앙정치인 국회의원이 아닌 지방정치인 구청장, 인천 남구 구청장입니다. 저 박우섭을 지지하는 81명의 시장·군수, 구청장과 349명의 시·도의원, 1천158명의 시·군·구의원의 대변인인 저 박우섭을 최고위원으로 선택하여 주신다면 우리 당이 중앙정치인만 있는 당이 아니라 지방정치인이 함께하는 자치와 분권을 대표하는 정당이 될 것입니다. 저 박우섭 지방의 힘으로 당을 살리겠습니다. 지방의 힘은 김대중 대통령께서 단식투쟁으로 쟁취해 낸 지방자치에서 나오는 힘이며, 노무현 대통령의 기본철학인 균형발전, 분권에서 나오는 힘입니다. 지방자치에 대한 강력한 힘의 근원은 자치와 분권을 핵심가치로 하는 지방자치이며 이것을 골간으로 하여 국민의 지지를 받는 '필사즉생'의 강력한 당이 되어야 합니다. 지방의 힘으로, 여의도에 갇혀 있는 정치를 해방시키겠습니다. 생활정치의 힘, 현장의 목소리로 여의도의 권력 독점을 종식시키겠습니다. 공유경제, 공유정치, 분권국가, 분권정당이 우리의 비전이 되어야 합니다. 저는 그 해답이 지방의 힘에 있다고 생각합니다. 평생학습과 마을만들기를 통한 공동체 회복, 공유하고 공생하는 사회 연대 경제 시스템의 정립, 비정규직의 정규직화, 생활임금제 도입, 로컬푸드 사업, 혁신교육, 생태교통, 통두레 운동, 친환경 무상급식 등 모두 우리 당의 지방정부가 일궈 낸, 국민을 위한 자랑스러운 성과입니다. 이제 중앙이 지방의 소리를 들어야 할 때입니다. 지방의 움직임을 보고, 방향을 바꾸어야 할 때입니다. 지방의 반란, 지방의 역습이 가능해야 건강한 민주주의가 이룩되고 대한민국이 살 수가 있습니다. 새로운 희망은 당의 혁신에서 시작됩니다. 국회의원이 아닌 당원도 최고위원이 될 수 있다는, 당의 새로운 변화를 국민들에게 알려야 합니다. 그 시작은 국회의원, 중앙정치인이 아닌 지방정치인 구청장 박우섭이 최고위원이 되는 것, 이것이 침체된 우리 당의 새 희망이며 새 바람의 시작이라고 강력하게 호소 드립니다. 최고위원 다섯 명 중 한 명을 자치와 분권을 대변할 수 있는 기호 2번 박우섭을 선택해 주십시오. 이번 전당대회 변화와 혁신의 상징인 지방의 힘 저 기호 2번 박우섭을 지지해 주십시오."

총 8명의 최고위원 후보들이 전당대회에서 경쟁했다. 대의원(45%), 권리당원(30%), 국민여론(15%), 당원(10%)의 뜻을 물어 결정하는 방식이었다. 괄호 안은 반영 비율이다. 박 구청장을 제외하고는 모두 현직 국회의원이었다. 결과적으로 박 구청장의 최고위원 입성은 성공하지 못했다. 총 5명의 최고위원을 뽑는데 10.66%를 득표해 6위를 했다. 5위와 득표율 차이는 0.65%였다. 안타까운 패배였다. 하지만 득표율 안에는 의미 있는 숫자가 담겨 있었다. 대의원 득표에서 모든 국회의원들을 제치고 박 구청장이 1위를 한 것이다. 이변이라고 해도 틀리지 않을 사건이었다. 정당이 집합적인 의사결정을 할 때 가장 중요한 당원이 대의원이다. 어느 정당이든 대의원이라고 하면 당에 대한 기여도가 높고 정치적 판단력이 뛰어난 당원들이다. 새정치민주연합의 '핵심층'이 박 구청장을 1위로 뽑았다. 당의 미래를 깊이 있게 고민하는 대의원들의 최고 지지를 얻었으나, 낮은 인지도와 아직까지는 낯선 주장으로 인해 최고위원이 되지 못했다고 보면 무방하다. 정치의 주체로서 지방자치 세력의 중요성을 당 차원에서 확인하고, 동시에 인정을 받은 결과였다. 새정치민주연합의 기초단체장들이 세웠던 가설, 즉 여의도정치와 지방정치의 화학적 결합이 당을 살릴 것이다는 주장의 정당성을 확인하는 순간이었다.

8장

정당부재 → 정치몰락 → 사회해체의 악순환

강한 정부, 약한 국민, 똘똘 뭉친 지배권력, 산산이 조각난 사회. 오늘날 대한민국의 모습이다. 이 모습의 내용은 경제빈곤, 양극화, 벼랑 끝에 선 위태로움, 황폐화된 개인의 삶이다. 각종 재난과 사고로부터 기본적인 안전조차도 보장받을 수 없는 집단 경험까지 했다. 가난할 수 있고, 사고도 생길 수 있다. 문제는 희망의 상실, 신뢰의 실종이다. 더 많이 일해도 삶이 나아질 수 있다는 희망이 없다. 어떤 사고든 함께 수습할 수 있다는 신뢰 구축이 어렵다. 타인을 돌보고 이웃과 연대할 수 있는 심리적 공간이 사라졌다. 앞이 보이지 않는다. 어쩌다 이 지경에 이르렀을까.

정부와 국민, 국가와 개인 사이에 정치가 있다. 기업과 개인 사이에 시장과 고용이 있는 것과 마찬가지이다. 대통령, 국회의원, 단체장, 지방의원을 뽑는 각급 선거와 여기에 뛰어드는 정당이 제도화된 정치이다. 제도화된 정치 영역에서 완충, 타협, 중재, 조정, 투쟁이 이뤄진다. 이를 통해 사회는 갈등과 통합을 불규칙적으로 반복하면서 생명을 유지한다. 한국사회는 정치행위를 정당에 위임하는 대의민주주의를 채택했다. 개인의 정치적 의지는 정당을 통해 실현을 모색한다. 모든 정치인들이 독자적인 이름을 가지고 있지만 어쨌거나 그들은 정당 속의 정치인이다. 무소속 정치인이라 할지라도 무소속이라는 '정당'에 소속되어 있다. 결국 정당정치가 정부와 국민, 국가와 개인을 연결해준다.

연결이 어떤 결과를 내든지 간에 연결은 그 자체로 의미가 있다. 적어도 한 지붕 아래 살고 있다는 통합의 기능을 작동시킨다. 정당정치는 갈등에서 화해로, 합의에서 분열로 자주, 드라마틱하게 바뀐다. 수많은 갈등요인을 몇 개의 범주로 압축해 그것이 날것일 때보다 덜 위험하게 관리하는 게 정당정치의 좋은 기능이다. 정당정치가 만든 결과는 늘 아쉽다. 최선이 아닌 것처럼 보인다. 어쩌면 정당정치는 최선을 추구하는 것이 아니라 최악을 피하는 것인지도 모른다. 중요한 건 정당정치가 활발하게 작동하는 한 사회는 유지된다는 점이다. 그런데 지금 한국의 정당정치는 개점휴업이다. 형식으로서 정당정치는 있지만, 말 그대로 형식으로만 있다. 정당정치는 민의의 출렁거림을 반영해 움직이지 않고, 관료조직이나 기업처럼 독립적으로 행동하고 있다. 정부와 국민, 국가와 개인 사이를 연결해 줘야 하는 정당이 '거간꾼'의 역할을 버리고 따로 살림을 차려 버렸다. 정당은 있지만, 그 정당이 사회를 대의하는 정치행위를 하는 게 아니라 '대의하는 척'하면서 자기 생존만을 도모하고 있는 것이다. 여럿들 '사이'에 있어야 할 정당이 '홀로' 떨어져 나갔다. 정당의 독자세력화로 인해 정치가 실종됐다.

최장집은 '이념적 대표 체제의 협애성'이라는 틀로 한국의 정치실종 현상을 설명했다. 식민지와 체제전쟁을 겪은 후유증으로 한국의 '국가'는 지나치게 크고 강력해졌다. 이 국가의 지배적인 정치언어는 냉전반공주의이며, 한국사회는 이념적으로 자유롭지 못하게 되었다. 이에 따라 한국 민주주의에서 정당은 "매우 협애한 이념적 대표 체제, 사실상 보수만을 대표하는 정치적 대표 체제"를 지니게 되었다는 것이다. 이 같은 보수 편향의 정치구조는 1987년 민주화 이후에도 변화하기보다는 오히려 더욱 강화되었다. 민주화 이후 민주주의가 사회를 재구성하는 게 아니라 기왕의 보수적 기득권 구조 위에 부가적인 요소로 민주화를 장식처럼 덧씌웠을 뿐이라는 것이다. 이에 따라 한국정치는 사회의 상층계급, 정치엘리트들의 일상사를 다루는 일이 되어 버렸다. 이처럼 보수 편향의 정치적 대표 체제가 만들어 낸 사회적 결과는 무수히 많다. 대표적으로 "서민과 노동계급의 이익 및 요구가 정치적으로 대표되지 못하는 '노동 없는 민주주의'를 지속시킨다. 좀 더 미시적으로 들여다보면 그것은 노동을 천대하는 사회 분위기를 만들고, 일에 대한 헌신이 갖는 사회적 가치를 경시하며, 따라서 부동산 투기나 재테크, 펀드 관리와 같이 생산적 노동을 동반하지 않는 그야말로 돈벌이 그 자체에 우리 사회가 열병처럼 휘말리게 되는 결과를 낳는다"는 것이다.

여당이나 야당이나 본질적으로 보수성을 띠다 보니 '노동소외' 부문에서 공동전선을 형성하고, 지역분할 방식으로 경쟁을 하며, 기껏해야 누가 덜 부패했나를 다투는 경쟁을 하고 있는 게 지금 한국정치의 현실이다. 그러다 보니 "한국 민주주의의 이념적 대표 체제가 지니는 보수성은 비단 진보적 정치세력을 배제하는 데서 그치는 것이 아니라 한국 사회를 도덕적으로 타락시키는 가장 중요한 원인으로 작용하고 있다." 여기에서 정치불신이 생겨나고, 정치불신에 가득찬 유권자는 민주주의로부터 이탈하게 된다. 상품 시장에서 소비자의 이탈은 상품 공급자인 기업에게 소비자의 선호에 적응하도록 만드는 자기 조정의 효과를 갖지만 "선거시장에서 유권자의 이탈은 정당이라고 하는 정치 기업에 변화를 강제하는 효과가 약하다." 정당 체제는 완전경쟁적 공개시장이 아니며 기존 정당들은 현상 유지를 위한 거래를 할 수 있고, 새로운 정당의 출현 가능성이 있을 경우 이를 억압하기 위해 공모할 수도 있다. 개인, 혹은 국가를 위해 정당이 있는 게 아니라 정당을 위해 사회의 나머지 요소들이 존재하는 꼴이 되었다. 계급이나 계층 '사이'에 정당이 있는 게 아니라 정당 자체가 하나의 '계급'이 되었다. 이탈리아 정치사회학자인 가에타노 모스카Gaetano Mosca, 1858~ 1941가 제시한 바로 그 '정치계급Political class'이 탄생한 것이다. 당원과 지지자의 이익 실현에는 관심이 적고, 자신의 이익을 위해 정치행위를 하는 정치집단이 모스카가 말한 정치계급이다.

여의도보다 여의도 바깥이 훨씬 넓은 세계

정당의 정치계급화는 정당부재, 정치실종을 의미한다. 우리가 뽑았는데 우리를 위해 일하는 것 같지 않다. 대표성의 위기다. 바꿔야 한다. 그런데 선택지가 매우 좁다. 누구를 뽑든 마찬가지일 것 같다. 투표를 포기해 버린다. 참여의 위기다. 대표성과 참여의 동반 위기는 정당의 위기, 정치의 위기로 전환한다. 정치의 위기는 다시 사회의 위기로 이어진다. 위기가 위기를 낳는 악순환이 계속된다. 중요한 것은 그 위기가 '정치인'의 위기는 아니라는 점이다. 대의제 민주주의를 없애 버리지 않는 한 정당과 정치가 아무리 제 역할을 못 해도 '정치인'은 여전히 존재한다. 대표성과 참여의 동반 위기는 기득권 정치인을 더 자유롭게 만든다. 정치계급에게 더 많은 자율성을 준다. 대표성의 위기는 정치인의 입장에서 유권자의 눈치를 덜 봐도 된다는 뜻이다. 참여의 위기는 정치인의 입장에서 표관리가 더 쉬워진다는 말이다. 기득권 정치인들에게는 오히려 기회다. 선거 시장에 유권자의 참여가 적을수록 기왕에 가지고 있는 기득권 정치세력의 자금, 동원력, 조직력, 인지도 효과는 더 크게 작용한다.

결국, 대표성과 참여의 동반 위기라고 할 때 이 위기는 주권자의 것이다. 정치인의 위기가 아니다. 정당은 사회의 압축판이다. 사회의 필요와 요구, 여망과 갈등을 정당 안으로 끌어들여 관리하고 해결을 모색하는 게 대의제 민주주의이다. 해결의 과정이 정치행위이다. 때문에 정당부재, 정치실종의 결과는 사회의 필요와 요구, 여망과 갈등의 방치이다. 그 결과는 사회의 해체이다. 지금의 한국사회가 그렇다. 부재, 실종, 해체의 자리는 우리의 의지와는 상관없이 저절로 복원된다. 통제 불가능한 복원이라는 점에서 '저절로'이다. 유사정당, 유사정치, 유사사회가 빈 땅의 잡초처럼 자리 잡는다. 제 나라보다 북한에 더 많은 관심을 갖는 종편 언론, 최소한의 휴머니즘조차도 찾을 수 없는 일베 '폭력', 마법의 언어와도 같은 '종북' 신드롬 따위가 그 잡초들이다.

아무리 협애한 이념적 대표체제라 할지라도 새정치민주연합(민주당 계열 정당)과 새누리당은 차이가 있다. 이 차이에 대한 논의는 나중에 논하기로 하자. 냉전기득권 연합세력을 새누리당이라 하고, 자유주의에 기반한 중도세력을 새정치민주연합이라고 하자. 한국의 정치 사이클은 새정치민주연합의 흥망성쇠와 같은 곡선을 그렸다. 냉전기득권 연합 세력인 새누리당은 정치주체라기보다는 정치의 대상이었다. 그들은 애시

당초 反정치집단이었다. 새정치민주연합이 어떻게 하느냐에 따라 새누리당의 자리는 좁아지거나 넓어졌다. 정당부재, 정치실종은 곧 새정치민주연합의 부재와 실종을 뜻한다. 지금, 새정치민주연합이 '없음'으로 인해 새누리당의 자리는 어느 때보다 넓어졌다. 새누리당의 크기는 새정치민주연합의 크기에 반비례해서 움직인다.

  과연 새정치민주연합 정치는 없었던 것일까. 아니다. 있었다. 없는 것처럼 여겼을 뿐이다. 이명박·박근혜 정부 7년여 동안 활발했던 건 지역정치였고, 여의도정치는 왜소했다. 그러나 새정치민주연합은 지역정치를 정치로 보지 않았다. 여의도의 새정치민주연합은 지역의 새정치민주연합 세력을 정치세력으로 여기지 않았다. 여의도의 새정치민주연합은 당 안팎의 정치를 독점했다. 조직과 재원 등 당의 자원을 독점했고, 의사결정 과정에서 여의도 바깥 세력을 배제했다. 그래서 정치가 있는데도 없게 되었다. 여의도의 정치독점은 여의도 바깥 정치 배제의 다른 말이다. 여의도보다 여의도 바깥이 훨씬 넓은 세계이다. 그 세계가 정치에서 배제당했다. 그 세계가 사회이다. 여의도정치는 사회를 배제했고, 배제당한 사회는 여의도정치를 배척하기 시작했다.

분권정당, 주권자로부터 권력이 나오는 정치

  테일러는 노동자에게서 생각을 제거한 중앙집권 지시-통제 시스템을 이론화했고, 현실의 공장에서 추진했다. 당시 서구의 정당과 정부는 테일러의 '과학적 관리'를 차용해 권위적인 중앙집권형 관료제를 정착시켰다. 냉전체제의 권력구조는 테일러가 설계한 공장과 다르지 않았다. 그 실천의 모범이 소련이었다. 테일러 사후 100년이 다 된 지금 새정치민주연합에게서 테일러 시스템을 발견한다. 중앙당, 여의도 국회의원이 모든 걸 결정하고 있다. 지역당과 지역정치세력은 생각의 제거를 강요받아 왔다. 지역정치세력은 여의도정치와 중앙당이 내린 '오더'의 실행 단위로 전락했다. 그나마 오더가 공공선을 지향한다면 다행이다. 지역은 기꺼이 실행할 준비가 되어 있다. 그러나 그간의 오더는 공공선과는 상관이 없었다. 지역정치 역량은 지역위원회를 장악하고 있는 개별 국회의원의 정치적 확장을 위한 연료로 대부분 쓰였다. 지역정치는 황폐화되고 당원은 당을 떠났다. 비정규직 정규직화, 생활임금, 마을공동체, 사회적경제, 무상급식……. 새정치민주연합의 지방정부들이 이룬 성과이자 추진하고 있는 미래가치이다. 이러한 성과와 가치들을 중앙당은 당의 공유자산으로 만들지 못했다. 성과는 지역에 고립됐다. 지지세력 확장의 기회를 중앙당은 쉽게 놓쳐 버렸다.

이 같은 문제의 해결을 위해 유능한 리더를 기대하는 건 자연스럽다. 유능한 리더가 등장하면 '어느 정도' 문제해결을 할 수도 있다. 하지만 유능한 리더도 시스템의 뒷받침 없이는 해결이 쉽지 않다. 어느 정도 해결했다 하더라도 지속가능성까지 보장할 수는 없다. 시스템을 재구성해야 한다. 시스템 재구성의 핵심역량은 '가까이 있는 정부', 곧 지역정치세력이다. 주권자들이 생활환경의 문제(국가적 과제와는 성격이 다른)에 능동적으로 참여하여 마을과 골목을 좋게 만들고, 주민과 주민의 관계를 따뜻하게 하자는 것이 지방자치 도입의 목적이었다. 여전히 과제가 많으나 중앙정부와 지방정부의 분권은 당연한 상식으로 자리잡았다. 이 상식을 여기서 잠시 '분권정부'라고 표현하자. 분권정부 시스템을 발판으로 새정치민주연합의 지방정부는 적지 않은 성과를 냈다. 하지만 성과를 확산시키고, 새로운 정책과 가치실현을 시도하는 일은 버겁다. 당의 조력을 받지 못해서이다.

중앙정부와 지방정부의 분권처럼 중앙당과 지역당의 분권이 필요하다. 이를 분권정당이라고 하자. 분권정당이 더 나은 분권정부를 가능케 한다. 정부는 분권체제인데 정당은 중앙집권 체제이다. 110V 콘센트는 220V 코드에 전류를 흘려보낼 수 없다. '가까이 있는 정당'에 당원과 주권자들이 일상적으로, 능동적으로 참여하여 지역의 이해, 갈등, 현안, 지역정치 난제를 해결하자는 것이 분권정당의 목적이다. 중앙집권 정당체제가 내세울 수 있는 목표는 '정권교체'밖에 없다. 옳지만 빤하다. 누구나 안다. 당원이든 아니든 상관없는 목표다. 지역의 정치적 과제는 따로 있다. 지역당은 여기에 복무해야 한다. 그랬을 때 정권교체의 진정한 힘도 지역에서부터 이끌어 낼 수 있다.

분권정당의 주체는 시당, 도당, 중앙당이다. 중앙당이 정권교체를 말하는 것과 마찬가지로 시당, 도당 또한 시·도 단위의 과제를 이야기해야 한다. 예컨대 광주와 전남은 함께 풀어야 할 숙제로 '군공항 이전 문제'가 있다. 여의도에서 법안을 마련해 문제해결의 실마리가 풀렸지만 광주시당이나 전남도당은 군공항 이전 문제를 제대로 검토하지 않고 있다. 수년 동안 이 문제의 해결을 위해 노력해 온 김동철 의원 '개인'의 노력은 충분히 존경받을 만하다고 본다. 하지만 정당으로서 새정치민주연합의 관심은 매우 부족하다. 자신의 일이라는 인식조차 없는 것 같다. 의료원 폐업 문제로 갈등을 빚고 있는 경남에서도 도당은 제대로 역할을 하지 못하고 있다. 지역민과 의원들의 고독한 싸움이 계속되고 있다. 시당이나 도당을 문제 삼는 것이 아니다. 시당이나 도당이 역할을 할 수 있는 조건이 확보되어 있지 않다는 것이 문제다. 지역당이 역할을 할 수 있는 조건이 다름 아닌 분권정당이다. 분권정당은 세 가지 부문에서 권한과 책임을 가져야 한다.

첫째는 지역사회 각 분야(정치, 경제, 환경, 문화 등)의 의제에 언제라도 내놓을 수 있는 당적 기준과 원칙, 가능하면 해결책까지 가지고 있어야 한다.

둘째는 자기 지역의 공식후보자 추천권을 가져야 한다. 중앙당과는 독립적인 자기완결적인 의사결정 권한을 가져야 한다.

셋째는 전국 정치 현안을 제외한 나머지 부문에서는 중앙당과 수평적인 관계여야 한다.

분권정당 실현에 가장 알맞은 중앙당의 형식은 '지역당의 연합체'라고 할 수 있다. 당헌·당규에 중앙당 고유의 책임과 권한을 명시하는 것으로 중앙당에 필요한 권위와 영향력은 얼마든지 확보할 수 있다. 분권정당이 현실에 등장하면 내 옆에 나의 정당이 있게 된다. 자연스럽게 중앙당 또한 나의 정당이 된다. 당헌·당규 규정과는 상관없이 자발적인 차원에서 당원의 지지와 헌신성, 신뢰를 확보할 수 있다. 사고는 중앙당이 치고 책임은 전당원이 지는 지금보다는 어느 모로 보나 분권정당이 더 낫다. 이렇게 되면 당원의 의지가 중앙당에 전달되고 중앙당의 의지가 당원에게 전달되는 쌍방향 소통의 조건이 시스템 차원에서 확보된다. 정부와 국민, 국가와 개인 사이의 빈 자리를 정치가 채울 수 있게 된다. 정당과 주권자가 자연스럽게, 자주 만날 수 있다. 정치는 특별한 행위가 아니라 일상적인 활동이 될 수 있다. 정치가 주권자를 향하고, 주권자로부터 정치가 나오는 정당체제가 분권정당이다.

새정치민주연합이 살 유일한 길, '자치와 분권'

블레어와 클린턴의 등장은 권위주의적 중앙집권 정당 시대의 종말을 의미했다. 테일러주의의 쇠퇴, 소련의 몰락도 같은 맥락이다. 인터넷과

스마트폰으로 대표되는 실시간 디지털 커뮤니티 시대에 일방성을 힘으로 삼는 '권위'나 '중앙'은 살아남을 수 없다. 새정치민주연합과 새누리당은 '권위'와 '중앙'으로 여전히 살아남아 있다. 지지기반, 이념적 지평으로 볼 때 새누리당은 '권위'와 '중앙'이 생존전략이다. 새정치민주연합은 그렇지 않다. 새정치민주연합의 지지자들은 좋은 의미에서 변덕쟁이들이다. 정책과 정치행위를 꼼꼼히 살핀다. 새정치민주연합은 지지자들의 변화에 반응하지 못하고, 변화한 세상의 질서에노 석응하지 못하고 있다. 여러 선거와 당원 없는 당의 현실 등을 통해 혁신해야 한다는 신호는 계속 타전됐다. 그러나 못 했다. 못 했기 때문에 새정치민주연합은 항상 위기다. 위기 극복을 위한 긴급 처방이 지도부 교체였다. 이대로 가면 누가 대표가 되고, 어떤 그룹이 지도자를 차지하더라도 언제나 위기일 것이다. 중앙당 일부를 외과적으로 건드려서 해결할 수 있는 문제가 아니다. 내과까지 접근해야 한다. 체제를 바꿔야 한다. 정체의 늪, 퇴보의 늪에서 탈출할 수 있는 유일한 체질 개선은 분권정당이다.

분권정당은 여의도정치와 지역정치 역량의 일상적 결합을 가능케 한다. 분권정당은 지역에서 당의 존재 이유를 분명히 해 지지기반의 안정화, 확산에 기여할 수 있다. 분권정당은 당원들에게서 진정한 의미의 충성심을 확보할 수 있다. 역설이다. 권한이 중앙당으로 집중돼 중앙당의 약화를 가져왔다. 그래서 권위주의와 명령으로 통치한다. 권한을 지역으로 나누면 산술적으로 중앙당의 권한은 줄어든다. 실제로는, 진정으로 힘 있는 중앙당의 권위를 확보할 수 있다. 더 이상 중앙당은 '그들'의 것이 아니라 '우리' 모두의 것이기 때문이다.

분권정당이 분권정부에 기여한다. 자치를 돕는다. 활발한 자치는 정치의 기능을 정상화시킨다. 유사정치가 파고들 틈은 없다. 대선, 총선 등 어느 선거든 튼튼한 기초체력을 가지고 치를 수 있다. 선거공학이 설 자리는 줄어든다. 상대방의 실수, 연대 같은 것에 의존하지 않고 우리 스스로 우리의 길을 갈 수 있다. 사실 분권정당은 너무나도 당연한 것이다. 선진 정치국가치고 중앙집중화된 정당 시스템을 운영하는 곳은 없다. 지역은 여의도정치에 필요한 물량을 대 주는 후방기지가 아니다. 정치의 최전선은 지역이다. 여의도는, 그리고 소위 중앙이라는 것은 최전선의 열망과 요구 보따리를 가지고 거래를 하는 '마켓'일 뿐이다. 마켓은 중요하다. 하지만 생산지보다 더 중요할 수는 없다.

자치분권민주지도자회의는 2015년 8월16일 대전 서구청에서 자치분권민주지도자회의 출범식을 가졌다. 전체 회원 264명 중 167명이 참석(63%)했다. 총회를 겸한 출범식에서는 당 혁신안을 논의했고, 정관 수정 및 추인 과정을 거쳤다. 선출된 분야별 공동대표는 다음과 같다. 기초단체장 공동대표 이해식(서울 강동구청장) 광역의원 공동대표 강득구(경기도의회 의장) 기초의원 공동대표 이영순(광주광산구의회 의장) 일반회원 공동대표 정헌태(자치분권 전국연대 상임공동대표). 자치분권민주지도자회의 광주광역시 대표로 활동했던 나는 출범식과 함께 지도부가 꾸려진 이후 기획·홍보위원회 위원장을 맡아 일하고 있다. 자치분권민주지도자회의는 '정당부재 → 정치몰락 → 사회해체'의 악순환을 더 이상 두고 볼 수 없어 새정치민주연합 지역정치세력이 연대해 조직한 '정파'이다. 새정치민주연합 내 분명하게, 그리고 공공연하게 존재하는 정파는 자치분권민주지도자회의가 유일하다. 이 정파의 목적은 또렷하다. 분권정당-분권정부의 실현이다.

헌법에 기초한 제도민주주의의 정착이 '87년체제'의 과제였다. 과제의 이름이 민주화였다. 제도로서 민주화는 이루어졌다. 이제 민주주의의 내용을 더 튼튼하게 채워야 한다. 그것이 민주화 이후 민주주의의 과제이다. 자치의 강화, 분권형 권력구조 개편은 '민주주의의 내용'을 튼튼히 채울 수 있는 기본 조건이다. 이 조건을 확보하기 위해 새정치민주연합의 지역정치세력이 힘을 모아 '자치분권민주지도자회의'를 결성했다.

여의도정치세력은 제도민주주의의 정착에 커다란 역사적 기여를 했다. 하지만 지금은 제도민주주의의 자원을 독점하면서 그 테두리 안에서 안주하고 있다. 그 결과는 '정당부재 → 정치몰락 → 사회해체'의 악순환이다. 정치의 빈자리에 온갖 좋지 못한 옛것들이 되살아나 자리 잡고 있다. 하루 빨리 새정치민주연합의 정치력을 회복해야 한다. 당 대표 바꾸기, 계파의 합종연횡, 몇몇 개혁적인 조치 정도로는 정치력을 회복할 수 없다. 지자체 운영의 수준과 독립성을 높여야 한다. 시·도당 또한 지역 현실에 기반한 자기 집행력과 의사결정 구조를 가져야 한다. 지역정치세력의 힘과 지혜, 그리고 성공사례들이 당과 여의도를 거쳐 전국화되어야 한다. 지역정치의 기능강화가 힘 있는 여의도정치를 가능케 한다. 자치와 분권에 새정치민주연합의 미래가 달려 있다.

자치와 분권은 단순한 위기탈출 '방법론'이 아니다. 정치의 새로운 패러다임이다. 강화된 자치정부, 확실한 지역분권정당 실현은 새정치민주연합의 정치력을 회복시키고, 한국사회를 재구조화시키는 새로운 사회운동이다. 새정치민주연합의 지역정치세력이 앞장서 사회운동을 펼치고자 자치분권민주지도자회의를 조직했다. 자치분권민주지도자회의는 지역자결주의의 원리에 따라 역량을 모으고 목소리를 낼 것이다. 자치분권 민주주의 실현만이 한국정치의 새로운 흐름을 만들고, 해체된 사회를 다시 일으켜 세울 수 있다고 확신한다. 새정치민주연합이 살고, 국민이 편안한 길 또한 여기에 있을 것이다.

3부

정당권력과 정치

'정당 없는 지방정치'가 재난 부른다
한국정치의 희망, 자치분권민주지도자회의
각 당 정강정책으로 본 자치분권의 현주소
정치적 자유 확대가 권력 횡포 막는다

9장

'정당 없는 지방정치'가 재난 부른다

우리밀축제(2015.10.2~4.)가 열리고 있는 광산구 송산유원지 입구. 공익활동지원센터(이하 공익센터) 윤난실 센터장과 직원들이 서명을 받고 있다. 폐관 위기에 처한 공익센터 구하기에 동참을 부탁하는 것이었다. 2015년 7월 2차 추경예산 심의에서 광산구의회는 공익활동지원센터 운영비 전액을 삭감해 사실상 운영을 중지시켜 버렸다. 폐관위기로 몰고 간 광산구의회 일부 의원들은 애써 서명대를 외면했다. 광산구의 전·현직 국회의원들도 서명대에 눈길을 주지 않고 그냥 지나쳤다.

공익센터 예산 삭감은 이번만이 아니었다. 2015년 예산을 수립하는 2014년 12월 하반기 정례회에 공익센터는 운영비 5천만 원, 사업비 7천만 원을 편성, 제출했다. 광산구의회는 운영비 1천만 원, 사업비 2천만 원으로 '삭감' 의결했다. 사실상 운영을 하지 말라는 뜻이었다. 예산심의가 의회의 고유권한이기는 하지만 운영비의 경우 규모의 적절성을 따져볼 뿐, 이처럼 전년도 운영비 기준 80%, 사업비 기준 38%를 삭감한 경우는 없었다. 더군다나 공익센터의 일은 점점 늘어나고 있는 추세였다. 의회는 구두로 추경을 약속하면서 긴축운영을 주문했다.

연간 5천만 원 가까이 들어가는 전기세, 수도세 등 기본적인 공과금을 1천만 원으로 깎고 나서 긴축운영을 주문하는 건 문을 닫으라는 말이나 다름 없었다. 더 이상 쥘 허리도 없는데 허리띠를 졸라매라는 격이었다. 공익센터 직원들은 추경 약속을 믿었다. 직원들은 자기 월급을 내놓아 운영비를 메웠다. 이 또한 적법한 절차를 거쳐서 집행했다. 2015년 7월 1차 추경에서 의회는 운영비 1천만 원을 승인했다. 사업비는 전액 삭감했다. 9월 2차 추경에서 의회는 공익센터가 편성, 제출한 운영비와 사업비를 한 푼도 승인하지 않았다.

삭감에 대한 의회의 근거는 빈약했다. 요약하면 두 가지였다. 하나는 사업을 방만하게 운영한다는 것, 또 하나는 인건비를 운영비로 돌려 쓰는 것은 불법이다는 것이었다. 사업의 방만한 운영은 관점의 차이였다. 방만 운영의 다른 말은 "의욕적으로 너무나 많은 일을 한다."는 것이다. 실제로 공익센터는 일을 많이 했다. 그만큼 주민자치의 수요가 늘어났기 때문이다. 전국적인 추세이기도 하다. 공익센터는 일을 많이 할 뿐만 아니라 아주 잘했다. 새정치민주연합 중앙당은 공익센터를 마을공동체 부문 우수사례로 지정했다. 새정치민주연합과 민주정책연구원이 공동 주최해 국회에서 연 '2015 다함께 정책엑스포'(4월6~8일)에 공익센터를 초대해 사례발표를 듣기도 했다. 공익센터를 배우기 위해 2015년 9월까지 35개 기관·단체, 500여 명이 광산구를 방문했다. 2014년 4월 공익센터 설립 이후 2년 6개월 만에 이룬 성과다. 구의회는 사업의 내용을 찬찬히 들여다보지 않고 규모만을 가지고 '방만한 운영'이라고 낙인 찍은 것이다.

인건비를 운영비로 돌려 쓰는 것은 이미 행정자치부가 '불법이 아니다.'는 유권해석을 내렸다. 의회가 왈가왈부할 사안이 아니다. 보다 중요한 것은 직원들이 자신의 월급을 내놓으면서까지 공익센터의 정상운영을 위해 노력한 사실을 '불법' 운운하며 예산 삭감의 근거로 삼았다는 점이다. 문제가 있어서 예산을 삭감한 것이 아니라 예산 삭감을 위해 억지로 문제를 찾는다고 볼 수밖에 없다. 더하기센터가 그런 사례이다.

주민이 밤새워 만든 예산, 발로 차는 기초의회

2013년 봄, 폐교된 이후 14년 만에 광산구 본량중학교가 '더하기센터'라는 이름으로 다시 문을 열었다. 폐교된 본량중학교를 주민자치와 도농교류의 거점공간으로 재탄생시킨다는 것이 더하기센터의 개소 목적이었다. 개소식에는 주민과 아이들, 센터 설립에 참여한 전문가, 그리고 당시 구의회 의장과 부의장이 함께했다. 더하기센터 1층에는 꼬마농부상상학교가, 2층에는 아시아예술창작스튜디오가 둥지를 틀었다. 본량동 주민뿐만 아니라 타지역 주민들, 예술인 등 다양한 분야의 사람들이 활용할 수 있는 '주민참여플랫폼'이 더하기센터였다.

더하기센터를 제대로 꾸미고 좋은 프로그램을 진행하기 위해 공익센터와 지역민, 그리고 관련 전문가들이 힘을 모았다. 국토부가 공고한 '창조지역사업'에 응모해 3년 간 9억100만 원(국비)을 확보했다. 국비:시비:구비=6:2:2 매칭사업이었다. 시행 첫해인 2015년, 국비 2억6천만 원과 시비 8천700만 원은 이미 확보됐다. 본예산과 추경예산 심의과정에 광산구의회는 광산구가 책임져야 하는 금액 8천700만 원을 승인하면 되는 일이었다. 밖에서 돈을 벌어 온 사업이기 때문에 이런 경우에 예산을 승인하지 않는 경우는 아직 없다. 하지만 광산구의회는 이 예산마저도 900만 원으로 깎아 버렸다. 공익센터와 주민들이 날밤을 새워 만든 돈을 의회가 차버린 꼴이다. 이렇게 되면 사업 차질은 물론 사업 자체가 취소될 수도 있다.

이 삭감에 대한 의회의 근거 역시 납득하기 어려웠다. 교육청 소유 재산에 구비를 투입하는 것은 예산 낭비다. 세부사업추진 계획이 미흡

하다. 이 두 가지가 구의회가 제시한 예산 삭감 이유였다. 공익센터는 충분한 세부사업계획을 마련했고, 의회에 가서 설명도 했다. 의회는 이해하지 못했거나 의도적으로 들으려 하지 않았다. 주민과 아이들을 위한 사업에 교육청과 지자체를 구분하는 태도는 어떻게 이해해야 할까. 교육청과 협약을 통해 더하기센터 사업의 독립성을 확보했다. 문제될 것이 없었다. 속내가 이렇다 보니 공익센터와 주민들은 의회의 태도에 대해 "잘해가고 있는 사업 발목 잡기" 말고는 달리 이해할 길이 없었다. 과도한 해석이 아니다.

공익센터와 투게더광산 나눔문화재단(이하 투게더재단)은 민선5~6기 광산구가 만들어 낸 지방자치 모범사례이자 한발 앞선 정책을 실천하는 조직이다. 광산구의회는 이 두 조직에 대한 행정사무특별조사를 시도했었다. 2015년 5월11일 공익센터와 투게더재단을 대상으로 한 행정사무조사특별위원회를 구성한 것이다. 특위에는 9명의 의원이 참여했다. 두 조직은 통상적인 의회활동에 따라 직전에 이미 행정사무조사를 받았고 특별한 문제점이 드러나지 않았다. 그럼에도 '특별히' 조사를 해 봐야겠다는 것이 의회의 입장이었다. 왜? 라고 물으니 "조사를 해 봐서 진짜 잘하고 있으면 더 잘 지원하기 위해서"라는 희한한 답변이 나왔다. 검찰이나 경찰의 언어로 치환하면 "혐의가 무언지 알 수 없으니 혐의가 있는지 없는지 알아보기 위해 일단 수사해 보고 혐의가 없으면 착하다고 칭찬해 준다."는 것이었다. 참으로 이해하기 어려운 이유였다.

더욱 놀라운 건 특위의 구성이다.

광산구의회 의원은 총 16명이다. 이 중 새누리당은 1명, 무소속은 2명, 나머지 13명은 새정치민주연합 소속이다. 무소속 2명의 의원은 해산되기 전 통합진보당 소속이었다. 이 중 9명의 의원이 특위에 참여했다. 정당 구성으로는 새정치민주연합 6명, 무소속 2명, 새누리당 1명이었다. 놀랍게도 단 1명뿐인 새누리당 의원이 특위의 위원장을 맡았다. 단 2명뿐인 무소속 의원 중 1명이 부위원장을 맡았다. 전체 특위 위원 9명 중 6명이 새정치민주연합 구의원인데 위원장과 부위원장을 타 정당 의원에게 맡긴 것이다. 겉으로는 새누리당 의원이 특위 구성을 주도한 것처럼 모양을 꾸몄다. 실제로는 새정치민주연합 일부 의원이 특위 구성을 주도했었다. 알 만한 이들은 다 아는 사실이었다. 새정치민주연합 참여 의원이 6명이라는 사실만으로도 특위 구성의 주도 세력이 어느 당이었는지는 충분히 짐작할 수 있다. 다수의 새정치민주연합 의원들이 새누리당과 무소속 의원 뒤에 숨은 모양새이다. 진실로 자기확신에 따라 '특별조사'를 한다면 다투어 위원장, 부위원장을 맡으려 했어야 옳을 것이다. 일을 잘하고 있는 데다 안팎으로 지지를 받고 있는 조직에 대한 '특별조사'여서 전면에 나서는 것이 부담스러웠을 것이다는 추측 외에는 다른 이유를 찾기가 힘들다.

의회 특위 구성에 대해 구청장으로서 나는 '재의요구'를 했다. 재의요구는 국회에 대한 대통령의 '거부권' 비슷한 것이다. 규정대로 의회는 재의요구를 표결에 부쳤다. 표결에는 16명의 의원이 참여했다. 표결 결과는 찬성 10명, 반대 5명, 기권 1명이었다. 재적의원(16명) 3분의 2(11명) 이상이 찬성해야만 사무조사가 가능한데 1명이 부족해 부결되었다. 결과는 부결이었지만 내용은 음미해 볼 필요가 있다. 특별조사 찬성이 반대보다 훨씬 많았고, 그중 최소 7명은 새정치민주연합 의원이라는 점이다. 그럴싸한 명분도 없이 추진한 특위 활동에 새정치민주연합 소속 의원 절반 가까이가 동조한 셈이다. 더군다나 그 특위가 조사하려는 공익센터와 투게더재단은 민선5~6기 '민형배 구청장'이 추진한 핵심 사업이다. 또한 안팎의 지지를 두루 받고 있으며, 새정치민주연합 중앙당이 가장 모범적인 지방자치 사례로 인정한 조직이고, 사업이다. 구청장 또한 새정치민주연합 소속이다. 구청장이 같은 당 소속이기 때문에 무조건 옹호해야 한다는 이야기는 아니다. 명분도, 근거 논리도 부족한 행정사무조사를 특별히 하려는 데 같은 당 소속의 의원들이 더 열심인 이유를 알 수 없다는 것이다. 도대체 왜 이런 일이 일어나는 것일까. 항간에 떠도는 '뒷담화'는 여럿이었다. 그것들을 소개하지는 않겠다. 가장 공적인 맥락에서 정당의 부재, 혹은 약화가 이처럼 이해할 수 없는 의정활동을 가능케 한 배경이라고 본다.

새정치민주연합 광산구의회 의원들은 '무소속'일까?

 일반적인 차원에서 대의민주주의를 채택한 국가는 크게 세 개의 층위로 구성되어 있다. 정부, 정치사회, 시민사회가 그 세 층위이다. 정부는 관료제에 기반을 둔, 행정과 정치가 융합된 조직이다. 시민사회는 개인, 이익집단, 사회운동세력, 기업, 언론, 문화예술단체 등 자율적인 결사체를 특징으로 한다. 정치사회의 중심은 정당이다. 시민사회는 흩어져 있고, 정부는 강하게 조직되어 있다. 정부와 시민사회는 원리적으로나 현실적으로나 분리되어 있다. 정당은 정부에도 참여하고 시민사회와도 연대를 한다. 국가와 시민사회를 연결하는 역할을 정당이 한다. 정당은 하나가 아니고 여럿이다. 정당의 출발이 다양한 이념과 목적, 이해를 가진 시민사회의 유권자이기 때문이다. 정당은 정당'들'끼리 경쟁하고, 시민사회와 밀착되어 있으면서도 사안에 따라서는 대립하기도 한다. 정부와 정당의 관계도 마찬가지이다. 정부와 시민사회의 개별 단체들이 일원적인 원리로 움직이는 데 반해 정당은 다원성을 요건으로 한다. 그래서 정당은 정당'들' 사이에서나 단일 정당 내부에서나 항상 시끄럽다. 이 시끄러움은 정당의 문제가 아니다. 이 시끄러움은 본래 정부나 시민사회에서 나온 것인데 정당이 통합해 관리하는 것이라고 보면 된다. 갈등을 조직하고 관리하는 것이 정당의 존재 이유이다. 현대 민주주의의 중요한 특징이다. 사람들의 눈살을 찌푸리게는 하지만 '정당의 시끄러움'을 정치혐오의 근거로 제시해서는 안 되는 이유가 여기에 있다. 원리적으로 정당의 시끄러움은 사회의 시끄러움을 반영한 것이자, 정부권력의 과잉을 제어하기 위한 시끄러움이기 때문이다. 문제는 사회로부터도, 정부로부터도 분리된 채 자기들만의 문제로 정당이 시끄러운 경우가 많다는 점이다. 한국의 정당들이 이 문제를 심각한 수준으로 안고 있다. 부연하자면, 정당이 언제나 정부와 시민사회를 효과적으로 연결하는 것은 아니어서 특정한 목적달성을 위해 정부조직과 시민사회가 손을 잡기도 한다. 거버넌스라는 이름으로 행해지는 많은 일들이 여기에 속한다. 대체로 거버넌스는 나눔, 자원봉사, 비영리경제활동 같은 것들이다. 상대적으로 구성원들간의 충돌이 적은 탈이념, 탈이해에 근거한 공공활동을 거버넌스가 담당한다. 권력접근, 혹은 권력배제와는 다른 영역에서 작동하기 때문에 거버넌스는 이 책에서 논의하지 않기로 한다.

정부-정당-시민사회를 광산구로 옮기면 '광산구-광산구의회-광산구민'이라고 할 수 있다. 지방자치의 통상적인 언어로 하면 '집행기관-의회-주민'이 된다. 이 대목에서 주목해야 할 부문은 '의회'이다. 정확히는 의회가 아니라 의회 의원들이 몸담고 있는 정당이다. 새정치민주연합 홍길동 의원이라고 할 때 강조점은 '새정치민주연합'이어야 한다는 것이다. 정당은 분명한 목적과 이념을 갖고, 명문화한 정강·정책을 갖춘 정치적 결사체이기 때문이다. 개별 의원의 자율성은 어디까지나 정당의 테두리 안에서 자율성이어야 한다. 그렇기 때문에 같은 당 소속 사람들끼리는 뜻을 함께 한다는 의미에서 '동지'라고 부른다. 입후보자들은 정당공천을 배경으로 유권자에게 표를 호소하고, 유권자들은 정당에 대한 신뢰를 기본 삼아 개별 입후보자를 판단하기 마련이다. 개별 의원이 무한한 자율성을 원한다면 '무소속'으로 출마해야 한다.

박상훈, 〈정치의 발견〉, 재구성

현대민주주의	……	다원주의	
국가	정당정부(정부여당)		입헌주의
정치사회	여러 개의 정당들		시장경제
시민사회	개인, 자율적 결사체		

　　새정치민주연합 소속 광산구의회 일부 의원들은 정당과의 연결고리를 상실한 채 개별자로서만 의정활동을 하고 있다는 데 문제의 심각성이 있다. 앞서 공익센터를 설명하는 내용 중에 새정치민주연합 정책엑스포의 우수사례라고 강조한 이유는 내가 속한 정당이 추구하는 정책 방향과 맞다는 것을 말하고자 해서였다. 중앙당에서는 상을 주는 사업을 같은 당 지역의원들은 끊임없이 해체를 시도하는 꼴이다. 중앙당이 틀릴 수도 있다. 중앙당의 판단과 지역의원들의 생각이 대립할 수도 있다. 이럴 때는 어떻게 해야 할까. 답은 간단하다. 중앙당과 지역을 연계시켜 주는 단위가 시·도당이고 지역위원회이다. 하지만 공익센터와 투

게더재단을 지속적으로 문제 삼는 광산구 새정치민주연합 일부 의원들의 활동, 여기에 대한 나와 광산구 집행부의 대응에 정당으로서 새정치민주연합은 철저하게 무관심했다. 광산구 갑/을 지역위원회도, 광주시당도 관심조차 갖지 않았다. 자치단체이고, 자치의회이기 때문에 '간섭'은 원칙적으로 옳지 않다. 하지만 같은 당 소속 단체장과 의원이 대립하고 있을 때, 그 대립으로 인해 공익센터가 문을 닫을 위기에 처해 있을 때 정당은 어떤 식으로든 '공적 간섭'을 해야 한다. 나를 편들어 주라는 의미는 결코 아니다. 정당의 목적과 이념, 정강정책에 비추어 무엇이 옳은지, 어떠한 중재, 어떠한 타협이 가능한지 새정치민주연합 지역 단위에서 적극적으로 검토해야 한다는 것이다. 글머리를 "광산구의 전·현직 국회의원들도 서명대에 눈길을 주지 않고 그냥 지나쳤다"고 시작한 이유가 이 때문이다.

지방정치 재난, 손 놓은 지역위원회

영미권에서는 '정당정부'를 민주주의의 동의어로 인식한다. 독일의 경우 현대 민주주의를 '정당 민주주의'로 정의하고 있다. 미국 정치학계의 거물로 평가 받는 샤츠슈나이더E.E. Schattschneider 1892~1971가 낸 책 중에 〈절반의 인민주권〉이 있다. 슈나이더는 한 사회가 아무리 민주주의를 지향한다 하더라도 정당정치가 사회갈등을 폭넓게 조직하고 동원하고 통합하지 못한다면 '인민주권popular sovereignty'은 절반밖에 실현되지 못한다고 주장했다.* 사회 다수의 요구와 경험을 이해하고 통합하는 일은 다른 어떤 통치체제보다도 정당에 기반한 민주주의가 잘할 수 있다는 것이 샤츠슈나이더의 생각이었다. 그는 "민주주의를 만든 것은 정당이며, 정당 없는 민주주의는 생각할 수 없다."고도 말했다. 나는 샤츠슈나이더의 입장에 전적으로 동의한다.

사회주의 국가이거나 사회주의 경험이 있는 국가가 대개는 정당 없는 민주주의를 지향하고 있다. 정당이 아예 없는 게 아니라 하나의 정당이 권력을 독점하는 체제이다. 사회주의가 아니더라도 민주주의가 정착하지 못한 나라일수록 정당의 존재가 희미하다. 한국사회가 그렇고 광산구는 더 심각하다. 정당의 존재감을 느낄 수가 없다. 정당은 없고 정당의 옷을 입은 정치인들만 있다. 그럼에도 대다수 국민들은 정당의 필요성을 인식하고 있다. 아무리 무당파가 많아졌다고는 하지만 제1당인 새누리당과 제2당인 새정치민주연합 지지율의 합은 50~60% 사이에 형성되어 있다. 여기에 제3당 지지율을 보태면 최소한 국민의 2/3 이상이 정당정치에 기대를 걸고 있다. 정치선진국보다 높은 수치이다. 반면에 지역정치는 '정당공천 배제'가 힘을 얻을 정도로 정당의 존재 이유를 부정당하고 있다. 선거 때 공천을 주고받는 일 외에는 정당이 한 일이 없으니 당연한 결과라고도 할 수 있다. 당연한 결과이기 때문에 '정당 없는

* 샤츠슈나이더, 〈절반의 인민주권〉(후마니타스·2014) 제4장, 제8장 참조.

지역정치'를 받아들여야만 하는 것일까. 결코 그래서는 안 된다.

정당의 가장 중요한 역할은 갈등의 사회화이다. 갈등을 개인들에게 그대로 두면 홉스가 주창한 '만인에 대한 만인의 투쟁 상태'가 된다. 이 투쟁에서는 언제나 강한 사람이 승자가 된다. 옳고 그름에 상관없이, 공공의 요구와 필요에 무관하게 더 큰 권력을 가진 사람이 이기게 되어 있다. 때문에 힘 있는 이익집단은 갈등의 외부간섭을 싫어한다. 힘을 가진 자신의 뜻대로 갈등의 결과를 만들 수 있기 때문이다. 주류 언론과 대기업, 검·경 등 선출되지 않은 큰 권력이 선출권력을 끊임없이 약화시키려 하는 이유가 여기에 있다. 자신들의 무소불위에 대한 약자들의 간섭이 '정치'를 매개로 이뤄지기 때문이다. 이때 '정치'는 개별 정치인보다 더 큰 힘, 곧 '정당정치'이다. 강자에게 기울어진 운동장을 평평하게 만들기 위해서 약자는 외부의 힘을 끌어들여야 한다. 갈등을 사회화시켜야 한다. 끌어들일 수 있는 가장 강력하면서도 합법적인 힘은 정당이다. 약자가 호출할 때만 정당은 반응할 것인가. 아니다. 정당은 강자가 약자를 함부로 하지 못하도록 주도적으로 갈등을 사회화시켜야 한다. 민주주의는 다양하게 흩어져 있는 다종의 갈등을 정당정치 안으로 끌어들여 문명화한 방식으로 해결하는 시스템이다. 거꾸로 말해 정당이 갈등을 방치하면 그것은 더 이상 민주주의가 아니다.

외견상 광산구의회의 행위는 구청장인 나와 대립하는 형식을 띠었다. 근거나 논리가 아니라 주로 나와 직원들의 '태도'를 문제 삼았다. 나는 여러 차례 의회에 출석해 사과하고 해명하면서 예산의 정상적인 수립을 요구했다. 공익센터 등 의회가 문제 삼았던 기관들도 의회가 부르면 부르는 대로, 부르기 전에라도 찾아가 사업의 내용과 의미를 설명했다. 나와 광산구 공직자들은 의회의 요구에 성실히 응했다. 의회에 대한 기본적인 의무를 게을리 한 적은 없다. 솔직히 말해 의회가 무엇을 문제 삼고 있는지 아직도 모르겠다. 의회의 행위로 인해 결국 피해를 보는 것은 주민들과 지역공동체 조성사업이었다. 원만히 해결하지 못한 구청장의 책임이 크다. 책임을 인정하는 자세보다 더 중요한 건 문제의 해결이다. 그것이 진짜 책임 있는 태도일 것이다. 문제는 의회가 공익센터의 해체를 요구한다는 점이다. 인건비와 사업비 일부를 편성했다고는 하나 운영비 없이 공익센터가 움직일 수는 없다. 사실상 폐쇄를 요구하는 것이었다. 이면의 조율과정에서 일부 의원들은 분명하게 "폐쇄를 원한다."고 말했다. 구청장이 가진 권한으로 내가 할 수 있는 일은 더 이상 없었다. 나의 무능을 탓해도 어쩔 수 없다.

마침내 공익센터 직원들은 센터를 '잠정폐쇄' 하고 거리로 나갔다. 구의회 앞에 천막농성을 치고 시위했다. 거기서 센터 업무를 봤다. 갈등을 사회화시키기 위해서였다. 진짜 문제는 여기에 있다. 사회의 갈등이 정당으로 옮겨 간 게 아니라 '정당과 사회'가 갈등을 하고 있는 형국이 된 것이다. 광산구민 누구도 공익센터를 부정하지 않는데 구민의 대표기관인 의회가 공익센터를 부정하는 이해할 수 없는 사건이 벌어진 것이다. 더군다나 새정치민주연합이 추구하는 정책방향에 합치하는 공익센터 사업을 새정치민주연합 지역의원들이 발목 잡고 있는 모습이다. 누가 봐도 정상적인 상황이 아니었다. 나는 이 갈등을 새정치민주연합 광산갑/을 지역위원회에서 풀기를 바랐고, 절차를 거쳐 지역위에 요구했다. 지역위는 "너희의 문제를 왜 우리에게까지 끌고 오느냐"는 식의 반응을 보였다. 정당정치에 대한 이해가 부족하다 못해 아예 없는 것처럼 보였다.

지역위로 문제를 가져가려는 나의 시도에 대해 혹자는 국회의원들로 하여금 구의원들을 혼내 주게끔 하는 것으로 이해했다. 결코 그게 아니다. 광산구의회가 형편없다고 해서, 혹은 내가 하는 일이 못마땅하다고 해서 해당 지역위원회 국회의원이 구의원들이나 나를 '손봐' 주기를 바라는 건 지방자치를 정면으로 부정하는 태도이다. 국회의원이 그럴 수 있는 직접적인 권한이 있는 것도 아니다. 내가 바라는 것은 광산구의 문제를 새정치민주연합의 문제로, 광산구의원들과 광산구청장이 몸담고 있는 정당 차원의 과제로 전환시키는 것이었다. 유별난 바람이 아니다. 광산구와 광산구 갑/을 새정치민주연합 지역위원회는 1년에 1~2회 정도 '당정협의회'를 한다. 이때 한쪽에는 구청장과 구 간부공무원들이 앉고, 다른 한쪽에는 국회의원과 시·구의원이 앉아 이런저런 사안을 협의한다. 공익센터 문제도 그런 과정을 거쳐 해결하자는 게 내 요구였다. 어떤 결론이 나오든 당 차원의 결정이라면 따른다는 게 내 입장이기도 했다. 하지만 공익센터 문제는 지역위원회로 가지 못했다. 새정치민주연합 광산갑/을 지역위원회는 자기 당 소속 구청장이 있고, 구의원의 절대다수가 소속되어 있지만 자기 지역의 갈등을 전혀 관리하지 않았다.

나는 의회에 재의를 요구했다. 이에 따라 10월23일 추경을 위한 임시회가 열렸다. 공익활동지원센터는 운영비 3천만 원을 요청했다. 이번에도 의회는 2천만 원을 삭감하고 1천만 원을 의결했다. 일부 구의원들이 요청액 전액을 수용하려 했으나 다수가 아니었다. 공익활동지원센터의 입장에서는 굴욕적인 결과였다. 하지만 활동가들은 곧바로 현장으로 복귀했다. 윤난실 센터장은 언론기고를 통해 "그럼에도 광산구의 2015년 10월은 주민들이 움직인, 주민자치활동의 살아 있는 현장이었다. 주민대책위가 꾸려지고 주민참여예산위원회가 나서고 많은 주민들이 광산구의회로 '출동'했다. 옳고 그름을 따져 보는 열띤 논쟁의 장이었고 신명나는 주민회의였다. 어쩌면 지금까지 없었던, 많은 주민들이 참여한 의사결정의 장이었다."고 평가했다. 윤 센터장은 이어 "내년 광산구공익활동지원센터 예산은 불투명하다. 광산구의회와의 관계 설정 또한 협의든 항의든 주민자치활동의 하나로 놓칠 수 없는 부분이다. 주민들과 더욱 밀착해 마을공동체의 의제들이 행정 정책과 맞물려 시너지 효과가 날 수 있도록 지원하는 일 또한 계속해서 해야 될 일이다. 주민자치의 역량으로 공익활동의 폭을 넓혀 갈 것이다. 주민의 힘을 키

우는 공익센터의 싸움은 끝나지 않았다."는 각오를 밝혔다.[*]

구청장인 나로서는 부끄럽고 미안한 마음뿐이었다. 차분히 돌아보니 의회 의원들에게도 송구한 마음이 들어 11월23일 열린 정례회에서 공식적으로 사과의 마음을 전했다. 갈등이 문제가 아니었다. 그 갈등을 잘 관리하지 못한 '우리'의 무능이 문제였다. 지방자치단체의 정치적 공무에서 '우리들' 무능의 1차적인 책임은 구청장일 수밖에 없다. 민주적 방식으로 문제를 해결할 수 있는 대안 마련이 나의 몫이었는데 그 역할을 하지 못한 것에 대한 사과였다. 사실 의회를 우회해서 공익활동지원센터 활동을 정상화시킬 수 있는 방법이 없는 건 아니었다. 하지만 갈등이 불거진 처음부터 우회하는 선택을 할 수는 없었다. 그것은 또 다른 갈등의 원인을 제공할 뿐더러 민주적 조정과 타협의 기회를 버리는 처사이기 때문이다. 의회민주주의 시스템을 거치는 게 바른 길이었다. 알린스키의 말을 빌려 평계를 대자면 "갈등은 자유롭고 개방된 사회의 본질적인 핵심이다. 만일 민주적 삶의 방식을 음악 작품의 형태로 나타내려고 한다면, 그것의 주 선율은 불협화음의 하모니가 될 것이다." 다만 이 과정에서 가장 안타까웠던 점은 지방자치의 '재난' 앞에서 정당이 아무런 역할을 하지 못했다는 사실이다. 내가 정당의 권력구조에 집착하는 가장 중요한 이유 중 하나가 여기에 있다.

---

[*] 윤난실, "우리가 광산구의회 마당에 천막을 친 이유", 〈오마이뉴스〉(2015.11.16.)

10장

▼

한국정치의 희망, 자치분권민주지도자회의

2015년 현재 프랑스 대통령은 사회당 출신의 프랑수아 올랑드François Hollande·1954~ · 2012. 5. 대통령 취임이다. 대통령이 되기 직전 올랑드는 파리 남쪽 464km에 위치한 '튈Tulle시'의 시장2001~2008이었다. 튈 시는 프랑스 중남부 코레즈Correze州의 주 수도이다. 코레즈 주의 인구는 30만 명에 조금 못 미친다. 튈 시의 인구는 2만 명보다 조금 적다. 올랑드는 코레즈 주 지방의회 대표도 했다. 대통령이 되기 전에 올랑드는 우리로 치면 군수, 군이나 시의 기초의회 의장 정도를 한 것이다. 그러고 나서 사회당 대표를 거친 다음 대통령에 당선되었다. 한국의 정치환경을 생각하면 올랑드의 이력은 놀랍다. 인구 2만이 못되는 도시의 단체장이 프랑스의 한 축을 대표하는 당의 당대표가 됐고 대통령까지 하게 된 것이다.

한국에서 정치는 국회의원이 하는 것으로 인식되고 있다. 정치문화, 정치제도, 정치관련법 같은 것들이 정치를 철저하게 국회의원의 독점물로 만들고 있다. 지자체 단체장들은 선거를 할 때만 정치를 하고, 선거 끝나고 공무수행을 할 때는 정치하지 말고 행정을 해라, 이런 식의 분위기가 있다. 여기서 말하는 정치는 넓은 의미의 정치이다. 주민들과 함께 정책을 준비하고 현안을 점검하는 일, 어떤 문제를 해결하기 위해 여론을 모으고, 입법과정을 살피고, 또 자기가 속한 당에 영향력을 행사하는 일, 필요에 따라서는 당직을 겸하거나 당 활동을 활발하게 해서 지역사회와 정당간의 소통을 조직하는 일, 이런 모든 일들이 '넓은 의미의 정치'라고 할 수 있다.

한국에서는 법이나 제도는 물론, 사회분위기까지 단체장들의 정치행위를 대폭 제한하고 있다. 주민들과 함께 정책을 준비하더라도 먼저 검토해야 할 게 공직선거법이다. 말 한 마디, 몇 십만 원 정도의 예산집행, 자료집의 문구나 사진 등이 모두 위험하다. 공직선거법의 세세한 규정에 조금이라도 어긋나면 사전선거운동, 기부행위, 홍보행위가 되기 때문이다. 누구를 칭찬하면 공무원의 정치적 중립 위반 시비에 걸리고, 정말 고마운 사람한테 사비로 밥 한 그릇을 사는 것도 기부행위에 걸릴 수 있다. 선출직 단체장이 국립대학 교수보다도 정치적으로 자유롭지 않다. 이런 부분에서 국회의원들은 많이 자유롭다. 결과적으로 문화와 시스템 차원에서 국회의원들의 정치독점이 가능하게 되어 있고, 실제로 정치독점이 작동하고 있다. 정치를 독점하다 보니 정치가 사라져버렸다. 정치가 제 기능을 하지 못하고 있다. 당연하다. 정치는 우리 모두의 것인데 특정 집단이 독점하면 기능이 멈추고 사라질 수밖에 없다.

동네 일은 동네사람들이 가장 잘 안다

세상이 아무런 변화도 없이 지금 이대로 굴러가도 상관없다면 정치는 필요가 없다. 현상 유지는 관료시스템만으로도 충분하다. 정치는 의미 있고 유익한 변화를 위해 존재한다. 변화는 이전에 없는 새로운 시도를 뜻하기도 한다. 세상의 변화가 상대적으로 느렸던 과거로 갈수록 정치의 기능이 약했다. 원시사회로 가면 족장 한 명이 모든 걸 결정했고 중세로 오더라도 임금과 신하 몇 명이 한 나라의 중요한 의사결정을 다 했다. 과거로 갈수록 중앙집중형 의사결정 체제였다. 세상이 활발하게 움직이고 새로운 흐름이 계속해서 나타나고 각 분야마다 전문화가 진행될수록 중앙집중형 의사결정은 불가능하다. 우선은 물리적으로 어렵다. 예컨대 대통령이 권력기관을 다 동원해서 상황파악을 하더라도 전국 226개 기초지자체의 현황들을 다 알 수는 없다. 지자체마다 고유한 역사와 관습, 분위기가 있어서 획일적인 정책을 적용하기도 어렵다. 올바른 의사결정에 도달하는 게 사실상 불가능하다. 광산구의 일은 광산구 구성원들이 가장 잘 안다. 중앙정부가 함부로 간섭해서는 안 된다. 지자체가 아니더라도 사정은 마찬가지이다. 병원, 대학, 연구소, 사업소,

마을 등 독자성을 가지고 있는 영역은 고유의 목적과 이해관계, 특수성을 가지고 움직인다. 그렇기 때문에 스스로 결정하는 '자치'가 가장 옳은 의사결정을 이끌어 낼 수 있다. 정치선진국일수록, 잘사는 나라일수록 자치가 충분한 수준으로 발전해 있다.

한국의 정치구조는 1980년대를 거치면서 독재에서 민주주의로 도약했고 민주주의가 한 번 더 도약해서 풀뿌리 민주주의, 곧 지방자치제로 진화했다. 여전히 부족한 점이 많지만 적어도 형식면에서 한국 민주주의는 꾸준히 발전해 왔다. 발전의 방향은 정치의 단위, 권력의 단위, 주권이 작동하는 단위, 의사결정을 하는 단위가 더 잘게 쪼개지는 것이었다. 박정희·전두환 시절은 그냥 독재였다. 한 두 사람이, 특정 집단이 국가의 중요한 문제들을 간단하게 결정했다. 노태우 정부 때부터 형식적으로나마 민주주의가 정착하기 시작했다. 어쨌든 이때까지는 모든 권력이 중앙으로 집중돼 있었다. 김영삼 정부 들어 지방자치제를 시행하면서 국가적 의사결정은 중앙집중, 지역적 의사결정은 지방분권형으로 옮겨 갔다. 성숙한 형태는 아니었지만 그런 형식을 갖추었고, 20년 넘게 계속되고 있다. 학계에서는 이 과정을 집권적 집중체제에서 집권적 분산체제로의 이행이라고 설명한다.* 그렇다면 앞으로는 어떻게 가는 게 좋은 길일까, 라는 의문이 자연스레 든다. 그리고 그 답은 분권적 분산

---

* 이규영, "분권시대 한국정당의 과제: 분권형 권력구조를 중심으로", 〈2000년〉(한국사회연구소.통권282호)

체제라고 말할 수 있다.

	집권적 집중체제	집권적 분산체제	분권적 분산체제
정부기준	노태우 정부 이전	김영삼 정부 이후	—
정치작동 단위	청와대, 국회	청와대, 국회, 지자체	청와대, 국회, 지자체, 마을, 학교 등 자치조직
시대정신	87년체제		포스트 87년체제
발전전략	서울, 대기업, 중앙집중 자원관리		균형발전, 공정거래, 분산에너지
비고			국민의 정부, 참여정부 시도

프랑스는 왜 자치단체장이 국회의원을 겸할까?

한국사회는 지금 장기침체를 겪고 있다. 눈으로 드러나는 경제지표
뿐만 아니라, 삶의 질, 만족도, 국민통합, 활력, 잠재성장에너지 등 각 분
야에서 침체가 심각한 상황이다. 탐욕스러운 데다 무능하기까지 한 '이
명박·박근혜 정부' 때문이다. 이런 간단한 진단은 누구나 할 수 있다. 정
권이 바뀌면 확실히 다른 세상이 올까. 글쎄다. 민주진보 진영이 정권을
잡는다면 더 좋은 권력이 될 것으로 믿는다. 하지만 보다 근본적인 사
회설계까지 저절로 되는 것은 아니다.

에너지, 외교, 안보, 안전, 이런 부분에서도 '이명박·박근혜 정부'는 이
렇다 할 성취를 이루지 못하고 있다. 오히려 이전 정권보다 후퇴하고

있다. 잘못 뽑은 대통령 때문이라는 점을 부인할 수는 없다. 하지만 달리 생각해 볼 대목이 있다. 정권이 바뀌어서 그런 면도 있지만 근본적으로는 정치구조, 권력구조가 한 번 더 진화해야 하는데 그러지 못해서 생겨난 문제이기도 한 것이다. 결론부터 말하자면 우리 사회의 권력구조, 의사결정 시스템이 집권적 집중체제에서 집권적 분산체제로 옮겨와 멈춘 것이다. 이제는 분권적 분산체제로 넘어가야 한다. 국가적 의사결정까지도 지역단위로 흩어져야 한다.[*] 중앙정부의 의사결정을 수동적으로 집행하는 단위가 지역이어서는 곤란하다. 지역의 필요와 요구를 수용하는 것이 중앙정부의 역할이어야 한다. 이해의 편의를 위해 도식화하자면, 외교, 안보, 대북관계 같은 영역은 여전히 중앙정부가 주도하는 의사결정 시스템으로 가되 나머지 분야에서 중앙정부는 지자체 연합의 형태로 존속해야 한다는 주장이다. 이것이 분권적 분산체제이다. 그게 어떻게 가능하냐, 이런 의구심을 품는 분들이 적지 않다. 프랑스, 영국, 독일, 미국, 심지어는 러시아까지 다 이렇게 하고 있다. 중국은 당 권력이 아주 세서 내용은 중앙집중이지만 적어도 헌법상으로는 분권국가임을 명시하고 있다.

다시 프랑스의 예를 들어 보자. 프랑스의 지방행정은 22개 광역도(레

---

[*] 국가는 추상적이며 윤리적인 개념이다. 반면에 중앙정부는 구체적인 실체이다. 개념상 국가와 중앙정부는 분명하게 구분되지만 한국의 현실에서는 자주 뒤섞인다. 문장에서 명확하게 구분하는 것이 오히려 어려울 지경이다. 이해의 편의를 위해 '중앙정부'과 '국가'를 혼용해서 쓰겠다.

종)-96개 도(데파트망)-36,552개 기초(꼬뮨), 이렇게 3단계로 되어 있다. 모든 선거가 국민투표인 건 아니다. 간접선거도 있다. 여하튼 3단계의 주요 직책은 모두 선출직이다. 정치로 결정하는 영역이 한국보다 훨씬 많고 넓다. '랑독-루시옹'이라는 프랑스 남부 해안가 지역은 관광으로 먹고사는 도시여서 관광국장을 주민투표로 뽑는다. 가상으로 말한다면, 광주광역시가 5·18국장이나 인권국장을 선출직으로 뽑는 방식이다.

프랑스의 국회의원은 577명인데, 이 중 86%인 497명이 지방선출직을 겸하고 있다. 이를테면 지자체 단체장이 국회의원을 겸직하는 비율이 90%에 이른다는 것이다. 그러니까 프랑스의 국회는 지역정치세력들 간의 각축장이라고 할 수 있다. 너무나 자연스럽게 지역의 필요와 요구가 국정에 적극적으로 반영되는 정치 시스템이다. 한국의 경우 여의도가, 국회가 정치를 독점하고 있다. 지역의 필요와 요구가 반영되지 않고 있다. 국회는 힘 세고 목소리 큰 세력들의 로비 공간으로 변질되고 있다. 국회는 대기업, 거대언론, 에너지공기업, 거대금융권 같이 전국 단위로 움직이는 세력의 로비공간이 되어 버렸다. 지역은 국회의원 개개인의 '능력'에 따라 예산을 확보하는 방식으로 취급되고 있다. 지역을 빈민구제 사업의 대상처럼 여기고 있다.

그나마 빈민구제는 선한 의도라도 있다. 근래에 와서는 지역의 필요와 요구는 고사하고, 지역을 '난도질'하지나 않으면 다행이라는 생각까지 든다. 대표적인 사건 두 가지만 '난도질'의 예로 들어 보자.

　하나는 '지자체 복지사업 축소' 지침이다. 2015년 8월, 국무총리 산하 사회보장위원회는 "지자체가 실시하는 사회보장사업이 중앙정부와 유사하거나 중복된 사업"이라며 '지방자치단체 유사, 중복 사회보장사업정비 추진방안'을 의결했다. 사업수로는 전체 지역복지사업 5,891개 중 1,496개로 4분의1에 이르며, 액수로만 봐도 지역복지사업 예산의 15.4%, 1조 원에 이른다. 이를 지방자치단체가 이행하지 않을 경우 지방 교부금을 삭감하겠다는 내용의 시행령을 발표하기까지 했다. 사회보장법 26조 2항은 지자체가 복지사업을 수행할 때 중앙정부와 '협의'하도록 명시하고 있다. 상호 간에 평등한 자격을 전제로 '협의'가 가능하다. 하지만 중앙정부는 이 문제를 놓고 지역정부와 단 한 차례의 협의도 하지 않았다. 협의를 시도하지도 않았다. 더욱 놀라운 것은 중앙행정기관도 아닌 국무총리 산하 일개 위원회가 의결해 지자체에 강제하고 있다는 것이다. 헌법과 법률이 보장하고 있는 지방자치제를 정면으로 부정하는 일이다. 각 지역의 특색에 따라서 조금씩 다른 복지사업이 필요한 것은 너무나 당연한데 정부의 '허락'을 받으라는 발상 자체가 지방자치제를 근본적으로 부정하는 행태이다.

　또 하나는 2015년 9월부터 시행된 어린이집 CCTV의무화법이다. 어린이집에서 보육교사가 어린이에게 가한 폭행이 영상으로 세간에 알려지면서 나온 법이다. 이 법안은 영유아법 개정의 형식으로 국회에서 가결(190명 중 찬성 184표, 반대 0표, 기권 6표) 처리했다. 법안은 모든 어린이집에 법안 시행 기준 3개월 안(12월19일까지)에 CCTV 설치를 의무화하고, 그 동영상을 60일간 보관해야 하며, 학부모의 요청이 있을 때는 CCTV영상을 공개하도록 명시하고 있다. 어린이집과 학부모·교사가 모두 동의하면 실시간으로 영상을 볼 수 있는 네트워크 카메라를 설치할 수 있는 내용도 담고 있다. 현재 정부:지자체:어린이집 4:4:2의 비율로 비용을 부담하는 방식으로 CCTV 설치가 진행되고 있다. 어린이집 종사자들의 근무여건 개선과 같은 근본적인 접근은 도외시한 채 '감시체제'로만 문제를 해결하려 한다는 비판이 제기되었다. 어린이집 종사자들의 기본적인 인권침해 문제도 제기되었다. 국민들 사이에서 찬반이 팽팽했던 사안이다. 이 자리에서는 CCTV 설치의 찬반은 따지지 않겠다. 문제는 이 법을 제정하는 과정에서도 정부와 국회는 일선 보육현장의 목소리를 듣지 않은 것은 물론, 지자체와도 전혀 상의하지 않았다는 점이다. 그러면서도 지자체 부담비용 40%기준은 마음대로 정했다. 지자체를 독립적인 정부로 보는 태도는 어디에서도 찾을 수 없다. 중앙정부와 중앙정치권의 '결심'을 '실행'하는 손발 수준으로 지자체를 보는 태도이다. 법 집행의 실효성 차원에서도 현장의 목소리를 들어야 옳다. 시행 하자마자 불편한 소식들이 들려 온다. 자부담 20% 때문에 문을 닫을 수밖에 없는 어린이집이 생겨나고 있다. 갑자기 형성된 CCTV 시장(600억 원 추정)의 과열로 부정거래의 양상들이 드러나고 있다.

지자체 복지사업 축소와 어린이집 CCTV의무화법, 이 두 사안의 공통된 특성은 지자체의 자율성을 전혀 인정하지 않는 중앙정부의 태도이다. 어린이집 CCTV의무화법은 현 정부여당뿐만 아니라 야당이 갖고 있는 '중앙집권적'인 태도의 단면을 보여준다. 이들에게 중앙은 결정하는 '상관'이고 지역은 실행만 하는 '부하직원'이다. 이런 식의 권력구조로는 정권이 바뀐다 한들 의미 있는 사회적 변화를 일으키기 어렵다.

정부의 자자체 복지사업 축소·폐지 시도에 대해서는 헌법재판소에 '권한쟁의심판청구'를 해 놓은 상태이다. 새정치민주연합 기초지자체장들의 결사체인 자치분권민주지도자회의가 앞장서서 지자체장 공동명의로 청구했다. 권한쟁의심판이란 국가기관과 지자체 간, 국가기관 상호 간, 지자체 상호 간의 권한 존재 여부와 범위에 대한 분쟁을 헌법재판소를 통해 해결하려는 제도이다. 하지만 이미 법으로 제정된 어린이집 CCTV의무화는 전혀 손을 댈 수 없다. 그대로 따라야 한다. 지역의 요구는 국정에 반영되지 않고, 실효성을 예측할 수도 없는 중앙의 일방적인 요구는 지역에 쏟아지고 있다. 한국사회 분권의 수준이 이 정도이다.

지역의 요구가 국정에 반영되지 않는다는 이야기는 단순히 지역이 소외받고 있다는 것에 그치지 않는다. 이 말은 지역을 거점으로 하고 있는 기업, 언론, 금융, 산업, 지역적 규모를 가진 여러 분야의 필요와 요구가 국정의 주요 아이템이 되지 못한다는 뜻이다. 그러다 보니 서울이 곧 국가라는 생각, 대기업이 곧 국가라는 생각, 조선일보·동아일보가 곧 국가라는 생각, 이런 어처구니 없는 인식이 바이러스처럼 국민들 마음에 파고든다. 광주가 국가이고 대전도 국가이고 유한킴벌리도 국가이고 광주일보나 영남일보도 국가의 일부라는 생각은 하지 못한다. 서울의 필요, 서울의 요구는 보편적이면서 국가적인 것으로 쉽게 생각한다. 서울에 국가시설이 들어서는 건 자연스럽고 당연하다. 반면에 지역의 요구는 특수하고, 이기적인 것이며, 부분적인 요구라고 단정해 버린다. "왜 국가시설인 아시아문화전당이 광주에 들어서죠? 정치적 특혜 아닌가요?"라는 질문이 자연스럽게 튀어나온다. 모든 지역이 지역이면서 동시에 국가라는 생각, 지역의 총체가 중앙정부라는 인식은 잘못된 것일까? 은연중에 우리는 청와대와 국회가 있는 서울을 국가라고 여긴다. 서울이 수도이니까 거기에 중앙정부와 국회가 있으니까 동시에 중요한 국가시설이 다 있어야 한다고 생각한다.

독일의 경우 헌법에 "독일 전역의 생활수준은 비슷해야 한다."고 명시했다. 국가균형발전을 헌법에 명문화한 것이다. 독일은 국가의 주요 관청을 수도에 밀집시키지 않고 여러 지역에 분산 배치하고 있다. 예를 들면 연방헌법재판소는 칼스루에 지역에, 연방중앙은행은 프랑크푸르트에, 철도청은 본에 두는 방식이다. 철저하게 분권적 분산체제를 구현하고 있다. 노무현 정부 때 추진한 행정수도 이전이나 공기업 지방 이전, 제주특별자치도 설치같은 것이 집권적 분산체제를 분권적 분산체제로 이행시키려는 노력이었다.

정치적 분권 없이 복지국가는 불가능

정치와 경제는 서로 맞물려 돌아가기 때문에 무엇이 우선이고 먼저
라 규정할 수는 없다. 정치선진국은 대부분 경제선진국이기도 하다는
것만은 분명하다. 그러니까 정치가 낡으면 경제 또한 낡을 수밖에 없다.
경제변화에 정치가 적절하게 반응하지 못하면 그 경제는 오래가지 못
한다. 20세기 초반 아르헨티나는 세계 4대 경제대국이었다. 우리가 일제
의 식민지가 될 즈음 지하철을 건설한 나라가 아르헨티나이다. 하지만
지금은 경제강국이었다는 흔적조차 없다. 멕시코, 브라질 두 나라도 현
재의 우리 수준까지 경제규모를 끌어올렸다. 하지만 버티지 못하고 추
락했다. 여러 가지 이유가 있겠지만, 경제규모에 맞게 정치체제가 함께
변화하지 못해서 그랬다는 게 가장 중요한 이유이다.

한국의 장기침체 또한 경제환경 변화에 정치체제가 따라가지 못해서
생겨났다고 본다. 더 나은 경제를 이끌 수 있도록 정치체제가 진화하지
못해서 생겨난 침체이다. 이대로 가다가는 우리도 멕시코나 브라질, 아
르헨티나 같은 '남미자본주의'를 따라갈 수도 있다. 남미자본주의로 가
지 않는 길 중 하나가 '복지국가'이다. 지난 두 번의 대선에서 복지국가
는 가장 핵심적인 화두였다. 문제는 복지국가로 가는 사회의 조건, 권력

의 형태를 살피지 않고 중앙권력을 잡기만 하면 가능할 것이라고 본 것이다. 복지국가로 가기 위해서는 정치에서 분권, 분산 시스템을 도입해야 한다. 여의도가 독점하고 있는 정치를 해체시켜 정치의 영역을 지금보다 더 넓혀야 한다. 중앙정부가, 혹은 큰 세력이 무언가를 결정하는 게 아니라 최대한 쪼개서 자치 단위를 늘리는 것, 이게 한국사회에 필요한 정치의 방향이다. 지역의 구체성을 고려하고, 지역 스스로의 의사결정이 전제되었을 때 '복지국가'의 조건이 확보된다.

새누리당이나 새정치민주연합이나 모두 중앙당이 자원배분 권한과 의사결정 권한을 쥐고 있다. 국가운영 전략도 미세한 차이가 있을지언정 양 당은 중앙중심주의에서 벗어나지 못하고 있다. 박근혜 정부는 한때 기초의회를 폐지하고, 구청장 임명제까지를 검토했다. 이 검토는 여전히 진행 중이다. 권력을 나누기는커녕 중앙으로 더 많이 집중시키려는 시도를 하고 있다. 지자체도 마찬가지이다. 광역시나 광역도가 중앙정부에게는 분권을 요구하면서도 기초지자체에게는 권한을 나누지 않고 있다. 정치와 경제는 서로가 서로를 닮아 간다. 중앙집중적인 정부와 허약한 지자체라는 한국의 권력구조가 강한 대기업과 약한 중소기업이라는 한국의 경제구조를 고착시키고 있다. 국민의 삶보다 자기 당파의 이익 챙기기를 더 중시하는 한국 정치세력의 특성이 중소기업, 골목상권, 노동자와 알바생에게 갑질을 일삼는 한국 자본의 특성을 만들고 있다.

뭉치면 죽고 흩어지면 산다

인류 역사는 집중된 권력이 계속 쪼개지는 역사였다. 한 곳에 모인 정치적 의사결정이 더 많은 장소, 더 많은 사람들에게 흩어지는 시간이었다. 잘못하는 정치인, 잘못된 정치는 충분히, 날카롭게 비판받아야 한다. 하지만 정치기능 그 자체의 중요성을 버릴 수는 없다. 주권자가 정치인을 뽑고, 정치인이 관료체제를 통제해 주권자에게 이로운 방식으로 작동케 한다. '주권자-정치인(관료체제 통제)-주권자'로 이어지는 민주적 선순환의 중심에 정치의 기능이 있다. 이 기능을 축소시키면 관료체제, 곧 전문가 체제가 커지고 주권자의 이익은 줄어든다. 관료체제가 커질수록 이득을 보는 정치세력이 새누리당, 수구보수세력이다. 돈-조직-여론 등에서 새누리당으로 대표되는 보수세력은 아주 강력하다. 굳이 선거를 하지 않더라도, 아니 선거를 하지 않을수록 그들이 지배할 수 있는 영역은 더 넓어진다. 선거를 해서 민주적 통제가 어느 정도 작동하니까 매우 불편한 것이 새누리당이고 보수세력이다. 그래서 선거의 영역을 줄여 보려는 게 지금 정부와 새누리당이 추진하는 구청장, 기초의회 폐지 노력이다.*

---

* 2014년 12월8일 대통령 직속 지방자치발전위원회(위원장 심대평)가 '지방자치 발전 종합계획안'을 발표했다. 특별시와 광역시의 자치구·군을 폐지하겠다는 내용이 핵심이다. '폐지'라는 말을 명시적으로 하지는 않고, '의회를 구성하지 않겠다'고 나와 있다. 현행 헌법에 따르면 지방자치단체에는 반드시 지방의회를 두게 되어 있다. 의회를 폐지하겠다는 것은 지방자치단체를 폐지하고 하부행정조직으로 전환하겠다는 의미이다.

한국사회의 권력구조는 집권-집중 체제에서 집권-분산 체제로 옮겨 왔고 여기에 멈춰 있다. 권력구조가 그렇다는 것은 권력뿐만 아니라 그 나머지 영역도 대체로 그렇다는 것이다. 기업의 의사결정, 대학의 의사결정, 광주광역시·전라남도의 의사결정, 심지어는 고교 동창회나 전국적인 건강 동호모임까지도 집권-분산 구조의 의사결정 체제이다. 분권-분산 구조로 옮겨야 새로운 도약이 가능하다. 그 사례로 프랑스와 독일을 들었다. 미국은 건국과정에서부터 분권-분산이었다. 오히려 중앙권력이 너무 약해서 대통령 권력을 점점 더 보충하는 형태로 발전해 왔다. 프랑스는 전형적인 중앙집중 체제였는데 지속적으로 분권의 영역을 넓히고 있다. 분권-분산 체제를 설명하는 핵심언어가 '자치'이다.

2014년에 낸 책 제목이 '자치가 진보다'이다. 여기서 자치는 자치단체만을 의미하지 않는다. 훨씬 넓은 개념이다. 직장-동호회-봉사단체-사회단체-동주민센터-아파트대표자회 등 우리 사회에는 정치, 경제, 사회, 문화, 정당 등 수많은 단위의 자치조직이 있다. 이 자치조직이 포도알이라면 지자체는 포도송이 정도 될 것이다. 포도나무 가지를 광역지자체, 포도나무 전체를 국가라고 비유하면 적절할 것 같다. 뿌리나 이파리를, 제조-금융업 같은 산업에 비유할 수도 있을 것이다. 포도나무 한 그루를 국가라고 할 때 여기에는 중심이 없다. 서울이 없다. 포도나무에게 중요한 것은 포도알이고, 그 안에 담겨 있는 씨앗이다. 그래서 나는 정치의 최전선은 여의도가 아니라 지역민들이 생활하고 있는 자치의 현장이라고 주장해 왔다.

뭉치면 살고 흩어지면 죽는다는 말이 있다. 틀린 말은 아니지만, 언제나 옳을 수는 없다. "뭉치면 죽고 흩어져야 사는" 경우도 있다. 권력을 한곳으로 모으면 우리 삶은 시든다. 여러 곳으로 나눌수록 활기를 띤다. 나눈다는 것은 모두가 권력을 가진다는 것이다. 나누면 중앙권력이 약해질까. 결코 그렇지 않다. 민주적 기반이 더 튼튼할수록 중앙권력의 권위도 '진정한' 의미에서 강화된다. 독일이나 프랑스 중앙권력의 권위는 결코 한국 대통령의 그것보다 약하지 않다. 오히려 더 강력하다. 민주적 동의의 정도가 더 두툼하기 때문이다. 한국처럼 외교가 중요한 나라도 드물다. 중앙의 '권한'을 지역에 나누면, 예컨대 외교분야 같은 곳에서 중앙은 훨씬 더 섬세하고 힘 있는 정책 집행이 가능해진다. 권력을 나누면 다른 방식으로 중앙권력이 강력해질 수 있다.

자치와 분권, 오늘날 한국의 시대정신

당의 존폐를 우려할 정도로 장기침체에 빠져 있는 새정치민주연합의 처지는 분명히 심각하다. 하지만 유별난 건 아니다. 비슷한 사례가 있다.

미국 민주당은 12년1980~1992, 영국 노동당은 18년1979~1997 동안 정권을 잡지 못했다. 대선은 물론 각종 선거에서 패배를 거듭했다. 끝을 알 수 없는 암흑기가 계속됐다. 영국 노동당은 존폐의 위기에까지 몰렸다.

민주당과 노동당은 빌 클린턴과 토니 블레어의 등장으로 어두운 터널을 빠져나왔다. 겉으로는 젊고 참신한 인물의 등장이 판을 갈아 엎은 것으로 보였다. 중요한 대목은 그들이 등장하면서 추진한 혁신의 내용이다. 민주지도자회의 의장이었던 클린턴은 1991년 '새로운 길' 연설과 동시에 뉴민주당 노선을 본격 추진했다. 노동당 대표였던 블레어는 '제3의 길'을 내세우면서 당의 체질을 바꿨다.

두 당의 성공사례는 두 가지 공통점을 지니고 있었다. 첫 번째는 당 혁신 과정에서 상당한 수준의 내부 갈등과 혼란을 겪었다는 점이다. 두 번째는 노선과 정책 변화 방향이 '우클릭'이었다는 사실이다. 지난 시절 새정치민주연합은, 이 두 가지 공통점들을 참고해 당 혁신을 꾀했다. 성공하지 못했다. 내부갈등과 혼란을 두려워했다. 근본적으로 성찰하지 못하고 당의 문제점들을 봉합하는 데 그쳤다. 혼란도 갈등도 파괴도 없는 혁신을 바랐다. 그런 혁신은 불가능하다.

이른바 '우클릭'은 새정치민주연합이 적극적으로 수용했다. 그럼에도 역시 혁신에 성공하지 못했다. 국민의 마음을 못 얻었다. 우클릭은 당대 미국과 영국의 시대요구였다. 새정치민주연합이 먼저 해야 할 일은 대한민국의 시대요구가 무엇인지 살피는 것이었다. 한국판 '새로운 길', '제3의 길'을 찾아야 했다. 새정치민주연합은 그러지 못했다. 다만 '우클릭'을 흉내내는 데 그쳤다. 클린턴과 블레어의 승리에서 새정치민주연합이 배워야 할 덕목은 '우클릭'이 아니었다. 한국의 시대정신이 무엇인지 찾는 것이었다. 시대정신을 구현할 수 있는 노선과 정책으로 당을 혁신한다. 갈등과 혼란은 정면돌파한다. 여기에 새정치민주연합 혁신의 열쇠가 있었다.

지자체의 비전과 역량이 새정치민주연합의 핵심 콘텐츠로 자리 잡아야 한다. 여의도정치와 지역정치가 화학적으로 결합해야 한다. 그래야 정책의 실질화, 더 강한 정치력 저축이 가능하다. 이것이 시대정신이다. 한국판 '새로운 길', '제3의 길'이 여기에 있다. 갈등과 혼란도 에너지이다. 잘 관리해 당 혁신의 연료로 삼아야 한다. 누가 관리할 것인가. 당 안에 갇히지 않는 조직, 투명하고 공개적인 활동으로 계파주의를 넘어선 결사체라면 가능하다. 한국판 민주지도자회의 같은 것이 필요하다. 이 부분에 동의한 지역정치세력이 자치분권민주지도자회의를 결성했다. 지역정치의 내용과 역량을 당의 근육으로 만드는 것, 이를 실현하기 위한 결사체로서 자치분권민주지도자회의의 활동에 새정치민주연합의 미래가 달려 있다고 확신한다.

자치와 분권은 단순히 우리 지역정치인들의 목소리를 키우기 위해 내세우는 욕망의 언어가 아니다. 자치분권은 우리 사회의 혁신을 위한 새로운 구성원리이며, 반드시 일궈야 할 절대가치이다. 자치와 분권은 대한민국 정치의 새로운 좌표이다. 자치분권은 우리 안에 이미 있었던 '오래된 미래'이며 시대정신이다. 유럽과 미주의 주요 정치선진국가들은 이미 자치와 분권을 통해 개인의 자유를 신장하고, 사회를 혁신하였으며, 정치의 실용을 구체화했다. 대한민국 정치는 그동안 자치와 분권을 최대한 지체시키려 애써 왔다. 지방자치제도를 시행하면서도 중앙정치, 이른바 여의도정치만 정치라는 착각을 강요했다. 지역정치인은 그동안 정치인이 아니었다. 그래서 지역은 늘 여의도정치의 동원물량쯤으로 취급당했다. 생활정치는 구호에 그쳤고, 정치는 주권자들의 머리에서 점차 희미해져 가고 있다. 가슴 뛰는 정치의 역동성이 사라진 자리에 정치인과 정치혐오증이 만연하게 됐다. 그 결과는 국민생활의 파탄으로 이어졌다. 사고는 정치인이 치고, 책임은 국민이 지는 꼴이다.

자치분권민주지도자회의는 대한민국 정당정치 사상 처음으로 지역 정치인들이 한 데 모여 공동의 목표, 즉 자치분권 사회 형성을 목표로 결성한 정치조직이다. 정당사로 보면, 새정치민주연합 내에 처음으로, 진정한 의미의 정파, 이른바 자치분권파가 '공개적'으로 활동을 시작했다는 의미도 갖고 있다. 이제 시작이다. 다가올 총선, 대선은 물론 정치사회 전반의 구조개편이 자치분권민주지도자회의 주도 아래 진행될 것이다. 그렇게 기대한다.

11장

▼

각 당 정강정책으로 본 자치분권의 현주소

자치·분권의 위상이 어떠한지 우선은 타 당의 '정강정책'과 비교해 볼 필요가 있다. 경쟁 정당과의 공통점과 차이를 밝힘으로써 자치·분권에 대한 새정치민주연합의 상대적 좌표를 확인할 것이다. 그 다음에 자치분권의 확장을 위해 필요하다고 생각되는 새정치민주연합 고유의 언어를 추출하고자 한다.

새누리당은 '국민과의 약속'(1997. 11.21 제정, 2012. 2. 3 전면 개정), 정의당은 '신강령'(2015. 3.22), 새정치민주연합은 '정강정책'이라는 이름으로 정강정책을 내놓았다. 형식에 약간의 차이는 있지만 모두 '전문(정강)+각론(정책)'의 구조로 짜여져 있다.

세 당 전문에는 예외 없이 '자치·분권'에 관한 의견이 들어 있지 않다. 새누리당의 전문에 '자율과 책임, 분권과 창의, 개방과 경쟁'이 명시되어 있으나 이는 권력구조가 아닌 '공정한 시장경제'에 연결시키는 개념이다. 정의당의 전문에 '공동체 참여', '공동체 위기' 같은 언어가 나오지만 '자치·분권'에 근거를 둔 말은 아니다. 새정치민주연합의 전문에 '권력분산', '공동체의식', '지역갈등' 같은 말들이 있기는 하나 '자치분권'과는 상관없이 전국정치의 관점에서 비롯된 것들이다.

'지방'과 '지역'의 차이는?

각론(정책)에는 세 당 모두 '자치분권'과 연결되는 문장들을 실어 놓았다. 자치분권을 말하는 새누리당과 정의당의 문장은 아래 표와 같다.

새누리당	정의당
9. 국민과 소통하는 신뢰정치 구현	1. 민주주의를 위한 정치개혁과 강한 정당
9-2 (실질적 지방화와 분권화) 지역민의 의견을 반영하는 지방자치가 활성화될 수 있도록 자치권을 강화한다. 중앙정부의 기능, 권한과 재정을 과감하게 지방자치단체로 이관하여 지역주민의 자율과 창의를 극대화한다. 지역경제 및 지역문화의 활성화와 낙후지역에 대한 적극적인 지원을 통해 국토의 균형 있는 발전을 도모한다. 세계적 경쟁력과 매력을 갖춘 거점도시들을 각 지역별로 구축하고 이들을 중심으로 전국을 광역권 네트워크 체제로 재편한다.	지방정부의 자치권을 대폭 강화해 중앙정부와 수평적인 분업·협력 관계를 구현하고, 주민 참여를 확대해 풀뿌리 민주주의를 활성화할 것이다. 수도권과 지방, 지방과 지방, 도시와 농촌 사이의 격차와 차별을 극복하고 균형 있고 특색 있는 발전을 도모할 것이다.
기본정책 10대 약속 중	정의로운 복지국가 7대 비전 중

두 당 모두 정치의 하위 개념으로 '자치분권'을 다루고 있으며, '지방'이라는 말을 쓰고 있다. 여기서 '자치분권'의 내용은 지방자치(풀뿌리 민주주의) 활성화이다. 활성화를 통해 기대하는 효과가 '균형발전'이라는 점도 두 당이 같다. 지방화, 분권화, 자치권이 '왜' 필요한지에 대한 언급이 없다는 것에서도 두 당은 닮은꼴이다.

새정치민주연합은 13개 부문 정책 중 독립적인 꼭지로 '분권과 균형발전'을 다루고 있어 새누리/정의당과 차이가 난다. 지방화·분권화·자치화를 해야 하는 이유, 기대효과, 필요한 사업 등도 새누리당/정의당에 비해 아주 상세하다. 관용적인 문구 외에는 '지역'이라는 말을 적극적으로 사용하는 것도 새정치민주연합만의 특색이다. '지방'은 중앙을 전제하는 동시에 중앙의 하위 개념으로 쓰이는 말이다. 반면에 '지역'은 중앙을 전제하지 않는다. 타 지역과의 관계에서 상위도 하위도 아닌 평등을 내포하고 있는 말이 '지역'이다. 그래서 평범한 문구라 할지라도 '지방'과 '지역'을 어떻게 활용하느냐에 따라 '자치분권'에 대한 인식의 얼개를 짐작할 수 있다.

새누리/정의당에 비해 새정치민주연합이 '자치분권'에 관해서는 진일보한 생각과 구체적인 내용을 갖고 있는 건 분명해 보인다. 하지만 근본에서 세 당은 차이가 없다. 다섯 가지 면에서 동일하다.

첫째 모두 균형발전론을 지향하고 있다. 자치분권을 중앙집권에 따라

8. 분권과 균형발전

지방이 건강한 나라, 골고루 잘 사는 대한민국을 지향한다. 지방화·분권화를 위해 중앙정부의 권한을 대폭 지방으로 이양하고 지방재정의 확충을 통하여 실질적인 지방자치를 구현함은 물론 분권과 균형발전을 추구한다.

〈상생·협력의 분권정치 실현〉

모든 권력이 중앙에 집중되는 과도한 중앙집중형 국가모델은 지방정치의 중앙정치 예속화와 지역의 무책임성을 초래하여 풀뿌리정치를 불가능하게 만든다. 또한 중앙권력을 차지하기 위해 지역 간의 과도한 경쟁을 촉발해 지역주의 관행을 뿌리 뽑지 못하게 하고 국민통합을 저해한다. 중앙과 지역이 대립과 수직관계가 아닌 상생과 협력관계가 될 수 있도록 국민생활과 밀접한 권한과 재원을 과감하게 지방으로 이양하여 실질적인 분권정치를 실현한다.

〈지역경제 활성화와 지방재정〉

지역경제의 활성화가 국가 경쟁력을 높인다는 인식에 기초하여 지역 중심의 발전 패러다임으로의 전환을 추구한다. 이를 위해 지방재정의 건전성 강화 대책을 적극 강구한다. 과감한 권한과 재원 이양을 통하여 지방자치단체의 재정 자율성을 확대해 나가되 운용의 효율성과 책임성을 동시에 강화한다.

〈지역균형발전과 지역민의 삶의 질 제고〉

대한민국 국민이 전국 어느 지역에서 생활을 하더라도 차별받거나 소외되지 않은 교육과 문화·예술을 누릴 수 있는 지역균형발전을 추진한다. 이를 위해 지역의 대학에 진학하는 인재에 대한 제도적 지원과 지역별 대학의 균형적 육성을 통해 지역 내 우수대학을 육성함으로써 대학발전이 곧 국가의 균형발전을 견인할 수 있도록 지원한다. 지역 공동체에 기반을 둔 문화자치를 촉진하고 지역문화 간의 균형 발전을 추구하며, 지역주민의 보편적인 문화·예술 향유 및 참여 환경을 조성한다. 각 지역의 올바르고 균형 잡힌 여론형성과 지역주민의 알 권리를 위해 지역언론을 활성화하여 지역여론의 다양성과 현장성을 구현한다.

발생한 불균형의 해소 관점으로 접근하고 있으며, 이때 균형발전은 경제적 균형발전을 뜻한다.

둘째 중앙정부의 권한 나누기라는 시혜적 관점에 근거해 자치분권을 이야기하고 있다. 자치분권은 지역이 가져야 할 당연한 권리라는 생각을 찾아보기 어렵다.

셋째 정치적 전망이 결여되어 있다. 발전은 경제에, 권한 나누기는 행정에, 균형은 국토에 연결될 뿐이다. 정치적 전망, 곧 자치분권에 대한 '권력기획', '제도기획'이 없다.

넷째 자치·분권에 대한 민주주의적 이론 토대가 없다. 자치분권이 어떠한 원리로 민주주의의 확산과 심화에 기여하는지, 자치분권이 왜 주권자에게 이로운지를 말하지 않고 있다.

다섯째 모두 '지역' 차원의 자치분권만을 이야기 하고 있다. 정치, 시민사회, 경제 등의 우리사회 전체의 구성원리로서 자치분권에 관한 언급은 없다.

자치, 개별 '권력들'의 공적 결합

가장 앞선 새정치민주연합의 정강정책도 '중앙'의 시각으로 자치분권을 다루고 있다. 이상의 분석을 토대로 새정치민주연합 '자치분권' 관련 정강정책의 수정 기준은 다섯 가지로 요약할 수 있다.

(1) 예컨대 아래와 같이 전문에 '자치·분권'을 넣는다.

> 우리는 대한민국이 당면한 과제를 해결하고 중산층과 서민을 포함한 모든 국민들이 행복한 대한민국이 되도록 '정의, 통합, 번영, 평화', **그리고 '지역자치·지역분권'**을 새정치의 시대적 가치로 삼는다.

(2) 균형발전 및 권한 나누기를 '중앙의 기획'이 아닌 지역의 당연한 권리로 명시한다.

(3) 정치적 전망, 제도적 목표를 분명하게 명시해야 한다. 예컨대 '개헌', '준연방제', '소외지역 우대정책affirmative action' 같은 걸 들 수 있다.

(4) 자치분권, 민주주의, 주권자 등의 단어를 엮어 새정치민주연합이 꼭 이루어야 할 사회구성의 원리로서 자치분권의 위상을 정립해야 한다.

(5) 지역뿐만이 아닌 사회 전 분야의 자치분권을 언급한다. 지역적 불균형 해소 차원을 훌쩍 뛰어넘는 적극적인 사회구성의 원리로서 자치분권을 다룬다.

민주주의가 마침내 이르고자 하는 세상은 간략하게 말해 두 가지이다. 하나는 사람과 사람 사이의 관계에서 억압과 차별이 없는 세상이다. 또 하나는 개인들 간 재화소유의 편차를 최대한 줄여 경제적인 억압과 차별이 없는 세상이다. 이를 위해서는 스스로 다스리는 자치, 모두가 권력(정치·지역·경제·문화)을 갖는 분권이 꼭 필요하다. 행복하게 잘 사는 나라일수록 공적 통제보다 관습적인 자기절제로 사회의 질서를 유지한다. 개인, 기업, 지역, 시민결사 모든 부분에서 그렇다. 이것이 자치이다. 행복하게 잘 사는 나라일수록 정치의 작동, 곧 권력의 움직임이 눈에 띄지 않는다. '유일한 권력'은 없고 '권력들'이 민주주의의 원리에 따라 공적 경합을 벌이는 사회가 좋은 곳이다. 이것이 분권이다.

'중앙집중'은 수구세력의 음모

국가권력의 중앙집중화는 수도권의 과잉발전, 여타 지역의 과소발전 상태를 만든다. 공적 자원의 차등배분을 통해 중앙이 지역을 착취한다고 말해도 틀리지 않다. 이를 교정하기 위해 나온 전략이 균형발전론이다. 균형발전론은 여전히 중앙을 전제하고 있으며, 중앙에 쌓인 문제를 '지방'을 통해 해결하려는 불순한 동기까지 갖고 있다. 발등의 불을 끄기 위해 단기적으로는 취해야 할 정책이지만, 궁극적으로는 분권을 확산시켜야 한다.

분권은 중앙과 지방 간 권력의 문제이다. 분권은 '수도'라는 상징적 중앙만 남기고, 수도를 포함해 모두가 지역'들'로 나뉘는 것을 지향한다. 이 경우 중앙정부가 있는 수도도 하나의 지역이 된다. 지역간 권한이 대등한 이 나눔을 전제했을 때 억지 봉합이 아닌 민주적 통합을 가능케 한다. 균형발전론의 핵심은 경제 분야의 공적 자원분배의 평등이다. 자치분권론은 정치·행정 권한을 중심으로 경제, 문화 등 전 분야에 걸친 보편적인 자치권력 확보를 지향한다.

분권은 그 자체가 목표라기보다는 실질적인 자치를 위한 제도적 뒷받침의 성격이 강하다. 그래서 자치와 분권으로 떼지 않고 묶어서 자치분권이라고 표현한다. 풀이하면 '자치를 위한, 자치에 복무하는 분권'이 될 것이다. 자치분권은 억압과 차별로부터 해방이라는 이념의 문제이면서 동시에 '저성장의 늪'에서 빠져나오기 위한 실용적인 권력 재배열 수단이기도 하다. 선진국가의 몇몇 사례가 있다.

이전에 5% 경제성장을 달성한 프랑스가 1980년대 들어 1.6%대로 떨어졌다. 1985년 〈지방일괄이양법〉 이후로 2% 성장률을 회복했다. 1990년대 초부터 발생한 버블경제 붕괴에서 벗어나기 위해 일본은 지방분권정책을 추진했다. 사회개혁정책의 일환이었다. 1%를 맴돌던 일본 경제 성장률은 1999년 〈지방분권일괄법〉 시행 이후 2%대로 회복했다. 영국은 분권 → 중앙집중 → 분권의 과정을 거쳤다. 가장 고유한 의미의 연방국가 성격이 강한 독일과 미국이 '강대국'이라는 사실을 눈여겨볼 필요가 있다.

새정치민주연합 정강정책 수정의 예시로 아래 문장을 제시한다. 어디까지나 예시이다. 언급한 문제의식을 반영하고, 논의를 명료화하기 위해 자치와 분권을 가장 극단으로 밀어붙이는 예시를 만들어 보았다.

사회 재구성의 원리로서 자치분권 개발독재를 거치고 난 지금 중앙집중형 국가모델의 유효성은 종말을 고했다. 중앙집중형 국가모델의 수혜세력이 자신들의 이익을 지속하기 위해 '중앙집중'을 붙들고 있을 뿐이다. 그 결과 국가공동체는 미래로 나아가지 못하고 제자리걸음을 하고 있거나 오히려 퇴보하고 있다. 정치적, 지역적 중앙집중형 국가모델은 타 분야의 중앙집중형을 강제하고 있으며, 이에 따라 억압과 차별, 환경파괴, 위기대응력 감소, 사회적 효율의 극심한 저하가 계속되고 있다. 대기업의 횡포, 에너지산업의 도박화, 주기적으로 터지는 대형사고, 국가경쟁력의 추락이 그 예시이다. 민주주의는 뒷걸음질 치고 주권자는 선거 당일만의 주권자로 전락한다. 상기 문제들을 해결하고 국가공동체가 미래로 나아갈 수 있는 길은 자치분권에 있다. 자치분권의 대상은 사회의 전 영역이어야 한다. 경제, 사회, 문화, 정치 등 우리 사회 모든 분야에 자치분권의 원리를 적용해야 한다. 사회재구성의 원리로서 자치분권을 다룰 때 국가공동체는 한 단계 크게 도약할 수 있다.

지역등권의 분권정치 실현, 장기 과제 민주주의는 개인으로 원자화된 '유권자'들만의 평등에 머물지 않고, 지역들 간의 평등까지를 도모해야 한다. 개인의 구체적인 거주지가 지역이기 때문이다. 중앙정부가 위치한 수도는 있지만, 지역으로서 중앙은 없는 대한민국을 지향한다. 모든 지역은 대등한 권한을 가진다. 개별 지역의 과제를 벗어난 부문, 모든 지역이 힘을 모아야 하는 영역, 개별 지역의 경쟁과 이기적 이해를 조정하는 분야를 다룰 필요성에 근거에 중앙정부를 둔다. 현행 지방자치를 실질적인 지역정부 수준으로 끌어올린다. 오천 년을 이어 온 한국사의 경험, 자치분권의 실효성과 시대정신을 고려해 준연방정부를 지향한다.

지역균형발전과 지방자치 활성화, 중단기 과제 궁극의 목표 실현을 위한 우선 과제로 대한민국 국민이 전국 어느 지역에서 생활을 하더라도 경제·교육·문화 등에서 차별받거나 소외받지 않도록 지역균형발전을 추진한다. 지역민 스스로가 지역 운영의 주체가 될 수 있도록 지역자치를 가장 높은 '정부' 수준으로 활성화시킨다. 새정치민주연합의 지구당은 이를 돕는 정치결사체로 자기 역할을 정립한다. 동시에 취미·이익·직능·건강·마을·대안운동 등 각종 분야별 시민결사체의 조직과 활동을 지원한다.

분권국가 '개헌'과 정치관계법 개정, 제도 과제 정치의 활성화 없이는 자치분권으로 나아갈 수 없다. 현행 정당법, 공직선거법, 정치자금법 등은 정치의 활성화, 시민의 정치참여를 지나치게 통제하는 법률이다. 정당법과 공직선거법을 관통하는 기준은 '원칙적 허용, 예외적 금지'여야 한다. 정치자금법은 불필요하고 의미 없는 제한과 준수 규정들을 고치고 선거공영제의 취지를 확대하는 방향으로 개정해야 하며, 각급 선거 간 차별을 두지 않는 방향으로 개선해야 한다. 정치의 활성화, 선출직 권력에 의한 비선출직 권력의 문민통제가 새정치민주연합과 대한민국의 미래를 밝게 만들 수 있다. 주권자가 제대로 권리를 행사할 수 있는 민주주의 확대의 길이 여기에 있다. 법령의 정비를 위해서는 자치와 분권을 헌법적 가치로 끌어올려야 한다.

12장

▼

정치적 자유 확대가 권력 횡포 막는다

　광산구에 지역구를 둔 A국회의원이 의정보고회를 할 때 광산구청장은 초대받아 인사말을 할 수 있을까. 당의 진로를 결정하는 중요한 투표가 중앙당에서 있을 경우 새정치민주연합의 당원인 구청장이 서울로 가 투표할 수 있을까.

　현행 공직선거법은 자치단체장의 정치적 자유를 극도로 제한하고 있다. 원칙적으로 단체장은 정치적 발언을 할 수가 없다. 공무원의 정치적 중립에 위배된다는 것이다. 자신이 속한 당에서 당의 공적 진로에 관한 이야기 정도를 할 수 있는 게 허용되는 정치적 발언의 전부이다. 자신이 속한 당에서 발언을 하더라도 누군가의 업적을 평가하거나 비판하는 건 불가능하다. 당선이나 낙선에 영향을 미치는 선거운동에 해당되기 때문이다. 공직선거법 제58조 1항은 "'선거운동'이란 선거에서 당선이 되거나, 되게 하거나, 되지 못하게 하기 위한 행위"로 규정하고 있다. 대법원은 선거운동의 개념에 대해 "특정 후보자의 당선 내지 득표나 낙선을 위해 필요하고도 유리한 모든 행위로서 당선 또는 낙선을 도모한다는 목적의사가 객관적으로 인정될 수 있는 능동적·계획적 행위를 말한다."대법원 2001.6.29. 2001도2268 판결고 판시했다.

선거운동을 못하게 하는 각종 '금지'가 공직선거법의 본질 중 하나이다. 법이 정한 기간 외에는 누구라도 선거운동을 할 수가 없다. 법이 정한 선거운동 기간이라 하더라도 후보 당사자와 직계존비속, 그리고 법이 정한 숫자만큼 등록된 선거운동원만이 선거운동을 할 수 있다. 선거운동을 금지할 뿐만 아니라, 허용하더라도 기간과 자격을 엄격히 정해 놓았다. 정치의 과잉과 정치비용의 과다 소모를 막기 위해 선거운동의 기간과 자격을 따로 정했다는 것이 법 제정의 취지이다. 한국의 공직선거법은 정치 신인에게 불리하고, 국민의 정치적 의사표현을 제한한다는 비판이 있다. 한편으로는 국민 전체가 감당해야 하는 정치적 피로를 줄이고 입후보자 모두에게 균등한 기회를 준다는 긍정적인 평가도 있다. 하나씩 살펴보자.*

---

* 공직선거법 문제에 대한 상세한 논의는 박수진 외, 〈리트윗의 자유를 허하라〉(위즈덤하우스·2012) 참조.

우선 눈여겨봐야 할 것은 '선거운동'이라는 개념이다. 무엇이 선거운동이고, 무엇이 선거운동이 아닐까. 어떤 말과 행동이 당선이 되게 하거나 되지 못하게 하는 것일까. 공직선거법 제58조는 "1. 선거에 관한 단순한 의견의 개진 및 의사표시, 2. 입후보와 선거운동을 위한 준비행위, 3. 정당의 후보자 추천에 관한 단순한 지지·반대의견 개진 및 의사표시, 4. 통상적인 정당활동"은 선거운동으로 보지 않는다고 명시하고 있다. 무엇이 단순한 의견이고, 무엇이 준비행위이며, 무엇이 통상적인 것일까. 질문은 쌓여만 간다. 명쾌한 답이 있을까. 법률가이면서 5선 국회의원인 천정배 의원은 "나름대로 법을 알고 오랜 기간 정치인으로 활동해온 나조차도 법이 금지하는 선거운동이 무엇인지 알 수가 없다."고 토로한 적이 있다. 사정이 이러한데 보통의 판단능력을 가진 유권자가 법이 허용하는 선거운동과 법이 금지 또는 처벌하고자 하는 '불법선거운동'을 구별하기란 결코 쉽지 않다.

법 위반 여부에 따라 정치생명이 왔다 갔다 하는 정치인의 입장에서는 말 한마디, 행동 하나를 할 때마다 '공직선거법'을 의식하지 않을 수 없다. 그러다 보니 상시적으로 선거관리위원회에 질의를 하게 된다. 무엇을 할 수 있고, 무엇을 하지 않아야 되느냐를 판단하는 데 주민의 권익보다 선관위의 해석을 우선하게 되는 상황이 속출하곤 한다. 일례로 구청장인 나는 광산구 21개 동을 순회하면서 주민들과 직접 대화하려는 계획을 세웠다. 그런데 "사전 선거운동에 해당할 수 있다."는 선관위의 해석에 따라 행사를 전면취소해야만 했다. 구청장이 주민을 우연히, 계획없이 만나는 것은 가능하다. 동장과 직원들에게 보고를 받는 통상적인 방식의 '동순방'도 상관이 없다. 하지만 능동적·계획적으로 주민을 만나 주요 정책을 이야기하면 선거운동에 이르는 행위가 된다. 능동적·계획적 행위 여부는 누가 판단할까. 적어도 내 판단은 법적 구속력이 없다. 그러다 보니 선출된 단체장이 선출되지 않은 선관위에게 주민과 만나는 걸 허락받아야 하는 상황이 빈번하게 발생한다.

광산구에 지역구를 둔 A국회의원이 의정보고회를 할 때 광산구청장은 초대받아 인사말을 할 수 없다. 초대를 하고 인사말 순서를 잡는 행위는 A국회의원을 다시 한 번 당선시키고자 하는 계획적·능동적 행위가 될 수 있다는 이유에서다. 선거운동에 이르는 행위라는 해석이다. 구청장이 개인 자격으로 조용히 행사에 참여하는 것은 가능하다. 행사 참석자 중 누군가가 "구청장이 참석한 것 같으니 한 말씀 들어 봅시다."라고 해서 '우연히' 인사말을 하는 것은 가능하다. 이때 인사말은 의례적인 덕담 수준에 머물러야 한다. A국회의원이 주민의 삶과 매우 밀접한 법안을 만들었다 해도 그 법안에 대한 이야기를 해서는 안 된다. 주민의 숙원사업에 필요한 예산을 A국회의원이 확보했다 하더라도 그 사실을 말할 경우 '홍보행위'가 될 수 있으므로 침묵해야 한다.

투표 독려도 유죄, 국민 입에 재갈 물리기

공직선거법은 출마 의지도, 출마 계획도 없는 평범한 유권자에게까지 그대로 적용된다. 보통의 시민들 또한 선거운동, 즉 특정 입후보자의 당선 또는 낙선에 영향을 미치는 행위를 하면 안 된다. 당선 또는 낙선에 영향을 미치지 않는 범위에서 정치적 의사표현은 할 수 있다. 그런데 그 표현이 당선 또는 낙선에 영향을 미치는 것인지 아닌지, 단순한 정치적 의견인지는 아무도 모른다. 법정에 가 봐야 안다. 예를 들어 누군가 "이번 선거에 적극적으로 참여해 나쁜 정치인들을 퇴출시킵시다."라는 주장을 인터넷 공간에서 했다면 이것은 정치적 의사표현일까? 아니면 특정인을 당선 또는 낙선시키기 위한 선거운동일까?

서울대 조국 교수는 2011년 10월27일 "내년 4월 잊지 말아야 할 분들이 있습니다. 특히 박원순을 '학력위조범', '병역비리범', '기업협박범', '평양시장 후보'로 몰고 간 신지호, 진성호, 안형환, 이종구, 강용석, 그리고 홍준표 의원님은 잘 기억합시다"라는 글을 트위터에 올렸다. 이 트윗으로 조국 교수는 익명의 시민에게 고발당했다. 한 해 뒤 치러질 4월 총선 예비후보를 비방했다는 것이 고발의 이유였다. 검찰은 조국 교수에게 기소유예 처분을 내렸다. 죄는 있으나 법적 판단을 다투거나 처벌할 사안까지는 아니라는 게 기소유예의 의미다. 사실을 적시하고 비방성 문구를 사용하지 않았으며, 당선이나 낙선을 유도하는 발언이 전혀 없는데도 수사를 진행하고 '죄 있음'을 고지한 것이다. 투표를 독려하는 글이나 투표 인증사진을 SNS에 올리는 것도 선거운동이 된다는 선관위의 해석까지 나왔다. 2011년 10·26 서울시장 보궐선거 당일 트위터에 투표 독려 글 4건을 지속적으로 올린 방송인 김제동 씨도 익명의 시민에게 고발을 당했고, 검찰은 수사에 착수했다. 특정 인물을 지지한 것도 아닌데 김제동 씨는 검찰로부터 기소유예 처분을 받았다. 검찰은 투표를 독려하는 행위 조차도 '선거운동'으로 본 것이다. 국민의 기본권을 행사하자는 주장조차도 선거운동이라니 평범한 사람의 상식으로는 이해하기 어렵다. 결국 무엇이 선거운동이고, 선거운동이 아니냐를 판단할 수 있는 유일한 주체는 법집행 기관이라고 말할 수밖에 없다.

외관으로만 볼 때 '조국과 김제동' 두 사건은 별것도 아닌 내용에 별것도 아닌 결론으로 매듭지어졌다. 하지만 파급효과는 전혀 다른 곳에서 나왔다. 조국, 김제동이라는 유명세를 활용해 언론은 이 사건을 한껏 증폭시켜 보도했다. 말 한마디, 인증샷 한 장이 검찰수사로 이어질수 있다는 사실을 유권자들은 언론보도로 확인하게 된다. 당연히 유권자들은 정치적 의사표현을 주저할 수밖에 없다. 의사표현을 하더라도 자기검열을 하게 된다. 대다수 전문가들은 조국과 김제동이 정식재판을 청구했다면 두 사건은 무죄로 판결났을 것으로 예측했다. 하지만 두사람은 정식재판 청구를 하지 않았다. 재판 진행 과정을 또 다시 언론이 확대보도할 것이 빤했기 때문이다. 양식 있는 인물로 평가받고 있는 두 '유명인'은 유권자들의 '위축'과 '자기검열'을 조금이라도 줄이려고 기소유예라는 불명예를 감수했던 것으로 생각된다.

민주주의 사회에서 선거를 치르는 일은 단순히 누군가를 뽑기 위한 것만이 아니다. 선거는 국민주권주의를 실현하고, 국민의 가치판단을 표현하는 과정이다. 또한 공무를 위임받고자 하는 이들, 곧 입후보자를 검증하는 과정이기도 하다. 그런데 현행 선거법을 그대로 지키기 위해서는 국민주권주의 실현, 가치판단, 입후보자검증의 '과정'에 국민들이 참여하면 안 된다. 현행 선거법 하에서 유권자가 '안전하게' 정치에 참여할 수 있는 길은 하나밖에 없다. 평소에 아무 말도, 어떤 행위도 하지 않다가 선거 당일에 투표를 하거나 하지 않는 것뿐이다. 시장·군수·구청장도 마찬가지다. 주민들을 계획적으로 만나서는 안 되고, 주민들의 삶과 밀접한 사안이라도 정치인과 연결되면 가능한 한 말하지 않아야 한다. 공직선거법대로라면 '오직 투표만이 민주주의'가 된다.

물론 현실의 법정에서는 선거법 위반 사안을 훨씬 복잡하게 다룬다. 구체적으로 어떤 행위가 선거법을 위반했는지 여부는 "그 행위의 명목뿐만 아니라 그 행위의 주체·시기·내용·장소·방법·대상 등을 종합적으로 고려해 사안별로 판단해야 한다."는 게 법원의 입장이다. 그래서 간혹 '놀라운' 무죄판결이 나오기도 하고, 역시나 '놀라운' 유죄판결이 나오기도 한다. 놀랍다는 건 우리들이 생각하는 법상식 밖의 판단이 이뤄졌다는 의미이다. 선거법은 하도 모호해서 공직선거법을 통째로 외우고 있다 한들 '판단'은 간단하지 않다. 이 때문에 공직선거법의 몇몇 조항들이 헌법재판소에서 여러 차례 위헌 여부를 다투는 소송에 휘말렸다. 특히 '선거운동'에 대한 개념 규정이 가장 많이 헌재의 손으로 넘어갔다. 헌재는 예외 없이 현행 공직선거법이 규정하고 있는 선거운동의 개념을 합헌이라고 결론지었다. 다수결로 정하는 합헌 여부에서 일부 재판관들은 반대의견을 냈다. 그들은 '선거운동'이라는 개념의 불명확성을 지적했다. 불명확한 개념을 사용하여 일률적으로 사전 선거운동을 처벌하는 공직선거법의 조항은 죄형법정주의에 따라 요구되는 명확성 원칙에 위배되므로 결국 헌법에 위배된다는 것이 반대의견의 내용이었다.

선출되지 않은 권력이 선거법 위에서 칼춤을 추다

할 수 있는 것과 하지 말아야 할 것의 법적 경계가 분명하지 않으면, 그 법은 권력기관이 휘두를 수 있는 강력한 무기가 된다. 유권해석 및 법적 판단의 자격을 지닌 선관위·검찰·법원만이 법 해석을 독점하기 때문이다. 법조문을 아무리 뒤져 봐도 내가 하는 말과 행동이 법을 위반하는 것인지 위반하지 않는 것인지 알 수 없다면 행동의 기준은 최소주의가 될 수밖에 없다. 정말로 궁금하면 일단 일을 저지르고 나서 법정에 서 봐야 한다. 그래야 위법인지 아닌지 알 수 있다. 누가 이걸 원하겠는가. 법이 명확하지 않으면 국민의 자유는 위축될 수밖에 없다. 자유의 위축은 누구에게 득이 될까.

앞서 언급한 '권력총량의 법칙'을 다시 꺼내 보자. 선출직 권력이 강해지면 비선출직 권력의 양은 그만큼 줄어든다. 반대로 선출직 권력의 양이 줄어들면 비선출직 권력이 더 많은 권력을 쥐게 된다. 지금 한국의 경우 선출직이 갖고 있는 권력은 지속적으로 비선출직 권력에게 넘어 가고 있다. 일차적으로는 신뢰받지 못하고 있는 정치권이 문제일 것이다. 선거법을 어겼거나 공천비리, 돈문제로 정치인들이 검찰에 쉼 없이 불려 나간다. 언론은 이들을 마음껏 조롱한다. 주권자는 '정의'의 이름으로 그들을 규탄한다. 선출직이 주권자의 신뢰를 잃었다는 건 권력을 잃었다는 것과 마찬가지이다. 이때 표정관리하면서 속으로 쾌재를 외치는 건 판검사, 관료, 언론, 대기업 같은 선출되지 않은 권력들이다. 선출권력이 잃은 권력의 양만큼 비선출직 권력, 즉 판검사, 관료, 언론들에게 권력이 넘어가기 때문이다.

선출직 권력의 힘으로 비선출직 권력을 통제하는 것이 민주주의의 기본 원리 중 하나이다. 선출직 권력은 '주권자의 의지'이고 비선출직 권력은 우리 사회를 운영해 가는 데 필요한 '전문가 조직'이다. 주권자의 의지에 따라 전문가 조직을 작동시켜 민주성과 합리성을 동시에 확보하는 것이 현대 민주주의의 작동 방식이다. 그런데 한국의 전문가 조직

(관료·사법·언론·대기업 등)은 기술적 합리성을 추구하는 데 필요한 권한 그 이상의 권력을 획득해 가고 있다. 그들이 그렇게 할 수 있는 배후에는 정치적 자유를 극도로 제한하고 있는 '법'이 있기 때문이다. 그 법의 가장 전형적인 사례로 공직선거법을 거론했다. 이 외에도 정치자금법, 정당법 등 정치적 자유를 제한하는 법은 더 있다.

정치자금법 제6조는 후원회를 통해 정치자금을 모집할 수 있는 '후원회 지정권자'를 명시해 놓았다. 국회의원, 국회의원 후보 및 예비후보, 대통령 후보 및 예비후보, 대통령선거 경선후보, 당대표 경선후보, 지방자치단체장 후보 등이다. 오직 국회의원만이 예비후보·후보·현직 등 모든 단계에서 정치자금을 후원받을 수 있다. 국회의원과 대통령 후보는 '예비후보'일 때부터 정치자금을 모집할 수 있는데 지방자치단체장은 본선후보여야만 후원받는 게 가능하다. 개인이 후원을 할 수 있는 금액의 한도, 후보가 후원을 받을 수 있는 총액 한도 또한 정치자금법은 상세히 적시해 놓았다. 후원회와 함께 득표율에 따라 차등적으로 선거비용을 국가가 보전해 주는 선거공영제는 금권정치를 차단하는 중요한 제도이다. 어느 단위의 선거든지 비용보전의 원칙은 일괄적으로 적용된다. 후원금 모집은 선거 단위에 따라 차별을 두고 있다. 눈여겨볼 대목은 어느 단계에서도, 어떠한 형식으로도 후원회를 둘 수 없는 지방의원의 처지이다. 지방의원 선거에도 돈이 든다. 왜 지방의원만 선거자금을 모집할 수 없는 것일까.

법정 선거비용이 30~40억 원인 교육감 선거 또한 시행 초기에는 후원금을 한 푼도 받을 수 없었다. 그러다 보니 교육감 선거에서는 늘 돈 문제가 불거졌다. 비용이 특히 많이 드는 서울시 교육감 선거가 돈문제로 몸살을 앓는 대표적인 경우다. 문제가 심각해지자 선거 비용의 절반을 선거 기간 중에 후원을 받을 수 있게끔 제도를 바꿨다. 선거자금의 운용을 비현실적으로 묶어 놓고 이로 인해 돈문제가 생기면, 돈문제를 핑계 삼아 교육감 직선제를 폐기하자고 주장한다. 선출직의 확대를 끊임없이 경계하는 대표적인 사례이다.

사정이 이렇다 보니 "정치인은 교도소 담벼락을 걷는 사람"이라는 말까지 생겨났다. 정치인은 한 발짝만 잘못 디뎌도 죄인 신세가 될 수 있다. 실제로 정치자금에서 자유로운 사람은 사실상 없다고 봐도 무방하다. 정치 컨설턴트 박성민은 "웬만한 정치인치고 돈 때문에 검찰에 불려 가지 않고 정치를 하기란 정말 어렵다. 전직 대통령, 국회의원, 지방자치단체장, 교육감 등 우리가 직접 뽑은 사람들이 우리가 직접 뽑지 않은 검찰에 쉴 새 없이 불려 나간다"며 "현실적이고 합법적인 정치자금 제도를 만들지 않으면 모든 정치인은 정치에 입문하는 순간 잠재적 범죄자가 된다"고 진단했다.*

* 박성민, 〈정치의 몰락〉(민음사·2012), 225~226쪽.

정치자금법은 엄격한 규제와 차등으로 특징지울 수 있다. 혼탁했던 지난 시절의 정치가 남긴 유산이다. 그렇다 하더라도 현행 정치자금법은 현실과의 괴리가 너무나 크다. 더 많은 돈을 더 자유롭게 써야 한다는 주장을 하는 게 아니다. 정치적 자유를 제한하지 않고, 시민의 정치적 참여와 정치인들의 자율성을 침해하지 않는 방향으로 바꾸자는 이야기이다.

우선은 비선출 권력이 선출직 권력을 제어하는 수단으로 악용할 수 있는 요소들을 걷어 내야 한다. 현재 규제하고 있는 금액 범위를 그대로 두더라도 후원의 시기, 후원금의 운용, 회계처리, 후원조직의 가동 등에 대한 규정들을 조금만 조정해도 가능한 일이다. 지나치게 꼼꼼하게 법이 규정하고 있어 조금만 실수를 해도 위법이 되는 게 이 분야이다. 후원과 피후원의 주체는 좀 더 넓게 확대할 필요도 있다. 법인과 단체는 정치자금을 기부할 수 없다. 법인은 그렇다 치더라도 단체까지 제한하는 것은 시민사회의 정치적 자유를 억압하는 효과가 생기므로 전향적으로 검토해야 한다. 특정 행위와 관련한 기부의 제한 또한 정치적 자유를 침해하는 대표적인 사례이다. 입법로비나, 정책로비와 연계된 기부를 제한하자는 취지인데 현실에서는 모호한 경우가 많다. 국회의원이 소신껏 마련한 법안인데도 단지 그 법안으로 인한 수혜자들이 지난 선거에서 후원을 했다면 '특정 행위와 관련한 기부'가 될 수도 있는 것이다. 지방의원들이 정치자금을 합법적으로 모집할 방안도 마련해야 한다. 지방자치는 중앙정치의 하위 개념이 결코 아니다. 법으로 규제하기보다는 정치적 자유시장에 정치자금을 맡기는 것이 더 현명하다고 본다.

우리나라 헌법 제8조 제1항은 "정당의 설립은 자유이며, 복수정당제는 보장된다."고 말한다. 하지만 현행 정당법은 각종 규제로 가득해 사실상 '정당을 만들지 말라'는 법처럼 보인다. 전문가들은 "정당의 자유를 통제하고 새로운 정당들의 출현을 제한하려는 의도를 지녔다."고 현행 정당법을 진단하고 있다. 현행 정당법 중 정당 설립의 자유를 제한하고 있는 대표적인 조항은 '수도에 소재하는 중앙당과 시·도당 구성(제3조)', '5개 이상의 시·도당(제17조)'이다. 수도에 소재하는 중앙당 및 5개 이상의 시·도당이 있어야 정당 설립을 위한 최소요건을 갖추게 된다. 이 경우 지역의 고유한 문제해결을 위한 지역당 설립은 불가능하다. 에너지, 환경, 여성, 성소수자 등 굳이 시·도당이 필요 없는 영역의 정당 설립도 어려워진다. 새로운 세력이 정당정치에 진입하기 위한 경쟁 장벽이 지나치게 높고, 사회 변화를 반영하기 어려운 수준으로 경직되어 있는 게 현행 정당법이다. 한국의 정당법은 철저하게 서울 중심이고, 다수 세력에게 유리한 내용으로 짜여져 있다. 최근 통합진보당 해산으로 정당 설립의 이념 지평까지 극도로 좁아졌다. 사회가 지닌 다양한 이해와 갈등을 수용해야 하는 게 정당의 존재이유인데 정당법대로라면 '다양성'을 수용할 수 있는 다양한 정당의 출현이 사실상 불가능하다.

소수 정당의 출현이 어려울 경우 생겨나는 현상은 두 가지이다. 하나는 상대적으로 소수세력과 친화력이 높은 새정치민주연합에 다양한 세력이 집합하는 것이다. 또 하나는 소수 세력의 '정치적 슬럼화'이다. 자신들의 이해와 갈등을 정당이 수용하지 못하다 보니 목숨을 거는 등 극단적인 방식으로 갈등을 표출시키는 것이다. 현재의 한국정치는 제1야당으로의 통합과 정치적 슬럼화, 이 두 가지가 동시적으로 진행되고 있다.

정치적 자유 제한, 대한민국은 정치후진국?

선출직 권력 안쪽에서도 권력총량의 법칙은 작동한다. 대통령-국회의원-단체장-지방의원이 각각 점유하고 있는 권력의 양은 다르다. 이들 사이에서도 권력총량의 법칙은 예외 없이 작동한다. 대통령과 국회의원 간에 줄다리기를 제외하면 나머지 선출직 간의 권력이동은 무시해도 될만큼 제한적이고, 권력의 양도 적다. 정치시스템의 안정을 고려한다면 제한적인 권력이동은 필요한 측면도 있다. 문제는 권력의 양이 지나치게 한쪽으로 집중되어 있다는 점이다. 중앙과 국회의원에 집중된 게 한국의 정치권력이다. 광주광역시의 경우 국회의원은 8명이고 광역단체장은 1명인데 여기서 광역단체장이 확보할 수 있는 '공식적'인 정치권력은 거의 없다. 시도당의 운영, 중앙당의 의사결정, 각종 선거의 공천과정 등에서 국회의원 외 다른 선출직이 영향력을 행사할 수 있는 방법은 없다고 봐도 무방하다. 모두가 모든 부문에 관여해야 한다는 게 아니다. 각각이 맡은 자기 분야에서 최선을 다하는 것이 필요하다. 그 최선을 위해서는 정책력, 행정력, 정치력이 모두 필요하다. 국회의원을 제외하고는 정치력을 가질 수도, 발휘할 수도 없다는 것이 문제이다. 예컨대 시·도당 운영위에는 자치단체장이 포함되지 않는다. 시장, 구청장, 시의원이 '시당' 운영에 힘을 쓸 수가 없다. 자기 영역에서 마땅히 가져야 할 권력을 갖지 못하는 게 문제라는 것이다.

"모든 권력은 부패한다, 절대권력은 절대 부패한다."는 말이 있다. 대개 이 말은 대통령, 독재권력 같은 최고권력을 연상케 한다. 최고권력이 아니더라도 이 말은 적용 가능하다. 국회의원에게 '필요 이상으로' 집중된 권력은 국회의원의 정치행위를 왜곡시킨다. 여기서 왜곡은 주권자의 의지와는 상관없는 정치행위를 발생시킨다는 걸 뜻한다. 국회의원이 아니더라도, 어느 분야건 필요 이상으로 권력이 집중되면 문제가 터진다. 국회의원 과다, 나머지 과소라는 불균형한 정치권력 배분이 한국정치의 특징이다. 국회의원-단체장-지방의원 권력 배분에서 국회의원 권력이 과대하다 보니 나머지 부문의 권력은 집중의 문제가 나타나지는 않는다고 봐도 무방하다. 단체장이나 지방의원도 대민 정책이나 관료 통제 부문에서 '권력과잉'이 드러나기는 한다. 이 문제는 제2장에서 다루었다. 여기서는 '정치권력 간'의 문제만 다룬다.

경제적 자유가 극대화되면 '경제권력은 집중'된다. 무한자유를 구가하고 있는 신자유주의 체제의 대기업, 재벌을 보면 이 말은 분명해진다. 반면 정치적 자유가 극대화되면 '정치권력은 분산' 된다. 경제 자유, 시장 자유를 말하면서 정치는 더 많이 규제해야 한다는 것이 정치권을 대하는 다수 대중의 시각이다. 규제를 강화해야 한다는 시각의 다른 표현이 '정치불신'이다. 생산성 낮은 정치권이 정치불신의 원인제공 세력이라는 점은 부인할 수 없다. 하지만 그 원인만이 유일한 것은 아니다. 비선출직 권력의 집요한 노력이 정치불신을 확대시키는 중요한 원인을 제공하고 있다. 선출직 권력의 양을 줄여 자신들의 권력 양을 늘이려는 의도에서다.

공직선거법, 정치자금법, 정당법은 정치적 자유를 제한하고 있는 법들이다. 정치적 자유는 권력 형성의 자유를 의미한다. 권력 형성의 자유가 제한되면, 권력은 집중될 수밖에 없다. 공직선거법은 정치권력 내부에서는 국회의원 권력의 집중현상을 만들어 낸다. 선출직 권력 대 비선출직 권력의 구도에서 공직선거법은 비선출직 사법권력으로 권력 집중을 가중시킨다. 법 개정의 주체인 국회의원들이 굳이 공직선거법에 손대지 않는 이유는 약간의 불편함만 감수하면 자신들에게 권력집중이 되기 때문이다. 선거법의 봉인 몇 개만 풀어도 정치시장의 경쟁 환경은 지금보다 훨씬 더 활성화된다. 이 활성화가 가져오는 불편함을 감수해야 하는 집단은 오직 현직 국회의원들뿐이다. 구미권의 선거법은 '원칙적 허용, 예외적 금지'의 구조로 짜여져 있다. 법이 명확하게 금지하는 것을 제외하고는 모두 허용하는 식이다. 이는 사법권력의 과잉간섭을 차단하는 효과를 지닌다. 당장에는 어수선할 수도 있지만 장기적으로는 법을 넘어선 '정치문화의 진화'를 가능케 한다. 한국의 선거법은 과거 혼탁했던 정치환경을 정비할 목적으로 만들어졌다. 그 선거법 덕분에 한국의 선거문화는 분명 진일보했다. 하지만 이제는 선거문화의 진화를 가로막고 있다. 정치적 자유를 확대하는 방향으로 선거법이 개정되어도 우리 유권자의 수준이라면 충분히 수용 가능할 것으로 확신하고 있다.

정당법은 양대 정당의 이익에 부합하기 때문에 손대지 않는 성격이 강하다. 지역을 기반으로 한 정당, 환경이나 소수자 이익 등 특수 목적 정당의 설립을 어렵게 만들어 사회의 다양성을 정당이 수용하지 못하게 하는 것이 현행 한국정당법의 기능이다. 정치자금법은 선출직 권력 전체를 옥죄면서 비선출직 권력 전체에게 권력을 이동시키는 효과를 지니고 있다. 국민여론 또한 정치자금과 관련해서는 언론이나 사법권력에 더 많은 지지를 보내고 있다. 이와 관련해서는 인식의 대전환이 필요하다. 저비용 정치를 말하기보다는 적정비용 고효율 정치를 이야기 해야 한다. 경제가 투자인 것처럼 정치도 투자이다. 투자를 도외시한 채 좋은 경제, 좋은 정치를 기대할 수는 없다. 정치선진국일수록 정당 설립 요건은 까다롭지 않다. 예컨대 독일의 정당법에는 중앙당, 당원수, 시·도당 설립이라는 개념 자체가 없다. 한국으로 치면 구성원 및 소재지 등 평범한 사회단체 설립 요건 정도를 요구할 뿐이다. 가까운 일본에는 정당 설립에 대한 규정 자체가 없다. 프랑스에서는 정당이 아닌 정치단체가 자기 이름을 걸고 지방선거와 중앙선거 모두에 참여할 수 있다. 정치 후진국일수록 '일당독재' 체제이다. 일당독재가 아닐 뿐, 다양한 정당의 출현을 막고 있다는 점에서 한국정치는 후진국 유형이다.

중앙당에서 당의 진로를 결정하는 중요한 투표가 있을 경우 당원이자 구청장인 나는 서울로 가 투표를 할 수 있다. 그런데 한 가지 조건이 따라 붙는다. 휴가를 내야 한다. 정당의 행사는 공무의 범위에 들어가지 않는다. 지금까지 나는 항상 휴가를 내고 정당 행사에 참여했었다. 돌이켜보니 솔직히 잘 모르겠다. 공직선거법이 이 대목까지 세세하게 정의하지는 않았다. 정당의 행사가 공무의 범위에 들어가는지를 알려면 휴가를 내지 않고 행사에 참여한 다음 누군가의 고발로 검찰 수사를 받고 나서 법정에 서 봐야 알 수 있다. 그럴 용기가 내게는 없다. 앞으로도 나는 휴가를 내고 정당 행사에 참여하는 수밖에 없다. 사정이 이러하다 보니 "과연 나는 주민들이 정당까지를 고려해 투표로 선출한 정치인이 맞나?" 라고 자문하게 된다.

4부
●

주권자 권력

●

●

●

13장

▼

최근 선거로 본 호남 유권자 특성

새누리당의 이정현이 과연 호남 지역에 깃발을 꽂을 것인가. 2014년 7월30일 치른 국회의원 재·보궐선거의 최대 관심사였다. 선거만을 놓고 볼 때 대구·경북이 '영남 중의 영남'(새누리계열)이라면, 광주·전남은 '호남 중의 호남'(민주계열)이다. 1988년 소선거구제 도입 이후 새누리계열이나 민주계열 어느 누구도 상대 진영에 당선자를 내지 못했다.(전북 지역은 1990년대에 세 번에 걸쳐 새누리계열 후보를 당선시켰다.) 이런 여건에도 불구하고 세칭 '여왕의 남자'로 불리는 이정현이 2014년 7월30일 치르는 순천·곡성 국회의원 재보궐선거에 뛰어들었다.*

---

* 시기에 맞춰 열린우리당, 민주당, 새정치민주연합을 각각 쓴다. 모두 '민주당계열'의 정당이다. 민주노동당, 통

7·30재보궐선거는 전국 15개 선거구에서 국회의원을 다시 뽑는 것이었다. 사상 최대 규모이기도 해서 '미니총선'이라는 별칭이 붙었다. 결과는 새누리당 압승. 전체 15석 중 새누리당이 11석을 가져갔고 새정치민주연합은 4석을 챙기는 데 그쳤다. 새정치민주연합으로서는 최악의 결과였다. 새정치민주연합은 자신들이 얻을 수 있는 최소 의석을 4개로 보았다. 전국 15개 선거구에는 광주 1개와 전남 3개가 포함되었기 때문이다. 호남에서 '기본'으로 4석을 얻을 것으로 예상했다. 아무리 못해도 호남 외 지역에서 한두 석 정도는 더 챙길 수 있지 않겠느냐는 게 새정치민주연합의 예상이었다. 결과적으로 4석밖에 얻지 못해 최악이었는데 그 내용이 더 충격적이었다. 순천·곡성에서 새누리당 이정현이 당선된 것이다.

소선거구제 도입 이후 26년 만에 광주전남에서는 처음으로 새누리계열 후보가 탄생했다. 새누리당 측에서는 '선거혁명'이라는 말이 나왔다. 새정치민주연합은 "굉장히 충격적이어서 할 말이 없다."는 반응이었다. 전남에서 이정현의 승리, 이전 선거에서 대구에 새정치민주연합 이름을 걸고 도전해 석패한 김부겸의 가능성(2012총선 40.4%, 2014지방선거 40.3%)에서 "지역주의 극복의 단초를 발견했다."는 것이 언론이나 정치평론가들의 일반적인 진단이었다. 7·30재보궐선거 직후 언론의 관심은

합진보당도 시기에 맞춰 쓴다. 모두 '진보계열'의 정당이다. 한나라당과 새누리당도 시기에 맞춰 각각 쓴다.

온통 이정현과 순천·곡성에 집중되었다.

광주전남 사람들에게 이정현의 당선은 분명히 놀라운 일이었다. 하지만 '충격'이라는 말을 동원할 정도는 아니었다. 어느 정도 예상했었고, 한편으로는 '기대'까지 해서이다. '기대'라는 말에 의아해할지도 모르겠다. 조금 상세한 설명이 필요하다.

이정현이 당선된 순천·곡성의 직전 국회의원은 통합진보당의 김선동이었다. 박연차 뇌물사건으로 당시 서갑원 의원이 의원직을 잃었고, 2011년 4월27일 보궐선거에서 민주노동당의 김선동 후보가 당선되었다. 이때 민주당은 순천·곡성을 무공천 지역으로 선포했다. 민주노동당 김선동 후보는 야권연대의 힘으로 당선되었다. 한 해 뒤에 치러진 2012총선에서 김선동은 민주당 노관규 후보를 누르고 '자력'으로 재선에 성공했다. 그런데 국회 본회의장 최루탄 투척 사건에 따른 대법원의 유죄 확정으로 김선동 의원은 의원직을 잃었다. 순천·곡성은 다시 보궐선거 지역이 되었고, 여기에 새정치민주연합의 서갑원과 새누리당의 이정현이 뛰어들었다.

서갑원 후보는 '박연차 뇌물사건'과 '친노', 이 두 가지 이미지를 안고 선거를 시작했다. 앞의 것은 법원 판결로 확정된 것이었다. 뒤의 것, 즉 친노와 관련해 호남의 여론은 복합적이다. 친노패권주의에는 문제제기를 강하게 하지만 친노 그 자체에 대해서는 호불호 의견이 엇갈린다. 문제는 '뇌물사건'과 '친노정치인'의 결합이었다. 이를테면 "친노면 비리정치인도 공천을 받는다."는 말이 나오는 것이다. 통상적인 정당공천 기준이라면 '비리정치인'은 경선에서 컷오프되어야 옳았다. 새정치민주연합 지도부의 '친노배려'가 서갑원에게 경선기회를 주었고, 서갑원은 당의 후보로 확정되었다. 서갑원 후보 당사자로서는 억울한 대목이 있겠지만, 조성된 여론환경이 그랬다. 서갑원 공천은 광주광산(을) 후보로 나선 천정배의 경우와 비교되었다. 천정배는 친노도, 비리정치인도 아니었다. 하지만 공천과정에서 철저히 배제되었다. 이 때문에 대다수 지역민들은 순천·곡성 새정치민주연합 후보 결정 과정을 '사실상 전략공천'으로 보았다. 여기에 지난 시절 서갑원의 '괘씸한' 행태가 보태졌다. 대략 2010년 무렵 순천시가 순천만국제정원박람회 유치를 추진했을 때 국회의원이었던 서갑원이 이를 반대했던 것이다. 순천시민들은 이 같은 서갑원의 행태를 정치적 경쟁자였던 당시 노관규 순천시장에 대한 견제로 여겼다. 순천시민의 입장에서 서갑원은, 자신의 정치적 진로를 위해 지역민의 바람을 뭉갠 정치인이었던 것이다. 비리정치인이든 누구든 공천만 하면 당선이라는 태도, 유권자의 바람보다는 계파의 목적을 우선시 하는 정치, 지역발전 무관심 등등. 그동안 민주당에 대해 지역민들이 가지고 있었던 불만의 핵심적인 내용이다. 결국 7·30재보궐선거에서 서갑원은 민주당의 문제점들을 전형적으로 대표하는 인물이 되고 말았다. 진실이 어떠하든 지배적인 여론은 그랬다.

새누리당 이정현은 서갑원의 정 반대편에 서 있었다. 그는 비리가 없었다. 새누리당 안에서도 비주류 중의 비주류인 그는 생존의 차원에서라도 청렴해야만 했다. 이정현은 새누리당의 지원도 거절했다. 혼자서 자전거를 타고 손마이크로 '예산폭탄'과 '순천대 의대 유치'를 외치면서 선거운동을 했다. 새누리당인 것만 흠이었다. 순천·곡성 유권자들의 도덕적 갈등이 생겨나는 대목이다. 이 점을 잘 알았던 이정현은 "미치도록 일하고 싶다. 한번 맡겨 주시라. 일 못하면 1년 6개월 뒤에 갈아 치우면 된다."고 응답했다. 1년 6개월이라는 한시적 위탁론에 유권자들의 도덕적 갈등이 해소되었다. 통합진보당 김선동에서 새누리당 이정현으로, 그러니까 왼쪽에서 오른쪽으로 크게 이동해버린 순천·곡성 표심의 바탕이 '이념'이었다고 보는 건 무리가 있다. 3년 남짓한 짧은 기간에 순천·곡성의 정치적 취향이 '노동'에서 '예산폭탄'으로 이동할 수는 없는 법이다. 민심의 선택 기준은 두말할 것도 없이 '민주당' 심판이었다.

저도 진 줄 모르는 새정치민주연합

2012총선-2012대선-2014지방선거 등 2년 동안 치른 세 번의 전국선거에서 '민주당'은 사실상 패배했다. 성적이 아주 나쁘지는 않았다. 더 좋은 성적을 올릴 수 있었음에도 그러지 못했다는 점에서 '사실상' 패배였다. 사실상 패배는 모호한 패배였다. 안팎에서 당의 혁신을 요구했으나 당은 그대로였다. 패배의 모호함이 당의 혁신을 가로막았다. 이후 치른 7·30재보궐선거에서 전국 스코어 11:4, 그리고 순천·곡성에서 새누리당 이정현이 당선되었다. 이는 '확실한 패배'를 의미했다. 져도 진 줄을 모르니까 분명하게 졌다는 걸 상기시켜 주자, 국회의원 한두 명 더 있으나 덜 있으나 별 차이 없다, 1년 6개월 뒤에 다시 조정하면 되니까 부담도 없다, 확실한 패배를 경험하게 하자는 것이 호남 지역 민주계열 지지자들의 일반적인 심정이었을 것이다. 7·30재보궐선거의 프레임은 정권심판이 아니라 야당심판이었다. 새정치민주연합은 비참하게 깨져야 한다는 발언이 곳곳에서 나왔다. 새정치민주연합의 분명한 패배와 이정현 당선을 예상할 수 있는 여러 가지 여론과 정황들을 광주전남 사람들은 알고 있었다. 그럼에도 '광주전남'인 까닭에 새누리당 후보의 당선을 예상하면서도 쉽게 단정 짓지 못했고, 그래서 '기대' 했다. 기대대로 새정치민주연합은 패배했고 이정현은 당선되었다. 광주전남에서는 "지고도 기분 좋은 선거는 처음이다."는 말이 공공연하게 나돌았다.

져서도 안 되고, 질 수도 없는, 그러나 "새정치민주연합 똑바로 해라." 는 사인을 줘야 하는 매우 곤혹스러운 지역구가 있었다. 권은희 전 수서경찰서 수사과장이 출마한 광주광산(을) 지역구이다. 광주광산(을)은 7·30재보궐선거에서 또 하나의 관심지역이었다. 민주당 대변인과 정책위 의장을 역임한 이용섭 전 의원의 지역구가 광주광산(을)이었다. 이 의원은 재보궐선거 직전에 치러진 지방선거에서 광주시장 선거에 출마해 의원직을 내놓았다. 하지만 '전략공천'으로 시장 후보 경선을 치르지도 못했다. 이에 반발해 탈당했고, 무소속 출마와 후보단일화 과정을 거치면서 이 의원은 야인으로 돌아갔다. 광주광산(을)은 광주시장 선거 전략공천의 후폭풍으로 황무지처럼 남겨진 지역구가 되었다. 2012총선 당시 광주광산(을)은 민주당 내 도전자가 없어 이용섭 의원을 단수 공천할 수밖에 없는 지역이었다. 이용섭 의원에 대한 지지세가 높은 지역이었고, 그만큼 새정치민주연합에 대한 심판 심리가 큰 곳이었다.

서울시 정무부시장을 지낸 '박원순의 남자' 기동민과 천정배 전 법무부장관이 광주광산(을)에 먼저 도전장을 내밀었다. 박원순과 천정배라는 이름값 때문에 여론의 관심이 집중될 수밖에 없었다. 그런데 기묘한 일이 일어났다. 새정치민주연합은 기동민을 서울동작(을)에 전략공천했다. 기동민의 23년 지기라는 허동준이 지역위원장으로 자리 잡고 있는 곳이었다. 친구들 간에 싸움을 붙였다고 해서 '패륜공천'이라는 말이 나돌았다. 동시에 새정치민주연합은 광주광산(을)을 전략공천 가능 지역으로 확정했다. 경선도 할 수 있고, 전략공천도 할 수 있다는 뜻에서 '가능' 지역이었다. 말장난이었다. 경선을 하면 천정배가 후보로 당선될 가능성이 매우 높았다. 광주시민의 대체적인 여론은 호남중진이 필요하다는 거였고, 여기에 화답하는 형식으로 천정배가 출마했던 것이다. 전략공천 가능 지역이라는 말은 천정배 불가라는 말과 같았다. 왜 불가한지에 대해 새정치민주연합은 그럴싸한 논거를 내놓지 못했다. 결국 후보등록 직전에 새정치민주연합은 권은희를 전략공천했고, 천정배는 "권은희라면 물러나겠다."는 입장을 밝히면서 당의 결정을 수용했다.

　광주시민 누구도 권은희의 당선에 관심을 갖지 않았다. 탈 없이 당선될 게 분명했기 때문이다. 예상대로 권은희는 탈 없이 당선되었다. 놀라운 건 당선의 내용이었다. 투표율 22.3%, 득표율 60.61%였다. 경쟁했던 통합진보당 후보가 26.37%를 얻었다. 2012대선 정국 당시 국정원 댓글 사건 수사 과정에 외압이 있었다고 폭로한 '광주의 딸'에게 광주는 후한 점수를 주지 않았다. 2012년 총선 당시 이용섭 의원이 얻은 득표율 74.7%보다 10%가 넘게 차이가 난다. 광주전남 새정치민주연합 당선자 중 가장 낮은 득표율이었고, 투표율 22.3%는 전국에서 가장 낮았다. 권은희의 당선은, 당선만 빼고 나머지는 상처로 가득했다. 유권자들은 투표를 하지 않고, 득표율을 최대한 낮추는 방식으로 새정치민주연합을 심판한 것이다. 당선이 무난한 지역에서 광주시민은 투표율, 득표율을 추락시켜 새정치민주연합에 경고 사인을 보낸 셈이다. 놀랍게도, 이처럼 거듭된 경고에도 불구하고 새정치민주연합은 새로운 시도를 하지 않았다. 2015년 4월29일 치러진 재보궐선거가 그 예시다.

　헌법재판소의 결정에 따른 통합진보당 해산 등의 이유로 수도권 3곳과 광주 1곳의 국회의원 지역구가 비었다. 이곳에서 2015년 4월29일 재보궐선거를 치르게 되었다. 결과는 새정치민주연합의 완패였다. 한 곳에서도 당선을 하지 못했다. 광주에서는 무소속으로 출마한 천정배 전 의원이 당선되었다. 선거 국면으로 접어들자 아홉 달 전 순천·곡성에서 새누리당 이정현의 당선을 예측하고 기대했던 분위기가 광주에서도 그대로 재현됐다. 그럼에도 새정치민주연합은 공천과정에서 의미 있는 조치를 취하지 않았다. 오히려 광주유권자를 실망시키는 공천을 했다. 우선 역대 서구 선거 결과를 보자.*

광주 서구 역대 국회의원 선거 결과

구분	연도	선거구	소속	당선자	득표율(%)	비고
제13대	1988	서구갑	평화민주당	정상용	86.6	
		서구을	평화민주당	박종태	90.6	
제14대	1992	서구갑	민주당	정상용	79.7	
		서구을	민주당	임복진	84.3	
제15대	1996	서구	새정치국민회의	정동채	85.6	남구 분동
제16대	2000	서구	새천년민주당	정동채	91.2	
제17대	2004	서구갑	열린우리당	염동연	52.6	
		서구을	열린우리당	정동채	51.6	
제18대	2008	서구갑	통합민주당	조영택	79.15	
		서구을	통합민주당	김영진	72.52	
제19대	2012	서구갑	민주통합당	박혜자	42.11	
		서구을	통합진보당	오병윤	52.36	이정현 39.70
4·29재보궐	2015	서구을	무소속	천정배	52.37	조영택 29.80

---

* 이하 선거 결과 통계는 중앙선관위와 위키피디아 자료를 재구성했다.

제16대 선거까지 국회의원 선거에서 서구의 민주당 지지율은 80~90% 선이었다. 절대적인 지지였다. 광주의 다른 지역구도 이 수준이었다. 민주당이 쪼개져 열린우리당 대 민주당 구도가 형성된 제17대 선거에서 여당이었던 열린우리당 당선자들은 과반을 가까스로 넘겼다. 다시 통합해서 치른 18대 선거에서 민주당 지지율은 70~80% 선이었다. 대략 10% 정도가 빠진 회복세인데 진보당계열에서 가져갔다고 보면 된다.

눈여겨봐야 할 선거가 제19대이다. 민주당 어깨띠를 두르고도 박혜자후보는, 바로 곁에 있는 서구을 통합진보당 후보보다도 낮은 42.11%로 당선되었다. 새누리당 이정현 후보는 40%에 가까운 놀라운 득표율을 기록했다. 어떻게 해서 이런 결과가 나왔을까. 가장 주요한 원인은 '서구청장선거'였다. 2010년 6월2일 동시지방선거에서 '조영택·김영진' 국회의원이 공천한 후보가 무소속(직전 구청장) 전주언 후보에게 패했다. 그런데 그 무소속이 구청장 재임시기 드러난 비리 때문에 당선 후 자진사퇴했다. 같은해 10월27일 보궐선거에 '조영택·김영진' 국회의원은 직전에 패한 후보를또 다시 공천했다. 정상적인 경선과정을 거쳤다 하더라도, 후보 선출 과정에서 국회의원의 영향력은 결코 적지 않다. 유권자 입장에서 보면, 직전에 '떨어진' 후보를 다시 내미는 꼴이었다. 결과적으로 서구청장 보궐선거는 새로운 무소속이 당선되는 것으로 막을 내렸다. 이 선거의 후폭풍으로 두 해 뒤 국회의원 선거에서 '조영택·김영진'은 민주당 당내 경선에서 아예 컷오프를 당했다. 그 자리에 각각 박혜자와 오병윤이 진입했는데 두 후보 모두 중앙당이 내려 꽂은 형식이었다. 이때 조영택은 탈당해 무소속으로 서구갑에 출마했다. 서구청장 선거의 파행과 낙하산 공천의 염증이 핵심적인 원인으로 작용해 제19대 선거의 득표율, 곧 새누리당의 도약과 민주당 추락이라는 결과를 만들어 낸 것이다. 다만 득표율에서만 그랬다. 민주당이 원했던 결과는 그대로였다. 민주당 박혜자 후보와 오병윤 야권연대 후보는 득표율이 낮기는 했지만 어쨌거나 당선되었다.

통합진보당 해산으로 오병윤 의원 지역구가 비워졌고 보궐선거를 치르게 되었다. 새정치민주연합으로 당명을 바꾼 '민주당'은 어떤 후보를 내야 할까. 놀랍게도 새정치민주연합은 조영택 후보를 공천했다. 조영택 후보는 2006년 열린우리당 광주시장 후보로 전략공천을 받았으나 떨어졌다. 2년 뒤 2008년 국회의원에 당선됐으나 앞서 말한 서구청장 선거 파행 등을 이유로 2012년에는 아예 컷오프돼 무소속으로 나왔다. 그런 그가 복당해 선거구를 서구갑에서 서구을로 바꿔 공천신청을 했고, 경선과정을 거쳐 후보가 되었다. 천정배의 무소속 출마가 굳어진 시점이었다. 지역여론의 반발에 중앙당은 '공정한 경선이었으므로 아무 문제가 되지 않는다'고 답변했다. 조영택 후보 개인의 정치적 열망을 문제 삼을 생각은 없다. 그것은 그분의 자유다. 문제는 중앙당의 태도다. 불과 2년 전 선거에서 컷오프시킨 후보를 재공천한 것이다. 아무리 이해하려 해도 너무나도 긴장감이 없는 공천이었다. 무소속 천정배 후보는 23% 가까운 격차로 '민주당' 후보에게 완승했다. 결과적으로 서구는 무소속 구청장, 높은 새누리당 득표, 통합진보당과 무소속 국회의원, 과반에도 못 미치는 민주당 국회의원의 득표율이라는 특이하고도 복잡한 '역사'를 쓰게 되었다.

광주 서구(을)의 선거 흐름을 비교적 상세하게 기술한 것은, 민주당과 광주시민이 맺어 온 관계의 파단을 이곳이 선형적으로 보여 주고 있어서이다. 2004년 민주당과 열린우리당 '분당' 이후 광주는 매우 유동적인 선거패턴을 보이고 있다. 민주당계열 정당의 중심성은 그대로 살아 있지만 특정 인물이나 특정 상황이 결합하면 언제라도 민주당계열 후보가 낙선할 수 있는 그런 유동성이다. 심지어는 새누리당 당선까지도 바라볼 수 있는 지역이 됐다. 유권자의 정치성향이 변했다는 증거는 희박하다. 두말할 것도 없이 원인은 '민주당'에 있다.

속내 드러내지 않는 무서운 가치투표

흔히들 호남을 민주당의 텃밭이라고 부른다. 절반은 맞고 절반은 틀린 이야기이다. 민주당 지지가 가장 강한 곳이라는 의미에서 '텃밭'은 옳다. 무조건 민주당을 지지하는 지역을 뜻한다면 '텃밭'은 옳지 않다. 간단한 예시 하나가 2014년 지방선거 기초단체장 당선 결과다. 세종시와 제주도를 제외한 전국 결과는 118(새누리당) : 80(새정치민주연합) :

29(무소속) 였다. 전국 무소속 당선 기초단체장 29명 중 절반이 넘는 15명이 호남에서 나왔다. 전북에서 7명, 전남에서 8명이었다. 타지역 무소속 당선자 수와 비교할 때 압도적이다. 정당귀속성이 강한 한국의 지방선거에서 당선자의 절반 이상이 무소속이라는 사실은 호남이 결코 민주당의 텃밭이 아니라는 의미이다. 여러 이유가 있겠지만, 핵심 원인은 지역주의 투표에 매몰되지 않은 유권자의 높은 주권의식이다. 근거는 더 있다.

대한민국 제6회 지방선거(기초자치단체장 정당별 분포)

2014지방선거 전국 무소속 당선 기초단체장

서울	경기	인천	강원	충북	충남	대전	대구	경북	울산	부산	경남	전북	전남	광주
0	1	1	2	2	1	0	0	0	0	1	3	**7**	**8**	0

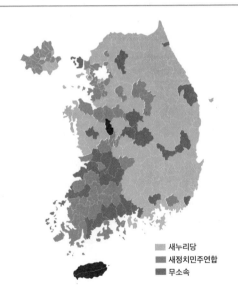

새누리당
새정치민주연합
무소속

2004년 4월에 치른 제17대총선에서 광주·전남·전북 31개 지역구에서 민주당은 겨우 6석을 지켰다. 노무현 대통령 탄핵 후폭풍으로 열린 우리당 바람이 허리케인 수준으로 불었다는 점을 감안하더라도, 한국 정치사에서 '텃밭'이 이처럼 무참하게 황폐화된 경우는 없었다. '묻지마' 지역주의 투표라면 이런 결과가 나올 수 없었다. 새로운 세력을 선택할 수 있는 선거 구도가 형성되자 미련 없이 판을 갈아 엎은 사건이었다. 다른 사례도 있다. 진보계열 정당이 상승세를 탔던 2012총선 정당투표에서 광주는 노동자의 도시라는 울산보다 더 높은 비율로 통합진보당에 표를 주었다.

2012총선 통합진보당 정당득표율

광주	울산	전남	전북	제주	경기	서울	경남
18.6	16.3	14.77	14.15	12.4	11.01	10.56	10.53

인천	대전	부산	충북	대구	충남	강원	경북
9.71	9.04	8.42	7.7	7.04	6.83	6.59	6.22

광주와 울산을 제외하면, 통합진보당에 가장 많은 표를 준 지역은 전남과 전북이었다. 당시 호남에서는 "한 표는 현실에, 한 표는 미래에"라는 말이 나돌았다. 한나라당과 싸워야 하는 현실정치를 고려해 민주당을 찍더라도 정당투표에서는 진보당계열에 힘을 실어 줘야 한다는 분위기가 형성되어 있었다. 이른바 '안철수 현상'이 등장했을 때도 그 현상의 마지막 진지는 호남이었다.

호남은 언제나 민주·진보계열에 표를 주었다. 가치투표였다. 문제는 '언제나'였다. 언제나 그랬기 때문에 가치에 중심을 둔 호남의 표심은 '언제나 무시' 당했다. 어차피 새누리당(한나라당)으로 갈 표가 아니라는 점을 정치인들은 잘 알았다. 그래서 소중한 표가 된 게 아니라, 그렇기 때문에 당연한 표가 되었다. 이 와중에도 호남의 표심은 미워도 다시 한 번 '그들'에게 표를 던지면서, 끊임없이 새로운 인물, 새로운 세력을 찾아 한국정치의 진화에 기여하고자 했다.

2014년 7월30일, 그리고 2015년 4월29일의 재보궐선거는 '민주당'과 호남표심의 지난했던 길항과정이 한 매듭을 지은 날들이었다. 당연하게 여겼던 호남표심, 무시당한 유권자들은 새누리당 이정현을 당선시켰고, '광주의 딸' 권은희에게 상처를 주었으며, 무소속 천정배를 국회로 다시 보냈다. 민주당에 대한 경고이자 한국정치를 진화시키고자 하는 개미권력들의 집합의지이다. 무서운 것은, 이런 결과를 내기 위해 호남 사람들은 어떤 결의도, 어떤 모임도, 어떤 음모도 꾸미지 않았다는 점이다. 속내를 드러내지 않고 행사하는 권력이 가장 무섭다. 호남의 유권자들에게서 나는 가장 무서운 권력의 속성을 발견한다.

14장

▼

광주시장 선거와 정당귀속성 투표

"공천이 곧 당선이다." 총선이든 지방선거든 호남에서는 '민주당계열'의 정당 공천을 받은 후보가 대부분 당선되었다. 이례적인 경우가 없지는 않았으나 공천이 당선으로 이어지는 경로에 근본적인 차질은 없었다. 하지만 2014년 6·4지방선거(이하 6·4지방선거)에서는 많은 변화가 있었다. 전남과 전북 지역에서 무소속 후보가 대거 당선된 것이 대표적인 사례이다. 이후 두 번에 걸친 재보궐선거에서도 광주와 전남의 새정치민주연합 후보들이 연이어 패배하는 결과가 나왔다. 이 부분에 대한 분석은 제13장에서 했기 때문에 생략하고, 여기서는 6·4지방선거 광주시장 선거만을 분석 대상으로 삼고자 한다.

호남 유일의 광역도시인 광주에서는 6·4지방선거 당시 기초의원 일부를 제외하고는 모두 새정치민주연합 후보들이 당선되었다. 이처럼 민주당 계열 정당의 공천이 곧 당선인 현상을 '광주통설'이라고 하자. 광주통설이 낳은 선거 현상 중 하나가 본선에 대한 무관심이다. 상대적으로 당내 경선에 대한 관심은 매우 높다. 그중에서도 광주시장 경선은 언제나 뜨거웠고, 시민들의 관심도 컸다. 그런데 6·4지방선거에서 이례적인 상황이 벌어졌다. 새정치민주연합 후보를 결정짓는 경선이 사라진 것이다. 새정치민주연합은 윤장현(현 광주시장) 예비후보를 광주시장 후보로 전략공천했다. 이에 대한 반발로 시장 경선에 뛰어든 강운태 시장과 이용섭 의원이 탈당해 무소속 후보가 되었다. 강 시장과 이 의원은 곧바로 단일화 작업에 착수했고, 강 시장이 단일후보로 나섰다. 의원직까지 사퇴한 이용섭 '전' 의원은 새정치민주연합을 성토하면서 강 시장 선거를 도왔다. 결과는 전략공천을 받은 윤장현 후보의 승리였다. 박빙 승부를 예측했으나 표 차이는 적지 않았다. 결과만 놓고 볼 때 광주통설은 굳건했다.

선거는 결과가 중요한 게임이기도 해서 과정에 대한 의미부여를 거의 하지 않는다. 나는 6·4지방선거 광주시장 선거과정이 매우 중요하다는 생각을 했다. 전략공천, 본선 경쟁구도 등 전에 없던 상황이 전개됐기 때문이다. 지방선거가 끝난 뒤 ㈜자료공방의 정연섭 대표와 함께 곧바로 분석작업에 들어갔다. 분석의 결과를 논문으로 다듬어 한국정치학회 2014년 하계학술회의에서 발표했다. 논문 제목은 〈광주지역 유권자의 투표행태와 정당귀속성-6·4지방선거 광주광역시 사례 조사연구〉였다. 광주시장 선거뿐만 아니라 구청장, 시의원 및 구의원 선거까지를 분석했고, 광주시민의 이념성향, 특정 후보에게 투표한 이유 등 다른 조사 항목도 있었다. 이하 글은 이 논문 중 광주시장 선거 조사결과치를 중심으로 이 책의 관심사에 맞게 재구성한 것이다.

'새정치민주연합 윤장현'이기에

6·4지방선거 광주광역시장 선거는 지역의 유권자들에게 큰 관심을 불러일으켰다. 현직 광주시장의 무소속 출마로 '본선'의 결과를 예측하기 어려웠기 때문이다. 사실상 처음으로 광주시민들에게 의미 있는 본선의 선택지가 주어졌다. '투표는 있으나 선택은 없었던' 지난 선거와는 달리 '투표도 있고 선택도 있는' 본선 환경이 조성된 것이다. 시민들 사이에서는 광주통설이 깨질 수도 있다는 예측이 흥미롭게 나돌았다. 이전과는 다른 본선 환경은 세 단계에 걸쳐 순차적으로 조성되었다.

1단계 당시 김한길 민주당 대표와 안철수 의원이 전격적으로 신당 창당을 선언해 '새정치민주연합'이 등장했다. 새정치민주연합 내에서 안철수계와 옛 민주당계의 경쟁 구도가 형성되었다.

2단계 새정치민주연합이 안철수계로 분류되는 윤장현 예비후보를 전략공천했다. 이에 따라 무소속으로 출마한 강운태 현직 시장과 이용섭 의원을 윤장현 후보가 이길 수 있을 것인가가 초미의 관심사로 떠올랐다.

3단계 윤장현 후보 전략공천 이후 무소속으로 출마한 두 유력후보의 단일화가 이뤄질 경우 〈표-1〉에서 보는 것처럼 어느 경우이든 윤장현 후보의 낙선이 예측되었다. 광주통설이 깨질 수도 있다는 예측치여서 시민들의 관심이 매우 컸다.

〈표-1〉 후보단일화와 후보들에 대한 투표 의향

	강운태(무소속)	이용섭(무소속)	윤장현(새정치)
강운태로 단일화	47.5%	-	23.7%
이용섭으로 단일화	-	43.3%	24.5%
3자 대결	28.7%	20.5%	20.4%
실제 선거 결과	31.8%	-	57.9%

자료: 중앙선거여론조사공정심의위원회(YTN 2014.05.23~24, 응답자수 720명)

하지만 광주통설은 깨지지 않았다. 윤장현 후보는 57.9%를 얻어 31.8% 득표한 무소속 강운태 후보를 큰 표 차이로 이겼다. 선거 전 여론조사와 차이가 많이 나는 이 현상을 어떻게 설명해야 할까. 두 가지 가정이 가능하다. 하나는 여론조사의 문제점이다. 또 하나는 유권자의 내노 변화이다. 언제나 문제점을 안고 있는 게 여론조사이기는 하지만 대체로 추세는 반영하기 마련이다. 이처럼 큰 폭으로 차이가 난다면 여론조사의 기술적 한계보다는 다른 원인이 있다고 보는 게 옳다. 그래서 유권자의 태도 변화에 원인이 있다는 가설을 세우고 과연 그러했는지 알아보기로 했다. 광주시장 선거 과정에서 조건 변화가 생길 때마다 유권자의 마음은 어떻게 움직였는지 확인해 보기로 했다.

체계적으로 교육받은 10명의 면접원들이 6·4지방선거 직후인 6월9일부터 18일까지 10일 동안 실제 투표에 참여한 유권자 763명을 만나 선거 구도 변화 단계별로 가상투표를 진행했다. "그때 내 마음, 내 선택은 이러저러했다."는 것이 가상투표의 내용이었다. 가상이지만 6·4지방선거에서 실제로 있었던 유권자의 심리변화, 선택고민을 확인하는 조사였다. 단계는 5개로 구분하였다. 왜 그렇게 선택했는지 유권자의 마음도 알아 보았다. 이유로는 '7개 요인'을 제시하였다. 정치성향(진보-중도-보수), 인구 특성별 지지정당, 정당 호감도 등의 조사도 병행했다. 구청장 선거와 시·구의원 선거와 연계분석할 필요가 있어서 선거참여 유권자 표본은 광산구로 한정했다. 유권자를 일대일 개별 접촉하여 응답 방법에 대해 설명한 뒤 자기기입식으로 질문지를 작성하도록 하였다. 모두 849명의 질문지를 수집하였다. 이 중 불성실한 답변, 논리검증을 통해 불합리한 응답 설문은 제외했다. 최종적으로 763명 분의 응답지를 분석 자료로 활용하였다. 표본 오차는 95% 신뢰구간에서 ±3.55이다.

<표-2> 후보자 중심 선거환경 및 구도 변화 5단계

단계	선거 구도 변화
1단계	후보들이 참여의지를 밝힌 출마단계
2단계	민주당과 새정치연합이 새정치민주연합으로 통합
3단계	새정치민주연합의 윤장현 후보 전략공천 및 강운태, 이용섭 탈당
4단계	강운태, 이용섭 단일화
5단계	본선 선거운동 및 투표

<표-3> 선택 근거 7개 요인

당 / 후보 이미지 / 정책 / 토론 및 대담 / 주변 평가 / 홍보물 및 선거운동 / 지역발전 기여

이러한 조사가 가능했던 것은 6·4지방선거 광주시장 선거가 그만큼 다양한 구도와 변화 속에서 치러졌기 때문이다. 민주당과 새정치연합 경쟁, 민주당과 새정치연합의 통합, 전략공천, 전략공천에 반발해 탈당한 경쟁후보들의 단일화 등 대략 4개월 정도의 시간 동안 유권자의 마음을 움직일 수 있는 요인들이 순차적으로 발생했다. 치열한 당내 경선, 이후 밋밋한 본선이 여태껏 진행된 광주시장 선거의 패턴이었다. 그런데 6·4지방선거는 광주시민으로서는 일찍이 경험하지 못한 역동적인 선거환경을 제공했던 것이다.

각 단계별로 유권자의 마음이 어떻게 움직였는가를 살펴봄으로써 알고 싶었던 것은 광주통설의 강도와 내용이었다. 광주통설은 다음과 같은 5개의 가설을 내포하고 있었다. 이 가설들을 실제 조사를 통해 검증해 보고 싶었다.

- 가설1 광주 유권자는 민주당 계열의 정당 후보에게 투표하는 정당일
  체감의 투표행태를 보일 것이다.
- 가설2 광주시장 선거에서 새정치민주연합 후보 공천이 후보 선택에
  가장 큰 영향을 미칠 것이다.
- 가설3 광주시장 선거에서 정당일체감이 강하다면, 무소속 후보들 간
  의 단일화 효과는 기대할 수 없을 것이다.
- 가설4 선거 초기에는 상대적으로 정당과 무관한 선택 고민을 하다가
  투표 결정 시점이 다가올수록 정당일체감 투표로 기울 것이다.
- 가설5 광주 유권자는 후보가 누구든 상관없이 새정치민주연합 후보
  일 때 더 높은 지지를 보낼 것이다.

미리 결론을 말하자면, 위의 가설들은 어느 것도 기각되지 않았다. 모두 맞는 것으로 검증되었다. 먼저 몇 가지 참고할 만한 조사 결과를 소개하고 난 다음 각 단계별 유권자의 표심을 살펴보자.

안철수 대표가 광주시장 투표에 미친 영향력은 "영향을 주었다."가 56.9%로 집계됐다. "영향을 주지 않았다."는 28.3%, "그저 그렇다."는 14.8%가 나왔다. 정당공천이 없는 교육감 선거를 제외하면 지방선거 정당공천 선거유형은 총 6개(광역단체장, 기초단체장, 광역의원, 기초의원,

광역비례의원, 기초비례의원)이다. 유권자 1인이 6개의 선거유형에서 새정치민주연합에 몇 개를 투표하였는지에 대한 응답은 평균 4.47개로 나왔다. 총 6개의 74.5%에 해당하는 선거유형에 새정치민주연합을 선택한 것이다. 선거유형별 투표에서는 "어떤 후보를 찍었는지 기억나지 않는다."는 응답이 구의원 20.1%, 시의원 15.7% 순으로 높았다. 구청장은 0.8%, 광주시장은 0.9%로 큰 차이가 없었다. 단체장에 대한 관심은 높은 반면 지방의원에 대한 관심은 단체장에 비해 큰 폭으로 낮다는 증거다. 지방자치 발전을 위해 심각하게 고민해야 할 대목이다.

〈표-4〉 각 단계별 가상투표

1단계 '합당' 전 경합	새정치연합 윤장현	민주당 강운태	민주당 이용섭	통합진보 윤민호
	43.5%	28.3%	24.2%	2.5%
2단계 '합당'	새정치민주연합 윤장현	새정치민주연합 강운태	새정치민주연합 이용섭	통합진보 윤민호
	46.5%	25.8%	24.4%	2.5%
3단계 전략공천	새정치민주연합 윤장현	무소속 강운태	무소속 이용섭	통합진보 윤민호
	63.2%	16.6%	17.2%	2.1%
4단계 무소속 단일화	새정치민주연합 윤장현	무소속 강운태		통합진보 윤민호
	73.7%	23.1%		2.5%
5단계 선거운동	새정치민주연합 윤장현	무소속 강운태		통합진보 윤민호
	79.6%	17.0%		2.2%
실제 투표	새정치민주연합 윤장현	무소속 강운태		통합진보 윤민호
	57.9%	31.8%		

〈표-4〉는 선거가 끝난 후에 조사의 형식으로 진행한 가상투표이다. 윤장현 후보의 득표율이 실제보다 큰 폭으로 높다. 통상적으로 '패배'한 후보의 지지자들은 조사에 응하지 않는 경향이 강하다. 윤장현 후보를 찍었던 이들이 표본으로 더 많이 선정된 결과로 해석할 수 있다. 구체적인 수치보다 추세를 보는 데 의미를 둘 수밖에 없다.

　이 가상투표는 실제로 '네가 그렇게 판단하고 선택했었나.'는 확인 과정이기도 하다. 단계별 가상투표에서 가장 두드러진 시기는 전략공천이 단행된 3단계이다. 새정치민주연합의 공식 후보가 되는 순간 윤장현 후보 지지가 큰 폭으로 올랐다. 당시에는 윤장현 후보가 질 수도 있다는, 그러니까 광주통설이 뒤집어질 수도 있다는 '기대감'이 있었지만 실제로 '윤장현 승리'는 이때 이미 확정됐다는 해석이 가능하다. 윤장현 후보의 불어난 지지는 모두 강운태 후보와 이용섭 후보에게서 온 것이었다. 무소속 단일화 4단계에서도 윤 후보의 지지는 큰 폭으로 올랐다. 이 후보의 지지자 절반 이상이 윤 후보에게 옮겨 간 것이다. 선거운동 기간에는 강 후보 지지자들 일부까지 윤 후보에게 옮겨 갔다. 대세는 이미 3단계에서 결정되었으며, 이후부터는 윤 후보를 향한 표결집이 지속되는 시간이었다. 전략공천에 대한 광주시민의 여론은 찬성 35.8%, 반대 48.5%로 부정적인 여론이 우세했다.(2014.5.3., 뷰엔폴·리서치뷰, n=1,126명) 그럼에도 정당일체형 투표는 그대로 지켜졌고, 투표 결정시점이 다가올수록 강화되었다.

단계별로 왜 윤장현 후보를 선택했는지를 확인하는 '투표 요인' 결과치는 그래프로 대신한다. 앞서 밝힌 대로 구체적인 수치보다는 추세를 확인하기 위해서다. 지지율 추이, 지지 유지, 지지 유입, 지지 이탈 등의 지표가 있는데 '지지 유입'을 제시한다. 지지 유입은 다른 후보를 지지하다가 윤 후보에게 옮겨 간 경우이다. 왜 옮겨 갔느냐를 밝히는 것이 곧 광주유권자가 가장 중요시 여기는 선택의 기준을 알아보는 방법이기 때문이다.

〈표-5〉 단계별 윤장현 후보의 지지 유입 요인

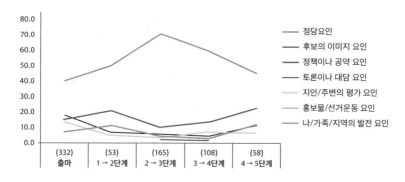

그래프에서 확인할 수 있듯이 가장 강력한 지지유입 요인은 정당이었다. 나머지 요인들은 무시해도 상관없을 만큼 적은 수치이다. 특히 2 → 3단계로 넘어가는 과정에 '정당요인'이 큰 폭으로 상승했다. 이 시기는 윤 후보가 전략공천으로 새정치민주연합의 후보로 확정된 때이다. 흥미로운 대목은 1 → 2단계 천천히 상승하다가, 2 → 3단계로 넘어가는 과정에 상대적으로 하락한 '후보의 이미지 요인'이다. 비정치권 후보에 대한 호감이 1 → 2단계라면, 전략공천에 따른 부정적 이미지의 형성이 2 → 3단계라고 할 수 있다. 이른바 '정치물'이 들지 않은 괜찮은 후보라 생각해서 호감을 갖다가, 전략공천을 받으면서 호감도가 낮아졌다. 하지만 새정치민주연합의 후보니까 지지할 수밖에 없다는 것이 그래프의 흐름에 내재된 광주유권자의 '마음'으로 읽을 수 있다. 지지 유지, 지지 이탈에서도 정당의 절대성은 예외 없이 확인되었다. 새정치민주연합이기 때문에 지지를 유지한다는 요인이 압도적이었다. 지지 이탈의 이유로는 정당요인, 즉 '새정치민주연합이기 때문에 지지하지 않는다.'가 토론이나 대담 요인 다음으로 낮은 수준이었다.

　윤장현이기 때문에 당선되었는가, 새정치민주연합 후보이기 때문에 당선되었는가. 가장 편리한 답은 '새정치민주연합의 윤장현 후보이기 때문에 당선되었다.'일 것이다. 정당과 인물 모두가 영향을 주었다는 논리이다. 당선의 이유를 어느 하나로 완전히 귀속시킬 수는 없다. 경쟁후보가 누구냐에 따라 선거 결과는 또 다를 수 있다. 그러나 이번 조사에서 확인된 분명한 사실은 다른 요인들보다 큰 폭으로 높은 정당 요인이 윤장현 광주시장 당선의 결정적 이유라는 점이다.

호남의 민심은 '생물'이다

논문의 결론으로 나는 세 가지를 제시하였다. 6·4지방선거에서 광주 유권자는 첫째, '묻지마 투표 행태'를 보여 '정당일체감'을 관철하였다. 둘째, 광주유권자의 투표행태는 "민주당 계열 정당 공천은 곧 당선이다."는 광주통설에서 벗어나지 못하였고, 정당에 귀속하는 성향을 보였다. 셋째, 합리적 선택에 대한 갈망은 있으나 결국 '민주당 계열의 정당'으로 돌아가는 '정당회귀성'에 따라 비합리적 선택을 하였다. 오해가 없도록 부연하자면, 합리적 선택과 비합리적 선택은 사회학적 개념이다. 정책과 인물을 기준으로 한 선택을 '합리적 선택', 정당·이념·지역이 중요한 기준으로 작동하는 선택을 '비합리적 선택'으로 구분했다. 비합리적 선택이라는 말이 '몰상식'이나 '비이성'에 연결되는 건 아니다. 마찬가지로 합리적 선택이 더 나은 선택을 의미하는 것도 아니다. 논리적 근거가 강한 선택을 합리적 선택, 정서적 근거가 강한 선택을 비합리적 선택이라고 이해하면 크게 틀리지는 않을 것이다.

정당 요인과 관련해서 호남 전체를 보면 다양한 사례를 확인할 수 있다. 6·4지방선거에서 전남과 전북의 무소속 돌풍은 정당일체감과는 거리가 먼 선거 결과이다. 전북 기초단체장의 50%, 전남 기초단체장의 36.3%가 무소속으로 당선되었다. 전국 무소속 29명 중 15명(51.7%)이 전남·북에 배치된 것이다. 2015년 4·29재보궐선거 광주서구(을)의 결과는 무소속 천정배 후보가 새정치민주연합 조영택 후보를 큰 표 차로 이겼다. 한 해 전에 치른 2014년 7·30재보궐선거 전남 순천·곡성 선거에서는 새누리당 이정현 후보가 새정치민주연합 서갑원 후보를 누르고 당선되었다. 정당일체감 투표행태가 광주·전남·전북 모든 곳에 일괄해서 드러나는 현상은 아니다. 논문은 어디까지나 6·4지방선거 광주시장 선거에 한정한 것임을 다시 한 번 강조하고자 한다.

통계수치에는 이야기가 담겨 있다. 수치가 품고 있는 이야기가 어떤 내용인지는 누구도 확정하기 어렵다. 추론만이 가능할 뿐이다. 추론은 확정된 진실이 아니다. 하지만 추론은 진실의 일부분을 반영하고 있으며, 추론하는 주체의 정치적 의지가 개입할 수 있는 여백이 있다. 기왕에 확정된 진실이 없는 마당에 우리는 추론에 의존해 정치의 미래를 설계할 수밖에 없다. 정당일체감 투표로 드러나는 광주시장 선거 통계수치에서 우리가 추론할 수 있는 '의미'는 무엇일까. 거기에 우리는 어떠한 정치적 의지를 투영할 수 있을까. 나는 두 가지라고 본다.

첫째는 정당정치의 가능성이 여전히 살아 있다는 것이다. 현재의 한국정치, 특히 새정치민주연합의 정치는 '여론 따라가기형'으로 급격하게 기울고 있다. 정당의 책임성 있는 공천과 발언이 줄어들고 여론의 추이에 따라 원칙없이 흔들리고 있는 게 새정치민주연합의 지금 모습이다. 6·4지방선거에서 새정치민주연합은 광주시장 후보를 전략공천하는 '파격'을 보였다. 한편으로는 시민들의 반대 여론이 거세기는 했지만, 다른 한편으로는 거기에 화답해 넉넉한 표 차로 새정치민주연합의 후보를 당선시켰다. 정당정치에 대한 지지, 정당의 역할을 여전히 중요하게 생각하는 유권자 현상이다. 정당정치 복원, 혹은 정당정치 정상화가 가능하다는 근거를 6·4지방선거 광주시장 선거 경험에서 찾을 수 있다.

둘째는 정치적 경쟁시장의 활성화가 광주정치의 중요한 과제라는 점이다. 윤장현 후보는 당선되었지만 강운태, 이용섭 후보는 패배했다. 공직경력이나 정치이력으로 볼 때 광주정치에서 강과 이는 거물급이다. 윤-강-이 삼자가 활발하게 경쟁하는 것을 보는 것만으로도 광주 유권자들은 귀중한 경험을 했다. 거물급 인사들도 낙마할 수 있다는 경험은, 향후 정치적 경쟁 시장에서 유권자들이 '정치적 갑질'을 할 수 있는 배경으로 작용할 수 있다. 전략공천이라는 '파격'으로 정치적 경쟁시장이 활성화되었기 때문에 가능한 미래의 모습이다. 정당의 '여론 이끌기형'(여론 따라가기가 아니라) 정치와 유권자의 적극적인 반응이 정치의 미래를 건강하게 만들 것이다. 그 단초를 6·4지방선거 광주시장 선거가 제공했다.

6·4지방선거 광주시장 선거는 정치의 중심으로서 '정당'과 '유권자'를 다시 한 번 확인했던 소중한 시간이었다. 치열하게 선전해 준 윤장현·강운태·이용섭 후보, 그리고 광주의 유권자들에게 감사와 존경의 마음을 보낸다.

15장

▼

정당정치, 주권자정치 복원으로 총선 승리

새정치민주연합은 지금 큰 파도 앞에 선 서퍼와도 같다. 파도의 힘으로 멋지게 비상할 수도 있고, 파도의 힘에 먹힐 수도 있다. 파도가 없다면 안전하겠지만, 결코 비상할 수 없다는 사실 또한 분명하다. 커질 대로 커진 수구세력의 힘, 야권에 대한 낮은 지지, 끝없이 추락하는 국격, 중산층의 몰락, 해체되어 가고 있는 사회, 힘을 모으지 못하고 있는 당내 상황 등 새정치민주연합을 둘러싼 모든 부정적인 여건들이 '파도'이다. 시절이 좋아 야권이 힘을 얻은 적은 없다. 조건이 맞춤해 김대중과 노무현이 대통령이 되었던 것도 아니다. 정치환경은 엄혹하고 춥고 어두웠으며, 지지층은 지리멸렬하게 분열되어 있었던 그 시기에 야권은 크고 작은 성과를 냈다.

따지고 보면 새정치민주연합에게 지금은 호시절이다. 정치환경이 엄혹하지도 춥지도 어둡지도 않으며, 지지층 몸집 불리기를 지속한 결과 왼쪽부터 오른쪽까지 제법 넓은 지지기반을 갖고 있다. 지역적으로는 수도권과 호남을 넘어서 강원, 부산, 경남까지 거점을 넓혔다. 지지자들이 지리멸렬한 것도 아니다. 다만 지지율이 낮을 뿐이다. 거듭된 정권의 실정에 야권 지지자들은 정당보다도 먼저 반응하고, 정당보다도 빼어난 대안과 투쟁 전략을 제시한다. 지리멸렬한 것은 새정치민주연합이다. 늘 한발 늦고, 의견을 모으지도 못하고, 투쟁을 하기는커녕 투쟁전략조차도 준비하지 못하고 있다. 지식인, 개인, 시민사회단체, 지자체, 네티즌 등 민주개혁 진영의 여러 부문 중에 여의도의 새정치민주연합이 가장 뒤처져 있다. 그런데 가장 뒤처진 새정치민주연합이 정치적 권력자원은 가장 많이 가지고 있다. 그 자원들을 어떻게 활용할지 몰라 우왕좌왕하고 있다. 여의도 바깥의 민주개혁 진영이 활용하는 방식을 겨우 흉내나 내고 있다. 여의도의 새정치민주연합이 해야 할 일은 단식이나 1인 시위나 SNS성토가 아니라는 이야기다.

여당이 있고 야당이 있다. 여당이 권력을 전부 가지고 야당은 권력이 하나도 없을까. 그렇지 않다. 야당에게도 권력이 있다. 국가기구를 장악하지 못했다는 점에서 야당권력이 아주 강하지는 않지만, 이렇게 무기력할 만큼 야당권력이 빈곤한 건 아니다. 가장 중요하게는 국정에 대한 책임에서 야당은 여당보다 훨씬 자유롭다. 새누리당이 마련한 국회선

진화법이 있어서 의석 수 많은 여당의 '날치기'도 쉽지 않다. 아무리 다수당이라 하더라도 2/3 이상의 의석을 점유하지 않는 이상 야당이 동의하지 않으면 법안 하나 통과시키기도 어려운 게 국회선진화법의 힘이다. 낮은 지지율 때문에 야당이 힘을 쓰기 어렵다는 하소연을 하는데 그건 구차한 변명일 뿐이다. 지지율이 낮아서 힘이 없는 것이 아니라 힘 없이 굴기 때문에 지지율이 낮은 것이다. 국회의원 전체의 절반에 육박하는 43% 정도의 의석을 가진 야당이 힘을 쓸 수 있네, 없네, 하고 있는 태도부터 고쳐야 한다.

이 책이 나올 시점이면 19대 국회는 사실상 마무리 단계이다. 야구로 치면 9회 말 투아웃 상황이다. 역전을 시킬 수 있는 조건은 보이지 않는다. 마무리를 잘하는 것 외에 달리 할 수 있는 일은 없다. 차라리 다음 경기를 준비하는 것이 실용적이다. 다음 경기마저 지면 팀을 해체해야 할지도 모른다. 다음 경기(제20대 총선)의 성패에 따라 한국시리즈(2017대통령선거)의 향배가 결정된다. 2016년 4월에 치를 제20대 국회의원 선거를 치르는 데 새정치민주연합이 지녀야 할 태도, 해야 할 실천이 무엇인지 살펴보는 게 이 꼭지의 목적이다.

정부여당의 독주를 제어하는 **강력한 야당 정치**, 당원과 지역정치역량을 최대한 끌어 안는 **통합적인 당 운영**, 주권자의 바람을 정치행위의 중심 기준으로 삼는 **주권자정치**, 민생·민주를 맨 앞에 놓는 **삶을 위한 정치**가 내년 총선에 임하는 새정치민주연합의 자세여야 한다. 좋은 말만

다 끌어다 놓은 것 아니냐는 비판이 있을 수 있다. 아니다. 가장 중요한 한마디 말은 뺐다. 정권교체다. 그러나 내년 총선의 전략이 '정권교체'여서는 곤란하다. 지지자들의 정권교체 염원이 새정치민주연합의 국회의원보다 결코 덜하지 않다. 정권교체는 지지자들이 새정치민주연합에게 요구하는 것이 정상이다. 두 번에 걸쳐 정권교체에 실패한 정당이 지지자들에게 정권교체할 테니 표 달라고 요구할 사안이 아니다. 정권교체를 할 수 있다는 믿음부터 우선 줘야 한다. 믿음의 근거가 되는 정책내용과 실천방법을 제시해야 한다. 정권교체를 가능케 할 내용도 실천도 모호한 마당에 무슨 이유로 주권자들이 자신의 소중한 표를 오직 '정권교체'만을 외치는 정당에게 주어야 한다는 말인가. 현재의 새정치민주연합은 힘도 없고, 지지율도 낮다면서 울상이다. 그렇다고 인정한다. 힘도 키우고 지지율도 높이려면 어떻게 해야 할까. 간단하다. 지금 하던 식이 아닌 다른 방식으로 하면 된다. 현재의 행태를 버리고 앞으로의 행태를 취해야 한다. 표로 짜 보았다.

현재	앞으로
국회의원 중심 정치	주권자 중심 정치
중앙 중심 정치	중앙과 지역의 수평적 협력
공학정치	생활정치 강화
계파안배 공천, 기득권 공천	이기는 공천, 젊은 공천, 가치공천
여의도를 위한 정치	삶을 위한 정치
산토끼 쫓는 정치	집토끼 우선 정치
지지자 분열 정치	지지자 통합 정치

"정권교체"만 외치면 '정권교체'는 없다

앞서 나는 연이은 선거 패배의 원인을 '주권자정치'의 몰락에서 찾았다. 주권자의 요구를 대의정치 공간에서 실현시키기 위해 정당이 정치적 기획을 내놓고 실천하는 것이 주권자정치이다. 정당이 정치를 할 수 있는 힘도, 방향도 모두 주권자에게서 나온다. 새정치민주연합은 주권자의 요구를 정권교체 하나로 단순화시켰다. 민생, 민주, 자치, 대여투쟁 등 주권자의 다종한 요구는 당 안에서 활발하게 공론화되지 못했다. 오로지 주구장창 '정권교체'만 외쳤다. 주권자들의 다종한 요구들은 대체로 '여론'의 추이에 따라 매우 무원칙하게 다뤄졌다. 국회의원 개개인의 이해관계에 따라 단일 정당 안에서조차 주권자의 요구는 '각각' 다른 내용, 다른 방식으로 처리되었다. 처리의 결과는 어김없이 그 요구의 '실종'이었다. 주권자의 신뢰를 하나씩 하나씩 쌓아 가는 일상의 정치는 빈곤했고, 국회의원들의 이해와 요구를 조정하는 '그들만의 리그'는 넘쳐났다. 새정치민주연합 전체 국회의원들이 한 마음 한 뜻으로 동의할 수 있는 것은 오직 '정권교체'밖에 없었다. 정권교체는 정책도 공약도 이념도 아니다. 우리 모두가 간절히 바라는 목표이다. 어부의 목표는 두말할 것도 없이 물고기를 '잡는 것'이다. 물고기를 잡아 어부가 누리고자 하는 것은 '삶'이다. 그물코를 촘촘하게 꿰매는 일상의 정치도 없이, 큰 고기를 잡으면 이러저러하게 쓰겠다는 훗날에 대한 매혹적인 기약도 없이, 오로지 "고래 잡으러 가자."고만 선장이 외치면 어느 어부가 선뜻 뒤따라 나서겠는가. 그나마 그 선장이 연이어 두 번의 항해에서 실패했다면.

새정치민주연합의 지지자들은 민주주의, 개혁, 자치, 나눔, 공동체, 인권, 평화, 평등, 화해와 협력, 따뜻함, 생명, 노동의 소중함, 합리성, 토론, 비폭력 같은 말들을 좋아한다. 그 말들로 조합할 수 있는 세상의 어떤 상태를 갈망하고 있다. 이 말들이 지니고 있는 가치를 옹호하고, 이 말의 조각들을 조합해 새세상을 그린다. 그 그림을 현실에서 실현하기 위해 '정치력'을 발휘해야 하는 것이 새정치민주연합이 해야 할 주권자정치이다. 구름처럼 변화무쌍하고 날씨처럼 느닷없는 '여론'의 눈치를 보며 말의 수위조절이나 하는 것은 주권자정치가 아니다. 그것은 그냥 표관리, 이미지관리일 뿐이다. 김영삼-김대중 시절의 야당은 결코 무능하지 않았다. 그들은 여론의 뒤를 좇지 않았다. 여론을 이끌었다. 지금의 야당은, 이기는 것은 고사하고 의제를 선점하는 경우도 본 적이 없다. 정권교체만 하면 잘할 수 있다는 소리 그만하고, 오늘, 지금, 이 자리에서 잘해야 한다.

새정치민주연합에 대해 조국 서울대 교수는 "새누리당이 '수직계열화'와 '수평적 통합'이 완성된 '대기업 정당'이라면, 새정치민주연합은 업주들이 자기 매장 매출 올리는 데 급급한 '프랜차이즈 정당'에 가깝다."고 규정했다. 적절한 비유라고 생각한다. 프랜차이즈 정당이라고 해서 나쁠 것은 없다. 대기업 정당이 더 좋고 선거에도 항상 유리한 것만은 아니다. 각각은 장단점이 있다. 프랜차이즈 정당의 장점은 정치인과 주권자의 밀착성이 강하다는 점이다. 윗선의 의지가 중요한 대기업보다는 자기매장의 매출이 중요한 프랜차이즈 정당은 매장관리(지역구)에 훨씬 더 많이 신경을 쓸 수밖에 없다. 정치의 확산, 생활정치의 강화에 더 큰 장점을 갖고 있는 게 프랜차이즈 정당이다. 문제는 개별 매장의 독자성을 지나치게 존중한 나머지 본사가 전국 시장의 흐름을 파악하지 못할 때 발생한다. 전형적인 사례가 2015년 4·29재보궐선거에서 새정치민주연합 중앙당의 공천 방식이다.

당시 문재인 대표는 가장 평범한 방식의 경선으로 관악·성남·인천·광주의 후보를 결정했다. 문 대표는 평범함을 공정함으로 여겼던 것 같다. 하지만 필요했던 것은 비범한 공천이었다. 새정치민주연합은 미니총선이라 불렸던 직전의 재보궐선거(2014.7.30.)에서 완패했다. 불과 9개월 전에 완패했는데도 그것을 만회할 계책을 세우지 않고 평범한 경선으로 후보를 확정했다. 평범한 경선은 혁신공천 포기이자 기득권 보호의 다른 말이다. 관악·성남·인천·광주는 모두 이길 만한 역사적 근거를 갖고 있었다. 하지만 모두 패했다. 새정치민주연합을 탈당, 무소속으로 당선된 천정배 의원이 중앙당에 쓴소리를 했다. "경선했으니 그만이다? 그 정도로 안이한 인식을 갖고 있다. 광주시민이 원하는 게 경선이면 끝난다는 것인가. 당은 하등의 새로움을 보이지 못했다. 만약 여기에 참신하고 좋은 인사를 냈다면 내가 무소속으로 출마할 틈을 노릴 수 있었을까. 관악을에서도 조금만 다른 후보가 나왔어도 정동영 후보가 출마할 명분을 찾지 못했을 것이다."

천 의원의 쓴소리는 지금도 유효하다고 본다. 재보궐선거 이후에 새정치민주연합이 바뀐 건 없다. 당권재민혁신위원회의 활동이 있었고, 그 혁신위가 마련한 혁신안이 있기는 하다. 그것을 실천하는 무대가 내년 4월총선일 것이다. 혁신위의 혁신안과 천 의원의 쓴소리는 본질적으로 같다. 혁신공천 요구이다. 쉽지 않은 일이다. DJ나 YS 같은 제왕적 당운영이 지금은 불가능하다. 공정한 경선관리를 피해 갈 수는 없다. 중요한 건 '공정'의 내용이다. 중앙당이 개입하지 않는다고 해서 공정이 보장되지는 않는다. 참가자 모두가 평등한 기반에서 경쟁하는 것이 공정이다. 모든 공천은 현역들에게 유리하다. 총선 공천의 출발점은 이미 불평등하다. 기울어진 운동장이다. 운동장을 평평하게 하기 위해서는 기운 쪽을 들어 올려 주는 다른 힘이 있어야 한다. 혁신위가 마련한 신인가점, 여성가점 등 몇 가지 공천 기준들이 기울어진 운동장을 평평하게 하는 장치들이다. 당 지도부는 혁신공천 장치들이 제대로 작동할 수 있도록 권한을 행사해야 한다. 혁신공천을 할 수 있는 수단은 더 있다. 혁신공천의 영역으로 '비례대표제'를 활용할 수 있다. 당헌에 '전략공천 20%'도 엄연히 살아 있다. 전략공천을 혁신공천으로 충분히 활용할 수 있다. 사실 '전략공천'은 혁신공천을 위해 존재한다고 봐야 한다. 당 지도부는 혁신공천이 가능한 모든 수단들을 과감하게 사용해야 한다. 이 수단들의 사용을 절제하면서 공정한 경선 운운하는 것은 사실상 '책임을 가장 덜 지는 공천'을 하겠다는 태도에 다름 아니다.

올림픽 대표 선수는 여론으로 결정하지 않는다. 월드컵에 나갈 팀 구성을 하는 것은 전적으로 감독의 몫이다. 정당 또한 자기 책임 하에 선거에 나갈 후보를 선정해야 한다. 올림픽이나 월드컵의 성적이 안 좋다고 해서 국민의 삶이 크게 달라지지는 않는다. 선거는 다르다. 결과에 따라 국민의 삶이 변한다. 그렇기 때문에 후보 선정에 대한 국민여론, 지지자들의 압박이 심하다. 그에 따른 당 지도부의 책임의 크기도 스포츠 팀의 감독에 비할 바가 아니다. 그러다 보니 정당의 지도부들은 항시적으로 '책임 줄이기'의 유혹 앞에 놓여 있다. 자신만의 독단적인 공천이 아니라 우리 모두의 공천일 때 책임은 줄어 든다. DJ가 대통령직을 마친 이후 민주당 계열의 정당 지도자들은 한결같이 적게 책임지는 방식으로 공천에 임했다. 손학규 대표 시절 공천심사위원회, 정세균 대표 시절 시민배심원제, 이후 대의원+권리당원+일반여론 등을 복합적으로 산정해 공천하는 방식 등이 모두 책임을 적게 지려는 당 지도부들의 공천권 타협이었다. 물론 누구도 '책임을 적게 지려고 그랬다.'는 고백을 한 적은 없다. 오히려 공천권을 주권자에게 돌려준다, 민주적인 공천이다, 는 식으로 포장해 왔다. 당 내 경쟁 세력은 자신의 기득권 유지를 위해 이러한 공천 방식에 동의해 왔다. 옳지 않다.

정당정치를 깊이 있게 연구한 샤츠슈나이더는 "민주주의는 정당 내in parties가 아니라 정당 간between parties에 존재한다"고 말했다. 풀어 쓰면, 새누리당-새정치민주연합-정의당 간에는 민주주의의 원리가 작동되어야 하지만 각 당 안에서의 의사결정까지 민주적일 필요는 없다는 이야기이다. 이질적인 세력들이 피 흘리지 않고 공존하기 위해 '타협'의 민주주의가 필요한 것이지, 동질 집단 안에서 '최적'을 추구하는 데는 민주주의가 아닌 다른 판단 기준이 필요하다는 것이다. 이른바 당내 민주주의는 당 본래의 목적 달성을 위해 필요한 경우에 작동시키는 것이지 당 운영의 절대원리가 아니다.

두문정치전략연구소 이철희 소장은 "민주주의의 원리가 적용될 대상은 리더의 선출과정이지 그 리더의 권한과 역할이 아니다. 정당이 공천권을 국민에게 돌려주겠다는 건 거짓이고, 옳지도 않다. 유권자를 대신해 좋은 후보를 선별해서 선거에 내놓는 일은 정당의 존재 이유 중하나다. 그걸 안 하겠다면 정당이 왜 필요하랴. 유권자는 거짓 수사에 속지 말고 제대로 된 공천을 요구해야 한다."고 말했다.

박상훈 정치발전소 교장은 "정당 조직의 역할이 줄면 당 밖의 일반시민의 영향력이 커질까? 형식 논리적으로는 그럴 듯하지만 현실은 정반

---

* 이철희, "정당공천은 대표 책임", 〈경향신문〉(2015.7.13.)

대다. 일반시민이 아니라 동원된 시민과 이들을 동원한 정치엘리트 개개인의 영향력이 강해지기 때문이다. 선거운동은 정당조직이 아닌 후보 개인의 캠프와 사조직이 주도하고, 당선 뒤에도 정당조직과는 무관하게 개인 통치자 내지 정치엘리트 개개인으로서 활동하는 경향이 강해질 수밖에 없다."고 간파했다.

샤츠슈나이더, 이철희, 박상훈의 한결 같은 주장은 정당의 책임 공천이다. 좀 더 구체적으로는 정당 리더의 책임 공천이다. 서구에 비해 훨씬 짧은 민주주의 경험, 유권자의 높은 학력과 정치관여도, 여기에 당선 가능성이라는 현실적인 이유 등으로 어느 정도 여론의 반영은 있어야 한다고 본다. 그렇지만 여론의 반영이라는 것도 정당이 책임 공천을 하는 기준 중 하나여야지 유일하거나 과도한 기준이어서는 곤란하다.

박상훈은 "(여론에 따른 '국민공천'을 하려면) 차라리 정당과 선거를 없애고 중앙선관위에 국민여론조사센터를 만들거나 기업들이 주식시장을 열듯 정치주식시장을 열어서 인기가 높거나 주가가 높은 사람을 국회의원이나 대통령으로 뽑으면 될 것이다."라며 "그게 가능하다면 뭐 하러 정당을 만들고 선거하나?"라고 꼬집었다.**

---

* 박상훈, 〈정당의 발견〉(후마니타스·2015), 24~25쪽.
** 박상훈, "국민이 공천할 수 있다면 정당은 필요없다", 〈오마이뉴스〉(2015.10.8.)

정당의 존재 이유? 주권자를 대신해 싸우는 것

대의민주주의는 주권자가 뽑은 대표를 통해 주권자의 의지를 실현하는 정치시스템이다. 대표가 주권자의 의지를 왜곡할 수 있다는 문제점이 대의민주주의에는 있다. 실제로 한국정치는 그 왜곡이 심했다. 그래서 직접민주주의를 진짜 민주주의로 보는 입장도 있다. 이른바 '국민공천'은 대의민주주의의 '왜곡'을 보완하는 장치로 설명되기도 한다. 문제는 직접민주주의라고 해서 왜곡이 없느냐는 점이다. 모든 문제에 대해 항상 묻거나 투표해야 하는 건 결코 쉽지 않다. 직접민주주의의 기술적 문제점이 적지 않다. 항상 묻고 그때그때 투표한다고 해서 민의가 제대로 반영된다고 보기도 어렵다. 여러 선택지를 놓고 가장 많은 표를 얻은 안을 정책으로 채택한다 해도 문제는 남는다. 그 선택을 위한 정보나 지식이 주권자들에게 충분히 전달되었다고 보기는 어렵기 때문이다. 유권자들은 또한 한가한 사람들이 아니다. 생업에 종사하는 것만으로도 시간이 부족하다. 이 경우 직접민주주의는 생업에 신경을 쓰지 않고도 투표를 할 수 있는 사람들의 의지로 왜곡될 가능성이 매우 높다. 여기에 대의제 정당의 존재 이유가 있다. 개개의 주권자들이 갖고 있는 이해, 가치, 욕망 등을 정치적, 정책적 전문성을 가지고 대신 처리해 주는 집단이 정당이다. 이번에 못 하면 다음에 바꿀 수 있는 것이 정당이다. 직접민주주의라고 해서 정당이 '없는' 것일까. 원리적으로 직접민주주의는 주권자 수만큼 정당이 있어야 하는 민주주의이다. 불가능하다. 유유상종이라고 했다. 주권자의 의지는 몇 개의 카테고리로 묶는 게 가능하다. 주권자는 정당을 통해, 정당이 추천하는 정치인을 통해 자기 의지의 실현을 도모한다. 그 실현이 완벽할 수는 없다. 다른 의지를 가진 주권자가 또 있기 때문이다. 완벽하지는 않을지라도 근사치에는 접근할 수 있다. 효율적이고 평화롭다. 정당이 없다면 주권자들은 만인에 대한 만인의 투쟁 상태에 놓이게 된다. 약육강식의 세계가 도래한다. 정당정치의 기능이 약한 한국정치의 특성이 주권자들끼리의 투쟁 상태를 종종 연출한다. 그중 물리적 타격이 적은 SNS에서는 항시적으로 만인에 대한 만인의 투쟁이 전개되고 있다. 정당이 '싸움'을 대신해주지 않다 보니 주권자들끼리 싸우게 되는 것이다.

다시 박상훈의 말을 들어 보자. "완전국민경선제를 하고 시민에게 공공정책의 결정권을 돌려준다고 했던 미국 캘리포니아 주의 실험은 살펴볼 만한 사례가 아닐 수 없다. 결과는 어땠을까? 정당체제가 붕괴되고 포퓰리즘이 심화되고 감세에 따른 재정 붕괴가 이어지고 그 고통은 전기, 수도, 공교육 분야에서 하층의 시민들에게 집중적으로 전가되었다. 공직후보와 정책, 법안을 정당정치의 매개 없이 시민들에게 직접 결정하게 하면 좋지 않을까? 천만의 말씀이다. 정당의 가장 큰 역할은 '선택을 구조화하는 것' 즉 '대안을 정의해 주는 것'에 있다."

* 박상훈, 〈정당의 발견〉, 177쪽.

정당이 못 하더라도 시민사회와 민중역량이 사회를 견인했던 시절이 '87년체제'였다. 급진적인 의제설정은 정당이 못 했기 때문에 비정당 영역의 사회운동 세력이 정당을 대신해 내놓기도 했다. 그러나 지금은 정당이 못하면 정치가, 사회가 그냥 무너진다. 민주정부 10년을 거치면서 민중역량, 시민사회역량 대부분이 정당정치로 흡수되었다. 한국사회의 전진과 후퇴를 결정짓는 힘은 제도정치 하나로 일원화되었다. 주권자정치=정당정치의 시대가 온 것이다. 정당은 주권자가 선택할 수 있는 유일한, 그리고 최후의 '비빌 언덕'이 되었다.

약자일수록 갈등을 '사회화'시키고자 한다. 강자는 혼자서 문제를 해결할 수 있지만, 약자는 누군가와 연대해서 힘을 키워야 한다. 사회화의 다른 이름이 시민사회단체, 노동조합, 직능단체, 이익단체이다. 하지만 이들 '단체'들은 권력에 로비를 할 수는 있어도 권력 자체를 잡을 수는 없다. 갈등을 사회화시켜 합법적인 권력 수단을 동원해 약자의 필요를 충족시켜 줄 수 있는 가장 강력한 '단체'가 정당이다. 갈등이 사회화되지 않고 개별적인 영역에 남을수록 강자는 좋다. 그렇기 때문에 강자를 대변하는 정당인 새누리당은 줄곧 반정치의 정치를 해 왔다. 그들이 사회화시키는 건 대체로 이념이다. 이익을 가장 강력하게 추구하는 집단이 정치이슈로서 이념을 늘상 들고 나오는 데는 그만한 이유가 있다. 이념 아래 이익을 감추는 것이다. 그래서 온전한 의미의 정당정치를 수행할 수 있는 주체는 새정치민주연합이나 정의당, 노동당, 녹색당과 같은 현재의 야당들이다.

정당정치의 몰락은 야당정치의 몰락을 의미한다. 정당정치의 몰락은 약자들이 비빌 언덕이 무너져 내렸다는 것이고, 주권자가 주권을 박탈당했다는 의미이다. 그 결과 정당은 버젓이 존재하는데 주권자는 벼랑으로 떨어진다. 지금의 한국사회 모습이다. 새정치민주연합의 낮은 지지율은 주권자 패배의 반영이다. 새정치민주연합이 못하니까 주권자가 지지를 보내지 않는다. 지지가 낮아 힘을 잃은 새정치민주연합은 갈수록 더 못한다. 이제 더 많은 지지자들이 이탈한다. 새정치민주연합은 다시금 나락으로 떨어진다. 악순환이다. 악순환의 고리를 끊을 수 있는 주체는 개별주권자의 '미워도 다시 한 번, 묻지마 지지'가 아니다. 악순환의 고리를 끊을 수 있는 유일한 주체는 새정치민주연합 스스로이다. 야권의 합법적인 권력자원을 가장 많이 갖고 있는 정당이 새정치민주연합이기 때문이다. 2016년 4월총선에서 할 수 있는, 악순환을 끊는 첫 번째 실천이 혁신공천이다. 혁신공천의 내용은 정당정치 복원, 주권자정치 복원이어야 한다.

16장

▼

호남정치 복원해야 정권교체 가능

　말하는 자에 따라 비슷한 뜻을 지니고 있는데도 다른 언어를 채택하는 경우가 잦다. 어떤 말 하나가 모두가 동의할 수 있는 단일한 의미망을 구축하기는 쉽지 않기 때문이다. 예컨대 주권자는 국민, 인민, 민중, 백성, 유권자 등으로 변주되곤 한다. 무엇을 채택하느냐에 따라 말하는 자의 취향, 이념, 생활기반 같은 게 담겨 있다. 호남이라는 말의 사정도 비슷하다. 호남에 가장 가까운 말이 전라도인데 두 말이 주는 느낌은 많이 다르다. 비슷하게는 남도라는 말도 있다. 호남, 전라도, 남도는 하나이면서 많이 다르다. 정치권에서는 주로 호남이라는 말을 채택한다. 문학, 혹은 문화의 영역에서는 전라도와 남도를 주로 이용한다. 발언하는 자의 특별한 의지가 강력하게 작동하는 말이 전라도라면, 남도는 상대적으로 가치중립적인 맥락에서 유통된다. 정치권은 아직까지 호남이라는 말을 전라도나 남도로 대체하지는 않고 있다. 남도정치라는 말은 여태껏 듣지 못했다. 전라도정치라는 말은 드물게나마 엿보이나 일반적이지 않다. 전라도정치, 남도정치라는 말은 정치적 시민권을 얻지 못하고 있는 것이다. 이렇게 '말'에 관한 이야기를 늘어놓는 것은 '호남'이라는 말의 복합성에 대해 동의를 구하고 싶어서이다. 정치언어로서 '호남'은 특성 지역을 지칭하는 하나의 의미만 갖고 있는 게 아니다. 지역을 지칭하면서 동시에 정치사, 정치이념, 정치행태, 정치지향 등을 중의적으로 담고 있는 말이 '호남'이다. 말하는 자에 따라 이 중의성 중에서 어떤 것은 끄집어내고 또 어떤 것은 배제시키곤 한다. 이를테면 어떤 이가 '호남정치'라는 말을 하면 그가 단순하게 지역정치를 말하는지, 아니면 정치지향이나 정치이념을 말하는지는 말의 전체맥락에서 파악해야만 온전해지는 것이다. 이처럼 정치담론에서 '호남'이라는 말은 매우 혼란스럽다.

우선 주장하겠다. 호남정치 복원, 꼭 필요하다. 현실과 상징 양쪽에서 민주당 계열 정당(이하 시기를 고려해 민주당과 새정치민주연합을 번갈아 쓴다.)의 핵심 주권자는 '호남' 사람들이다. 이때 호남은 '지역'만을 의미하지 않는다. 호남 및 호남 호응 주권자를 의미하고, 그들이 만들고자 하는 세상, 그들이 실현하고자 하는 가치를 의미한다. 김대중 대통령의 지역등권론, 노무현 대통령의 국가균형발전을 지역주의로 간략하게 환원할 수 없듯이 호남정치복원의 '호남' 또한 지역으로서 호남만을 지시하는 건 아니다. 역사적으로, 그리고 정치적으로 '호남'은 지역을 넘어선, 그 이상의 어떤 가치를 지니고 있는 말이다. 물론 이건 내 생각이다. 나의 이 생각이 '국민'까지는 아니어도, 적어도 민주당 안에서만큼은 공유되고 있는 줄 알았다. 완벽하게는 아닐지라도 '지역을 넘어선 어떤 가치가 있다'는 선에서는 당적 합의가 있는 줄 알았다. 그런데 그렇지 않았다.

'호남정치'에는 '호남'이 없다

대표적인 사례가 정균영 전 민주통합당 수석사무부총장이 오마이뉴스에 기고한 "호남정치 복원론, 그것은 '대선패배'다" 기사이다.[*] 200자 원고지 50매에 달하는 체계적인 주장이다. 주장의 당사자는 민주당 고위 당직을 맡았던 분이다. 특정할 수는 없지만 어느 정도는 민주당의 '의견들'을 반영한다고 보아 분석 텍스트로 삼았다. 정 전 사무부총장(이하 정부총장)의 주장 속에서 호남은 '지역'에 불과했다. 나는 이런 태도가 현실적이지도 않고, 정치윤리 차원에서도 위험하다고 여긴다. 그래서 분석한다. 분석 자체가 목적은 아니다. 이 과정을 통해 과연 호남은 무엇인가를 논의해 보자는 것이다.

---

[*] 정균영, "호남정치 복원론, 그것은 대선패배이다", 〈오마이뉴스〉(2015.5.9.)

기본적으로 세 가지 부분에서 정부총장의 주장은 내 생각 반대편에 있었다.

첫째 정부총장은 '지역'으로서 호남, 그리고 호남출신 '정치인' 맥락에서만 '호남'을 쓰고 있다. 의도적인 것인지, 몰라서인지 알 수 없지만 정부총장은 '호남'에서 가치를 추출하지 않고 있는 것이다. 김대중과 노무현을 각각 전남 신안, 경남 김해 '출신' 전직 대통령으로만 보는 태도이다. 반면에 친노에 대한 해석은 적극적이다. 정부총장은 "17대 이후 소위 친노라 불리는 세력이 단순한 영남 정치세력의 의미를 벗어나 있다는 데 주목해야 한다. 2002년 대선 정국을 통해 노무현이라는 아이콘을 중심으로 새 정치에 대한 열망을 가지고 응집된 일반 국민세력이라는 점에서 그들을 단순히 영남 정치세력으로 규정하는 건 커다란 오류를 범하는 일이다."고 말한다. 동의한다. 내가 하고 싶은 말이다. 친노가 단순히 노무현 대통령을 좋아하는 사람만을 의미하지 않는 것처럼 호남정치 또한 호남이라는 지역에 한정해서 사용해서는 안 된다는 것이다. 친노에 대한 생각의 틀을 왜 호남에는 적용하지 않는지 의문이다. 정부총장의 문장 구조에서 친노를 호남으로 바꾸면 다음과 같다. "한국 현대사 전체에서 소위 호남민심이라 불리는 세력이 단순한 호남 정치세력의 의미를 벗어나 있다는 데 주목해야 한다. 수많은 선거를 통해 민주주의에 대한 열망을 가지고 응집된 일반 국민세력이라는 점에서 그들을 단순히 호남정치세력으로 규정하는 건 커다란 오류를 범하는 일이다."

둘째 정부총장은 철저하게 정치공급자 중심, 여의도 중심으로 정치담론을 전개하고 있다. 새정치민주연합 내 호남출신 국회의원이 40%에 달하고, 열린우리당 이후 출신지 기준으로 가장 많은 당대표가 호남에서 나왔기 때문에 호남홀대론이 근거없다는 주장이 그 전형이다. 국회의원이 많고, 당대표도 여럿'이었음에도 불구하고' 호남민심이 반영되지 않고 있다는 문제의식이 호남홀대론의 요지이다. 호남홀대론은 새정치민주연합을 지탱하고 있는 최대 주권자의 의지가 새정치민주연합의 정치행위에 반영되지 않고 있다는 주장이다. 이 주장의 옳고 그름은 다른 논의 공간이 필요하다. 여기서 강조하고 싶은 건 수요자 중심, 주권자 중심으로 호남홀대론을 이해했을 때 의미 있는 논의가 가능하다는 것이다. 쉽게 말해서 호남홀대론은 "호남주권자홀대론'이지 '호남정치인홀대론'이 아니다. 호남주권자홀대론을 호남정치인홀대론으로 치환해 자기방어 차원에서 '호남홀대론'을 설파하는 호남정치인에 대한 정부총장의 비판에는 동의한다. 문제는 호남정치인을 비판하는 데서 정부총장이 말을 멈춘다는 것이다. 호남주권자에 대한 인식 자체가 정부총장에게는 없는 것으로 보인다.

셋째 정부총장은 "(호남유권자는) 새정치민주연합의 중도개혁노선 이상의 진보성 강화 요인을 가지고 있지 않다."고 단정지었다. 한 지역의 정치지향을 단정 짓는 용기까지는 좋은데 근거는 분명치 않다. 정부총장의 주장은 사실과 다를 뿐만 아니라 호남유권자에 대한 예의도 아니다. 야권연대 틀이 강력하게 작동했던 2012총선에서 호남은 통합진보당에 가장 많은 정당투표를 했다.(제13장 참조) 나는 지금 호남유권자의 이념적 지향이 왼쪽이다는 주장을 하고 있는 것이 아니다. 호남유권자의 전략투표가 '몰표'만은 아니며, 호남유권자를 그렇게 단순하게 함부로 규정해서는 곤란하다는 이야기를 하고 있는 것이다. 진보정당에게 울산보다 더 높은 지지율을 보이는데도 "진보성 강화 요인을 갖고 있지 않다"고 하면, 도대체 진보성 강화 요인이라는 게 무엇인지 알 수가 없다.

전체 글 중 내가 가장 크게 주목하는 대목은 아래 부분이다.

새정치민주연합이 한 가지 잊고 있는 게 있다. 세력으로서의 친노는 당에 없다. 의원들이나 문재인 대표 측근들은 진짜 친노의 실체가 아니다. 진짜 친노가 있다면 당 밖에 있는 수많은, 노무현 정신을 기억하고 그리워하는 국민들일 것이다.

이들이 차지하고 있는 비율이 선거 시에 최소한 새정치민주연합 지지율의 10% 정도는 좌우할 것으로 본다. 이들은 새정치민주연합이 총선에도 승리하고 정권을 창출하기 위해 잘 관리해야 할 소중한 자산이다. 당 밖

이들의 정치적 지향성을 친노패권주의라는 음모론적인 잣대로 재단하려 든다면 새정치민주연합은 2% 부족한 정당이 아니라 무엇을 해도 질 수밖에 없는 10% 부족한 정당으로 전락할 수 있다.

노무현 정신을 기억하고 그리워하는 당 밖 10%의 국민이 소중한 자산이라는 점에 전적으로 동의한다. 이들의 정치적 지향성을 친노패권주의라는 음모론적 잣대로 재단하는 것에는 나도 반대한다. 문제는 이 주장이 여전히 '호남표'(지역이든 가치든, 혹은 이 둘의 혼합이든)를 확고부동한 상수로 여긴다는 사실이다. 어쨌거나 호남은 새정치민주연합에 표를 던질 것이기 때문에 소중한 자산이 아니고, 당 밖 10% 국민은 여차하면 지지를 철회할 수도 있으므로 소중하게 관리해야 한다는 주장이다. 이런 시각이 호남홀대론의 핵심 내용이다.

새정치민주연합, 호남표 없이 이길 수 있나?

2012대선에서 '안철수 현상'의 최대 근거지는 호남이었다. 문재인과 안철수의 지지율은 엎치락뒤치락했으며, 광주에서는 안철수 지지가 문재인을 계속 앞섰다. 그렇다고 해서 호남은 문재인 단일후보를 비토하지는 않았다. 몰표로 화답했다. 대통령선거 패배 후 2014지방선거에서 전북 기초단체장의 50%, 전남 기초단체장의 36.3%가 무소속 당선이었다. 이후 치른 두 번의 재보궐선거에서 전남과 광주에서는 새정치민주연합 후보를 누르고 이정현(새누리, 순천·곡성), 천정배(무소속, 광주서을)가 당선되었다. 대선에서는 '문재인+안철수+민주당' 패키지에 아낌없이 지지를 보냈던 호남 지역이 이후 치른 선거에서는 새정치민주연합에 전폭적인 지지를 보내지 않았다. 이 현상을 어떻게 해석해야 할까. 어떤 해석이 호남표의 진심에 가까운 것일까. 선거를 통해 새정치민주연합의 각성을 끊임없이 요구했다는 것이 내가 생각하는 호남표의 진심이다. 그러나 새정치민주연합은 응답하지 않았다. 응답하지 않은 이유는 여럿일 수 있다. 하지만 호남주권자의 요구에 대답하지 않는 기본심리는 "호남표가 어디 가겠느냐"라는 간편한 생각이다. 호남표는 '당 안쪽'에 있는 당이 배타적으로 소유하고 있는 절대자산이 아니다. 호남표도 당 밖 10%처럼 똑같이 소중하다. 다만 너무나 우직하게 '충성'하다 보니 그 가치를 평가절하당하고 있는 표가 호남표다. 이것이 호남 주권자가 느끼는 홀대의 '형식'이다. 홀대의 내용은 호남주권자가 원하는 방향으로 새정치민주연합이 정치행위를 하지 않는다는 것이다. 주식회사 새정치민주연합의 최대 주주가 호남인데도 호남의 주주들에게는 의결권이 없는 꼴이다.

호남표는 당이 갚아야 할 부채이다. 이 부채를 갚는 길로 호남표는 호남만의 특혜를 요구하지 않는다. 야당역할 똑바로 해라, 수권능력을 제대로 갖춰라, 호남 주권자는 야권의 승리를 도울 준비가 언제나 되어 있다, 문제는 새정치민주연합 너희들이다, 라고 이야기할 뿐이다. 가치지향적인 표심이다. 하지만 새정치민연합은 여전히 화답하지 못하고 있다. 마침내 호남표의 인내는 한계에 도달했다. 그래서 지금 호남표는 심하게 흔들리고 있고, 그것을 수습하는 방도 중 하나로 '호남정치 복원'이 나오기까지 한 것이다. 호남홀대론을 뒤집으면 호남정치 복원의 참 뜻을 도출할 수 있다. 양적으로 최대이고, 역사적으로 가장 오래됐으며, 질적으로 어디에도 뒤지지 않는, 그리고 지역적으로는 호남권과 수도권(서울·경기)을 기반으로 하고 있는 '호남' 주권자의 열망을 최대한 수용해야 한다. 그것이 호남정치 복원의 참 뜻이다. 호남 주권자의 열망을 수용하되 '당 밖 10%'의 심기를 건드리는 부분이 있다면 얼마든지 타협이 가능할 것이다. 지금껏 '호남' 주권자들은 '민주당' 지지의 확장을 위해 타협은 물론 몸을 바싹 낮추기까지 했다. 그 낮춤의 결과가 지금과 같은 호남홀대였다. 호남홀대와 호남정치복원의 참뜻을 알았느냐, 몰랐느냐, 혹은 그 의미를 수용하느냐, 수용하지 못하느냐가 극명하게 드러난 사건이 2015년 4·29재보선이었다. 천정배 의원은 호남홀대의 속내용을 알고 수용했다. 새정치민주연합 지도부가 알았는지 몰랐는지 단정할 수 없으나 수용하지 않은 것만은 분명했다.(제13장 참조)

그 언어가 호남정치 복원이든 뭐든 상관없다. 호남이라는 말을 빼고 '호남정치복원'의 참뜻을 표현할 수 있는 개념을 누군가 제시한다면 그것보다 좋을 수는 없을 것이다. 아무리 가치지향이 내포되어 있다고는 하나 '호남'이라는 말 속에 지역이 담겨 있다는 것을 부인하기는 어렵기 때문이다. 요지는, 지역과 가치 둘 다를 포괄하는 의미에서 '호남'을 중시하지 않으면 2016년 총선을 포함해 모든 선거는 필패이다. 대통령선거는 넘보는 것조차 불가능할지도 모른다. 새정치민주연합 자체가 사멸할 수도 있을 것이기 때문이다. 2014년, 2015년 재보선에서 새정치민주연합의 완패가 그 증거 중 하나다. 사멸하는 모든 것들은 사멸 전에 징후를 보인다. 연이은 재보궐선거의 완패로 징후는 이미 드러났다. 이 징후에 어떻게 반응하느냐에 따라 새정치민주연합의 존폐가 달려 있다. 마지막 기회이다. 이 기회를 새정치민주연합은 당권재민혁신위 활동으로 활용했다. 혁신위가 마련한 제도혁신안들이 어느 정도 실효성이 있는지는 새정치민주연합 국회의원들의 실천에 달려 있다. 그 결과는 2016년 총선에 드러날 것이다. 호남을 여전히 지역으로 한정 짓고, 호남표를 새정치민주연합의 당연한 권리로 여긴다면 당세의 하락은 불을 보듯 빤하다.

호남정치 복원, 승리의 외연 확장

정당이 정치를 할 수 있는 힘도, 방향도 모두 주권자에게서 나온다. 원리적인 차원만의 이야기가 아니다. 주권자의 요구에 반응하지 못하는 정당은 사멸했다. 박정희 정권 당시 이철승, 전두환 정권 당시 이민우가 이끈 야당이 그랬다. 호남은 오래전부터 새정치민주연합에 주권자정치 복원 사인을 보냈다. 하지만 새정치민주연합은 이 사인을 호남이라는 지역의 요구로만 이해했다. 거기에 들어 있는 주권자정치라는 가치를 읽지 못했다. 그것을 세세하게 보여 주는 텍스트가 정부총장의 주장이다.

2012년 대선, 최대유동표를 끌어왔지만 49:51로 졌다. 정부총장의 주장대로 당 밖 10%까지 몽땅 끌어온 결과가 49이다. 확장이 필요하다. 확장은 자기 영역을 더 넓히는 것이다. 자기영역을 더 넓히기 위해 우선 필요한 것은 어디서부터 어디까지가 자기영역인지를 가늠하는 작업이다. 새정치민주연합은 자신이 서 있는 영역이 어디 즈음인지도, 영역의 넓이가 얼마만큼인지도, 왜 거기에 서 있는지도 모르고 있다. 이유는 간단하다. 호남 중심성을 부인하기 때문이다. 타고 있는 배의 재질과 크기를 알지 못하고, 그 특성에 대해 진지하게 검토하지 않는 어부들이 어떻게 먼 바다를 항해할 수 있을 것인가. 새정치민주연합의 진지는 호남이고, 호남에 호응하는 주권자가 중시하는 가치이다. 거꾸로 말해도 마찬가지이다. 새정치민주연합의 진지는 '이러저러한 가치'이고 여기에 호응하는 주권자들이다. 그 주권자들 중에 가장 단단한 주권자들이 '호남' 사람들이다. 지역으로서 호남, 가치로서 호남, '당 밖 10%'의 소중한 주권자로 채워야 할 자리를 계파와 자영업정치와 공학정치가 점거하고 있는 것이 지금 새정치민주연합 여의도정치의 현실이다.

정부총장은 역대 총선결과를 표로 짜 보여 주면서 주장했다. 승리한 선거는 언제나 '호남+알파'가 잘 결합했을 때였고, 알파가 빠져나가면 참패를 당했다는 것이다.

역대 총선 결과표

년도(대)	의석수(비례)	새누리계열	민주계열	제2야당	자민련
1988(13대)	299(75)	125(34%)	평민당 70(19.3%)	통일민주당 59(23.8%)	36(15.8%)
1992(14대)	299(62)	149(38.5%)	97(29.2%)		31(17.4%)
1996(15대)	299(46)	139(34.5%)	국민회의 79(25.3%)	민주당 15(11.2%)	50(16.2%)
2000(16대)	273(46)	133(39%)	새천년민주당 115(35.9%)		7(9.8%)
2004(17대)	299(56)	121(35.8%)	열린우리당 152(38.2%)	새 9(7.1%) 노 10(13%)	4(2.8%)
2008(18대)	299(54)	153(37.5%)	81(25.2%)	민노당 5(5.7%)	18(6.8%)
2012(19대)	300(54)	152(42.8%)	127(36.4%)	통합진보당 13(10.3%)	5(3.2%)

총선에서 선전했거나 승리했을 때의 특이사항을 보면 공통적으로 호남 중심의 정당에서 통합을 통해 외연을 확장한 경우다. 14대 총선 때는 이 기택이 이끄는 민주당과의 통합이 있었고, 16대 총선 때는 꼬마민주당과의 통합을 통한 정권 창출이 있었다. 그리고 17대 총선 때는 영남 출신인 노무현 정부의 출현으로 최초로 총선에 승리하고 전국 정당화가 이뤄졌다. 이때 달성된 전국 정당화는 새누리당의 견고한 지지 기반이었던 충청권과 강원권을 명실상부한 양당 체제로 만들어 놓았으며 부산경남을 중

심으로 한 영남권 정치지형 변화의 단초를 냈다. 이때의 영향력이 현재까지도 이어지고 있음을 부인할 수 없다. (중략) 이처럼 새정치민주연합의 총선 역사는 호남 중심의 정당과 영남 야권세력과의 관계 설정에 따라 극명한 결과의 차이가 났음을 알 수 있다.

정부총장의 분석이 표면적으로는 틀리지 않다. 그러나 '1+0'보다 '1+1'이 더 큰 숫자를 만든다는 말처럼 너무나 당연해서 허망하다. 호남 중심의 정당과 영남 야권세력과의 관계 설정이 좋으면 선거에서 승리할 수 있다는 주장이다. DJ와 YS가 힘을 합치면 무서울 것이 없겠다는 80년대의 쓰라린 유머를 듣는 것 같다. 여기서 정부총장은 두 가지를 놓치고 있다. 하나는 알파가 빠져나가 비록 참패했더라도 그때 당세를 유지시켜 준 건 호남주권자의 표였다는 점이다. 그나마 당세라도 유지했기 때문에 민주당은 재기가 가능했다. 그 당세를 유지시키는 힘이 호남정치이다. 이러한 호남정치를 소중히 여기자는 주장을 왜 이렇게 길게 설명해야 하는지 나로서도 이해할 수 없다.

또 하나 정부총장이 놓치고 있는 건 호남정치 복원이 지향하는 것 역시 알파의 획득이라는 점이다. 호남정치 복원으로 당 밖 10%를 끌어당기자는 것이다. 정부총장은 호남정치 복원과 당 밖 10%를 반비례 관계로 보고 있다. 호남정치복원을 외쳤다간 당 밖 10%가 빠져 나갈 것이라는 주장이다. 그렇지 않다. 호남정치와 당 밖 10%는 비례관계이다.

아주 훌륭한 역사적 사례가 있다. 광주가 노무현을 선택함으로써 참여정부의 탄생이 가능했다. 가치지향적인 호남주권자들의 선택에 전국의 주권자들이 화답한 사례이다. 광주의 선택 하나로 모든 걸 수렴시킬 수는 없지만 광주가 방아쇠를 당겼다는 사실은 분명하다. 그런데 지금 정부총장은 새정치민주연합이 어떤 정치행위를 하던지 '호남'은 계속 표만 주면 된다고 주장하고 있다. 호남정치복원을 말하지 말라고, 호남색을 달피하라고 말하고 있다. 당 밖 10%의 획득을 위해서 그렇게 해야 한다는 것이다. DJ를 선택하고, 노무현을 선택했던 것이 '호남정치'이다. 이런 정치를 하지 말라는 이야기인지 묻고 싶다. 적극적으로 가치경합을 벌이자는 것이 호남정치 복원이다. 박근혜 대통령과 새누리당 중심으로'만' 흘러가는 현재의 정치상황이 호남정치의 쇠락에 있다는 것이 내 판단이다. 그래서 호남정치 복원을 주장하고 있고, 복원되었을 때 승리도 가능할 것이라고 확신한다.

새정치민주연합의 존립근거와 행동방향은 구체적인 지역, 구체적인 당원과 지지자여야 한다. 그것이 오직 호남뿐이라고 말하지는 않겠다. 옳지도 않고 확장성에도 문제가 있기 때문이다. 다만, 호남이 중심이라는 건 분명한 사실이다. 이걸 인정하고 여기서 출발해야 한다. 지역과 가치 양 면에서 '호남'을 중심으로 놓고, 호남주권자, 나아가서는 호남에 호응하는 타지역 주권자(국회의원 등 정치공급자가 아니라)를 소중히 여기는 확장 전략을 짰을 때 가장 나은 결과가 나온다는 확신이 필요하다.

정부총장이 말했다. "호남 없이 전국 선거에서 이길 수 없지만, 호남만으로도 전국선거에서 승리할 수 없다는 게 엄연한 현실이다." 맞는 말이다. 하지만 이 말은 호남이 언제나 민주당의 쌈지표라는 걸 전제하고 있다. 그렇기 때문에 호남주권자의 요구를 좀체 받아들이지 않는다. 책상 위에서 우클릭, 좌클릭, 경제민주화 따위를 작문하면서 겨우겨우 당세를 유지하고 있을 뿐이다. 호남주권자의 요구를 살피라는 것이 '호남정치 복원'의 내용이다. 그 요구를 무시한 동교동계 중심의 '구민주당' 세력을 한꺼번에 퇴출시킨 지역이 호남이다. 새정치민주연합이라고 해서 퇴출되지 말라는 법이 어디에 있겠는가. 호남정치를 확실하게 복원해야, 2016년 총선도, 2017년 대선도 이길 수 있다.

"권력은 무엇이고
내일의 권력은 어떠해야 하는가"

일시 2015년 11월20일 오전 10:30~12:30
장소 광주광역시 광산구 시장카페 '아름다운 송정씨'(협동조합이 운영하는 주민참여 플랫폼)
참석 박상훈(후마니타스 출판사 대표) 박구용(전남대 철학과 교수) 민형배(광산구청장)
기록 이정우(광산구 정책기획단 상임위원)
사진 모철홍

민형배

　귀한 시간 내 주셔서 감사합니다. 제가 2년 전 〈자치가 진보다〉는 책을 냈습니다. 2010년에 구청장이 되고 나서 겪은 자치현장의 경험을 기록한 책입니다. 현장의 실천 경험과 자치의 원리를 접목하려는 시도였습니다. 책을 내고 나서 이제 재선 구청장으로 일하다 보니 '권력'이라는 테마가 중요하다는 생각을 하게 됐습니다. 권력이라는 게 대체 어떻게 우리를 규정하는지, 우리는 권력을 어떻게 운용할 수 있고 그것을 통해 무엇을 얻을 수 있는지 이야기해 보고 싶었습니다.

　첫 번째 책 〈자치가 진보다〉는, 자치가 활력을 띠면 세상이 더 좋아진다는 주장과 함께 그것을 증명할 수 있는 광산구의 현장을 소개했습니다. 이번에 내는 책 〈내일의 권력〉은 '자치가 진보다'는 생각을 적극적으로 확장시켜 우리 사회를 재구조화하는 원리로서 권력, 그 권력의 근본으로서 자치권력을 이야기해 보자는 의도로 만들었습니다. 이 책 〈내일의 권력〉을 '자치가 진보다II'로 이해하셔도 좋겠습니다.

　앞으로 한 2년 뒤쯤에는 광주의 자치가 어떻게 작동해야 할 것인지, 광주 지역사회에서 권력관계는 어떤 모습이어야 하는지 정리를 해 볼 계획도 있습니다. 우리 사회 재구조화의 원리로서 '자치', 이번에는 그것의 논리적인 근거를 좀 챙겨 보고, 다음에는 이것을 광주로 넓혀서 보편적인 지위를 획득할 수 있도록 시도해 볼 생각입니다.

　이런 제 생각이 과연 쓸모가 있는 것인지 박상훈 대표님, 박구용 교수님께 평가를 받고자 이렇게 모셨습니다. 논리적으로 취약한 부분, 미흡한 주장, 엉뚱한 대목을 좀 짚어 주시라고 두 분의 시간을 빼앗았습니다. 그래서 저는 참여자라기보다는 학생의 입장에서 선생님들의 두뇌 속 지혜를 최대한 뽑아내기 위해 애쓰는 논의의 진행자가 될 생각입니다.

박상훈

〈자치가 진보다〉 끝부분에 윤난실 공익활동지원센터장과 깅위원 더불어락 노인복지관장님하고 좌담한 내용이 들어 있던데 그런 식으로 오늘 좌담도 책에 포함되는 건가요?

민형배

그렇게 하려고 합니다. 전문가들이 보니 이렇게 해석을 하고 이렇게 보완이 되고 이렇게 나가야 되는구나, 이런 느낌을 독자들에게 제공해 주었으면 해서 마련했습니다.

책 제목이 〈내일의 권력〉입니다. 앞으로 우리사회의 권력의 모습은 어떤 것이어야 하나. 이 질문에 저는 '정치로 얘기하면 주권자정치가 가능한, 한편으론 주체적 삶이 가능한 그런 권력이어야 한다, 그것은 결국 자치권력이다.'라고 책에 썼습니다. 이런 저의 주장에 대한 철학적 배경이 있는지, 있다면 어떤 것인지 박구용 선생님께 묻고 싶습니다. 정치학자로서 봤을 때 제 이야기가 맞는 말인지 박 대표님 감수도 받고 싶구요.

박구용

이 책은 기본적으론 학문적인 글이라기보다는 사회학자이면서 동시에 정치인인 청장님의 위치에서 쓴 글이라고 생각합니다. 학문적인 기준으로 보기보다는 정치인으로서 사회적 메시지를 내놓은 글이다, 이렇게 봐야 할 것 같아요. 정치인으로서 하고 싶은 것, 해야 할 일이라고 생각한 것을 기술했다는 생각이 듭니다. 저는 철학을 공부하고 있기 때문에 좀 더 근원적인 이야기를 하고 싶습니다. 예를 들면, 권력이란 도대체 무엇이냐, 이런 근본적인 질문과 그에 대한 답을 해 보고 싶습니다. 우리말로 하면 권력은 힘이고, 힘이라고 하는 것은 살아 있는 것만 갖는 게 아니고 죽어 있는 것도 힘을 가집니다.

민형배

아, 그래요? 저는 죽어 있는 것은 권력이 없다고 했는데, 죽어 있는 것도 힘이 있는 거군요.

박구용

권력이 힘이라고 보면, 우리가 술의 힘을 빌려서 말을 하잖아요. 술이 힘이 있으니까 술의 힘을 빌릴 거 아니겠어요. 더구나 살아 있는 것이 아닌 술과 살아 있는 사람과의 관계 속에서도 힘의 관계가 생기죠. 술의 힘을 빌려서 사랑을 고백할 수도 있지만, 경우에 따라 술의 힘을 못이겨 큰 낭패를 보기도 하잖아요. 이처럼 관계 속에서, 모든 존재하는 것들은 힘을 갖고 권력을 갖는다는 것이죠. 예를 들자면 식물들 사이에는 경합이 있어요. 동물들 사이에서는 경쟁이 있고요. 식물세계의 경합, 동물세계의 경쟁에는 몇 가지 중요한 특성이 있습니다.

우선은 아무리 힘이 센 놈도 힘이 약한 놈이 없이는 존재할 수 없다는 것입니다. 식물 중에 가장 경합력이 센 '여로'라는 종이 있는데, 대개의 경우 그 녀석은 어디에 가도 이겨내요. 자기 번식력이 강하고 경합에서 대부분 승리하죠. 하지만 그 녀석도 자기에게 맞는 조건이 없으면 무기력합니다. 동물들도 마찬가지입니다. 호랑이나 사자처럼 센 동물도 그만큼 취약한 부분이 꼭 있습니다. 강한 특성, 취약한 부분, 조건의 적절성, 이런 것이 작용하면서 동식물세계에서는 균형이란 것이 자연적으로 맞춰진다는 특성이 있습니다.

또 하나 인간세계와 비교했을 때 동식물세계의 중요한 특징은 어떤 질서를 단번에 뛰어넘을 정도로 경쟁관계가 뒤바뀌진 않는다는 거예요. 아무리 혼란이 와도, 쥐가 고양이를 잡아먹을 만큼 진화하진 않아요. 우리가 경험할 수 있는 범위에서는 이것이 동식물세계의 특징입니다.

그런데 인간세계에서는 동식물세계의 권력관계가 갖고 있는 균형이나 안정을 근본적으로 뛰어넘는 해체가 발생합니다. 해체 과정 중에 가장 중요한 것이 '말'입니다. 말이 권력의 핵심역할을 합니다. 말은 권력을 실어 나르는 매체이자 권력을 행사하는 방식이 됩니다. 특히 말이 '실재'와 분화되기 시작하면서 인간의 권력관계에 근본적인 변화가 옵니다. 정확히 언제인지는 알 수 없지만 아주 오래전에 말과 사물은 구별되지 않았습니다. 인간의 오랜 선조들은 어떤 것을 부르는 이름(말)과 실재(사물)가 하나라고 생각했습니다. 말은 사물을 가리키는 도구가 아니라 그 자체가 곧 사물이라고 생각한 것이죠. 옛 사람들은 이처럼 그림이나 말을 실재라고 생각했기 때문에, 그림을 그리고 말을 하는 자가 권력을 가지게 된 것이지요.

민형배

지시의 내용과 지시하는 말이 동일했다는 거죠?

박구용

말 자체, 그림 자체를 실재와 구분할 수 없었다는 거죠. 그런데 언제부터인가 구분이 일어나기 시작하면서, 말과 사물의 관계가 분화되면서, 말을 하는 자가 힘을 가지게 되는 사회적 인간권력이 형성된다는 것입니다.

예를 들자면 예전에 '늑대와 춤을'이란 영화를 보면, 사람 이름하고 그 사람의 행위와 인격이 같습니다. '주먹 쥐고 일어서', '늑대와 춤을'에서처럼 하나의 상징적 행위가 곧 그 사람이면서 동시에 그의 이름인 것이죠. 그런데 어느 순간부터 상황이 바뀝니다. 이제 우리는 '박정희'라는 이름과 그 사람을 동일시하지 않습니다. 바를 정에 기쁠 희란 이름을 가진 그는 바른 사람도 기쁨을 주는 사람도 아니었잖아요. 그런데 이름은 박정희입니다. 말과 실재가 분화된 것이죠. '두환'이라는 이름에는 아무리 찾아보고 살펴봐도 살인자라는 뜻은 없습니다. 그러니까 말과 사물이 분화되기 시작하면서 말은 그 자체가 권력이 됩니다. 사물은 말의 지배를 받는 권력의 대상으로 전락하고요. 이것이 인간의 권력관계에서 중요한 메커니즘 중 하나란 생각이 들어요.

민형배

사회학이나 정치학에서 권력이라고 하는 것은 '상대방의 의지에 반해 자기의 의지를 관철시킬 수 있는 힘, 영향력' 이런 식으로 이야기하는데 훨씬 근본적인 그런 것이 있군요.

박구용

출발점, 그러니까 아주 기초적인 차원에서 그렇다는 것이죠. 그래서 저는 '권력'이란 아주 거칠게 표현하면 '말-빨'이라 생각합니다. 누구의 말이 더 먹히느냐에 따라 권력의 크기가 달라지니까요. 예를 들자면 저희 세 명 중 누가 가장 권력이 세냐는 한마디로 누가 가장 '말-빨'이 세냐가 되는 겁니다.

민형배

그러면 우리가 지금 서로 관계를 맺는데 지배하기 위해서가 아니라 너는 너 나름대로 자기주체성을 갖고, 나는 나 나름대로 자율성을 갖고, 너랑 나랑 관계를 맺어가면서 잘 살아가야 된다고 했을 때 그 말빨의 힘은 약할수록 좋겠는데요?

박구용

너무 빨리 사회학적, 정치학적 관점으로 가신 거구요.(웃음) 누군가가 내 말을 의미 있게 받아들여 주는 정도, 말이 갖고 있는 개연성, 현실성 이런 것들을 가지고 권력을 얘기할 수 있다고 한다면, 막스 베버M. Weber 뿐만 아니라 오늘날 한나 아렌트H. Arendt나 위르겐 하버마스J. Habermas까지 관통하는 얘기라고 생각해요. 아렌트나 하버마스가 베버와 상반되게도 권력론을 제시하지만 말과 권력의 상관성에 주목했다는 점에서는 차이가 없습니다. 근원적으로 보면, 권력관계의 불평등 구조는 담론 자원의 불평등 구조에서 시작된다는 것입니다. 거꾸로, 담론 자원의 불평등 구조가 있는 한 권력관계의 구조변동은 일어나지 않는다는 이야기죠.

민형배

대중매체 연구자들이 딱 얘기하는 대목이 그 대목인 거 같네요.

박구용

이제 이 책 이야기로 들어가는데요, 제가 보기에 권력이 없으면, 힘이 없으면 사람은 죽습니다. 누구든. 힘은 물질적, 육체적인 것이면서 혼보다 더 근원적인 것이죠. 힘이 없으면 다 죽기 때문에 모든 존재, 모든 사람에게는 힘이 있어야 합니다. 남의 힘을 뺏으면 내 힘이 커진다고 생각하는 것이 '어제의 권력'이라 볼 수 있습니다. 이 책에서는 '권력총량의 법칙'이라는 흥미로운 말로 '내일의 권력'을 구축하는 원리 하나를 제시하고 있습니다. 정해져 있는 권력의 양 안에서 민주적 대표성을 가진 정치 영역의 권력이 더 강해져야 한다는 이야기입니다. 기본적인 관점에는 동의합니다. 하지만 '권력총량의 법칙'은 권력이라고 하는 것을 내가 빼앗냐, 빼앗기느냐의 문제로 환원시킬 위험성이 있습니다. 그러니까 권력을 제로섬게임으로 보는 것입니다. 승승관계로 보지 않고 승패관계, 곧 제로섬 관계로 보게 되면 이게 출구가 보이지 않는다는 문제가 있는 겁니다. 전반적인 서술방식은 동의하지만 약간의 위험성이 있습니다. 권력을 많이 갖고 싶어 하는 인간의 의지는 자연스러운 것입니다. 권력총량의 법칙은 자연의 법칙을 말하고 있다는 점에서 틀린 것은 아닌데, 중요한 것은 제로섬게임이 되는 자연의 법칙을 어떻게 규범적으로 막아 낼 수 있냐 하는 것입니다. 그렇다면 오히려 제로섬게임이 아닌 방식으로 권력을 이해하고 생성하는 방식에 대한 고민이 필요하다고 봅니다. 이 점이 제가 던지고 싶은 첫 번째 화두입니다.

민형배

이 대목에서는 박상훈 선생님이 말씀을 좀 해 주셔야겠네요. 정치학 쪽에서는 이것을 어떻게 보는지.

박상훈

저는 〈자치가 진보다〉에서 드러난 청장님의 문제의식이 큰 차이 없이 〈내일의 권력〉에서도 잘 유지되고 있다는 생각을 먼저 합니다. 〈자치가 진보다〉가 광산구의 정책 소재 안에 들어 있는 민주적 원리, 진보적인 지향들을 꺼내는 것이었다면, 이번에는 나름대로 민주적 권력론을 다듬어 보려고 했구나, 이런 생각을 했어요. 그런 문제의식의 연장선에서, 오늘날의 정치가 지나치게 선거의 승패중심으로 운영되다 보니 정작 봐야 될 것, 또는 권력의 어떤 시민적 기초에 대한 이해라든지, 우리 사회의 집약된 문제들을 방관하고 있다는 주장으로 읽었습니다. 권위주의 때부터 또는 그 이전 전통사회 때부터 있었던 과도하게 집중화된 사회 구조들이 우리 사회의 문제들을 더 방관하게 만들었고, 이런 문제를 해결할 수 있는 대안적 권력론을 조금 더 풍부하고 넓게 사색해 보겠다는 생각에서 이 책을 썼다는 생각이 들었습니다.

민형배

네. 전국 단위에서뿐만 아니라 지역에서도 우리가 계속 정권교체 얘기만 하는 것이 저로서는 참 아니라는 생각이 들었습니다.

박상훈

보통 정치학에서는 권력 그러면 수평적 권력론, 수직적 권력론 이렇게 나누는 것이 일반적입니다.

수평적 권력론은 권력을 쪼개는 것입니다. 쪼개서 상호견제와 균형의 원리로서 작용하게 하는 거죠. 입법부와 사법부, 행정부로 쪼개거나 일인의 권력과 소수의 권력, 다수의 권력을 서로 상호견제하게 하는 것, 이런 접근이 하나 있습니다. 우리나라의 경우 사법부가 행정부에게 자율적이고 독립적인 목소리를 못내고 있습니다. 또 입법부가 제 역할을 하려면 행정부 견제도 할 뿐만 아니라 유익한 입법적 또는 정책적 공공재를 공급하는 데 유능해야 되는데 이런 걸 제대로 못 하는 걸 수평적 권력론 차원에서 이야기해 볼 수 있습니다.

수직적 권력론은 권력의 기초가 어디에 있느냐를 다룹니다. 권력의 기초가 시민적인 것이냐, 시민적인 것이라면 그 내용은 무엇이냐를 탐구합니다. 시민은 여러 집단의 이름으로 살잖아요. 노동자일 수도 있고 농민일 수도 있고 자영업자일 수도 있습니다. 노동자 안에는 회사원일 수도 있고 회사원 안에도 직능별, 업종별, 사업의 규모별로 차이가 있습니다. 이런 걸 보통 기능적 구조라고, 기능적 집단이라고 부릅니다. 다른 하나는 시민들이 공간 속에 살잖아요. 도시에 살거나 농촌에 살거나 아니면 큰 규모의 예산권을 가진 규모에 살거나, 이런 걸 공간적 구조라고 봅니다.

이번 청장님 책에 권력의 시민적 기초 부문은 어느 정도 균형 있게 들어 있는 것 같습니다.

민주주의 그러면 수평적 권력들 간의 상호작용만 보거나, 또는 시민적 기초로서 인민주권의 원리만 보는데, 사실 민주주의의 출발은 지역등권이라는 걸 강조하고 싶습니다. 청장님 책에도 언급이 되어 있습니다. 민주주의를 데모크라시라고 하는데 원래 데모스는 지역이라는 뜻을 가지고 있습니다. 데모크라시 이전에는 혈통이나 재산에 의해 통치됐었는데 시민이면 평등하다는 민주주의로 오면서 시민들이 집단적으로 모여 살고 있는 지역의 등권, 곧 데모크라시가 민주주의라는 의미를 얻게 됩니다.

그래서 지역등권이 민주주의의 출발이고 지역에서 시민들이 사는 것이기 때문에 그 안에 계층적 또는 여러 지역의 규모나 단위들 간의 상호작용이 조금 더 평등하고 균형을 맞춰야 된다, 이런 부분을 이번 책이 강조하고 있습니다. 그러면서 민주적 권력론의 시원부터 오늘날의 야당정치까지 서술하려고 했다는 게 〈내일의 권력〉의 특징이다, 일단 저는 그렇게 읽었습니다.

권력총량의 법칙에 대한 박구용 선생님의 말씀에 저도 동의를 합니다. 권력총량의 법칙은 행정권력이나 사법권력이나 시장권력에 견줘서 정치권력의 상대적 크기를 이해하기 쉽게 한다는 장점이 있습니다. 중요한 것은 권력들 간의 상호작용이 사회의 유익함을 어떻게 확장하느냐일 겁니다. 만약 시장권력을 줄여야 한다면 그 이유는 시장권력이 사회에 더 좋은 방향으로 제 기능을 하도록 변화를 도모하자는 것이다, 이런 이야기를 덧붙이는 것이 좋을 것 같습니다. 선출되지 않은 권력이니까 줄여야 한다는 당위성 차원으로 접근하는 건 적절하지 않다는 것이죠. 행정권력이나 사법권력도 그것이 가진 과도함을 견제함으로써 사회의 유익함을 추구하는 차원에서 봐야 할 겁니다.

정치권력도 문제가 없는 것은 아니잖아요. 정치권력도 어떤 면에서는 과도한 측면이 있습니다. 그래서 견제와 균형이라는 말이 있는 것인데요, 견제만 있으면 줄기만 할 겁니다. 필요 이상으로 줄어 버리면 곤란하니까 균형이 있구요. 균형은 견제를 통해서 서로 잘 작동하게 하는 원리이기 때문에 균형론도 덧붙여서 서술하면 권력총량론은 재미난 아이디어가 될 거 같습니다. 핵심은 시회 전체 권력들의 상호작용 체세를 재조정해서 공익에 가장 부합하는 모습을 회복하자는 것이라고 생각합니다.

민형배

공익에 부합하는 권력들의 상호관계라는 말이 쏙 들어오네요. 전적으로 동의하구요, 저는 조금 더 나가서 자치를 이야기하고 싶었습니다. 자치의 본질은 누구든 권력을 가진 주체로서 승인을 받자는 것입니다.

박구용

누구나 권력이 없으면, 힘이 없으면 죽는다는 걸 다 아는데 사람들은 권력을 나쁜 것으로 말하고, 나쁜 것으로 생각하는 게 심각한 문제라고 봅니다. 이게 왜 심각하냐면, 본인이 권력의 발신자라는 걸 모르는 거예요. 권력의 발신자이자 저자라는 것을 인식할 때부터 자치도 시작되고 민주주의도 시작되는 건데 많은 이들이 권력을 그냥 자기 밖에 있는 나쁜 것이라고 생각합니다.

우리는 권력의 발신자이자 저자인데, 그냥 수신자이거나 독자인 것으로만, 그렇게만 이해하다 보니까 기본적으로 권력을 부정적으로 서술하게 됩니다. 마키아벨리에서부터 니체에 이르는 전반적인 권력이해가 바로 '지배'입니다. 지배의 다른 용어로 권력을 쓴단 말이에요. 권력에 대한 이해의 부족은 대중에게만 있는 게 아니고, 여전히 많은 학문적 기조가 권력을 지배로 봅니다. 발신과 수신을 분리해서 논하는 겁니다. 비슷한 맥락에서 막스 베버의 권력론은 권력에 대한 잘못된 이해의 결정판입니다. 〈내일의 권력〉에도 쓰여 있는 말인데, 막스 베버도 "다른 사람의 의지에 반해서 자신의 의지를 관철키는 힘"을 권력이라고 봤습니다. 이러한 권력론에 권력총량의 법칙을 연결시키면 피비린내 나는 싸움에서 이긴 자가 더 많은 권력을 갖는 게 너무 자연스러운 거예요. 이 자연스러움이 문제입니다.

권력은 무엇을 타고 작동합니다. 권력은 기본적으로는 욕망을 타고 작동한다고 보거든요. 욕망이 없는 곳에는 권력도 없어요. 모든 사람은 욕망을 갖고 있기 때문에 "다른 사람의 의지에 반해서 자신의 의지를 관철시키고 싶어 하는 힘", 즉 권력을 누구나 더 많이 갖고 싶어 할 거 아니에요. 그게 욕망이고, 자연스러운 것이죠. 그것이 작동하는 방식이나 매체는 차이가 있겠죠.

미시권력의 차원에서 보면, 권력 없는 자들일수록 권력에 더 민감할 수 있어요. 더 많이 가지려고 하고. 권력을 부정적으로만, 지배로만 보면 이런 부분이 설명이 안 되죠. 그렇게 보면 어느 순간 나는 권력이 없는 희생자고, 나는 권력에 의해서 좌지우지되는 피해자가 됩니다. 그러다 보면 좀 더 권력을 많이 갖는다는 게 발신자로서 갖는 게 아니라 수신자로서만 갖는다고 생각하는 거예요. 이게 제가 보기에는 단순히 일반인들의 사고에만 있는 게 아니고, 사회, 정치, 철학 전반에 깊숙이 깔려 있는 것입니다. 그것을 근본적으로 달리 이해하려면 어떻게 해야 되냐, 다시 말하면, 모두가 '내가 권력의 발신자'라는 인식을 해야 된다는 거죠.

〈내일의 권력〉은 우리 모두는 권력의 발신자가 될 수 있다는 전제 하에서 어제는 어떠했고, 내일은 어떻게 가야 하느냐를 논하고 있습니다. 좀 더 다듬어야 할 부분이 있다는 생각이 들지만 기본 골격에서는 좋다고 봅니다.

민형배

그러니까 모두가 권력의 발신자일 수 있는 사회적 조건, 사회적 관계를 만들어가자는 것이 제 주장의 요지입니다. 그 길을 자치에서 찾은 것이고요.

박구용

청장님은 권력과 억압을 구분했어요. 어제의 권력은 억압이었지만, 내일의 권력은 억압이 아니어야 하고, 아닐 수 있다는 거죠. 이게 저는

수평적 권력들 간의 상호작용,
또는 시민적 기초로서 인민주권의 원리로만
민주주의를 보는 시각이 있는데
사실 민주주의의 출발은 지역등권이라는 걸 강조하고 싶습니다.
민주주의를 데모크라시라고 하는데
원래 데모스는 지역이라는 뜻을 가지고 있습니다.

박상훈 충남 청양 출생으로 서울대학교 경영학과를 졸업했고, '한국 지역 정당 체제의 합리적 기초에 관한 연구'
라는 논문으로 2000년에 고려대학교에서 정치학 박사 학위를 받았다. 현재 도서출판 후마니타스 대표, 정치발
전소 학교장으로 있다. 주요 저서로는 〈만들어진 현실: 한국의 지역주의, 무엇이 문제이고 무엇이 문제가 아닌가〉
(2009), 〈정치의 발견〉(2011), 〈막스 베버, 소명으로서의 정치〉(번역, 2011), 〈미국 헌법과 민주주의〉(공역,
2004), 〈민주주의의 재발견〉(2013), 〈정당의 발견〉(2015) 등이 있다.

이 책의 미덕이라고 봅니다. 그러면 내일의 권력은 뭐냐⋯⋯.

민형배

박구용 교수님의 표현을 빌리면 발신자로서의 권력이어야겠네요.

박구용

청장님 표현으로 보면 자치권력이죠. 사회의 상태가 좋은, 그래서 모두가 권력을 갖는 사회적 권력, 이런 논점에 주목하고 있다는 점이 보입니다.

민형배

억압에 의존하고, 배제하고 독점하는 이런 권력은 더 이상 아니다, 권력자의 선의나 스타일에 의존할 수도 없다, 근본적으로는 권력자가 따로 있는 것도 아니다, 힘을 가진 우리 모두의 관계가 평화로워야 하는데 배제와 독점이 평화를 파괴하고 있다는 거죠. 그래서 사회적 압력이 작용해야 하는데, 압력도 힘 아니겠습니까. 사회가 권력을 가져야 한다고 생각했죠. 그것을 자치에서 찾고자 했구요. 여기서 자치는 정치적 맥락뿐만 아니라 사회 각 분야가 자치의 원리로 재구성되어야 한다는 것이었습니다. 그것을 내일의 권력이라는 개념으로 정립하고자 했습니다.

박구용

그 부분에서 의미 있는 담론을 제기하는 사람이 하나 아렌트라고 생각해요. 아렌트의 경우는 권력과 폭력을 완전히 새롭게 설명합니다. 어제의 권력을 폭력이라고 하는 거예요. 베버가 말하는 권력, 다시 말해 다른 사람의 의지에 반해서 내 의지를 관철시키는 힘을 아렌트는 폭력이라고 말합니다. 그러면서 아렌트는 권력과 폭력 이렇게 구분합니다. 한 사람에 대해서 다수가 저항하면 권력이고, 한 사람이 다수를 지배하려고 하면 폭력이다. 이제 아렌트에서 하버마스로 이어지는 권력론의 맥락에서 권력이란 사람들이 모은 '뜻'입니다. 의견과 의지를 모으고 형성하는 과정에서 권력이 만들어진다는 것이지요. 이처럼 공론장에서 형성된 의지와 의견이 곧 권력이라는 거예요.

민형배

그게 다른 말로 하면 담론이 될 것이고…….

박구용

그래서 아렌트는 미래의 권력은 거리에 있고, 거리에서 형성된다고 말합니다. 좋은 정치인이라면 거리에서 형성된 권력을 현실 정치에 수용하고 실현해야 합니다. 그런데 문제는 권력자들이 거리에서 형성된 권력을 가져다가 실체화시킨다는 거예요. 실체화시켜서 자기가 소유하려 한다는 것이 문제입니다. 권력이 폭력으로 둔갑하는 과정입니다. 이렇게 보는 것이 아렌트나 하버마스의 관점이에요.

그래서 그들에게 중요한 것은 어떻게 하면 광장에서 거리에서 권력을 형성해야 하느냐였죠. 그런데 이들도 제대로 파악한 적이 없어요. 어떻게 거리에서 권력이 형성돼야 되고, 형성되는 방식은 무엇이고 작동하는 방식이 무엇인지에 대해서 철학자들은 연구한 적이 별로 없어요. 오히려 거리권력은 한국에서도 많이 나타나는데 우리도 연구가 별로 없습니다. 어쨌든 이들에게서 중요한 것은 거리에서 형성된 권력을 어떻게 폭력으로 둔갑시키지 않으면서 정치나 법률이나 이런 것들로 구현시키느냐, 시스템에 반영하느냐였죠.

제가 노무현 정부 때 당시 한겨레에 칼럼을 썼단 말이에요. 그때 저는 "왜 당신은 거리에서 형성된 권력을 청와대에서 실체화시키냐?" 이렇게 비판했습니다. 거리에서 형성된 권력을 사유화시킨 것이 노무현 정부, 친노그룹의 가장 큰 실수라고 봅니다. 거리의 권력을 시스템으로 옮기는 자, 매개자의 역할을 해야 하는데 그것의 소유자가 됐다는 거예요. 처음엔 대변자였죠. 어느 순간 그것의 소유자가 된거죠. 친노그룹의 정신적 강박증으로 발전했고, 그것이 노무현 정부의 실패다, 저는 그렇게 봤어요. 저는 그게 지금도 기본적으로 386 이하의 그룹들이 갖고 있는 문제라고 생각합니다.

민형배

그렇다면 분명 중대한 실수고 잘못일 것인데 제 경험으로는 의도적인 것은 아닌 것 같아요. 철학적, 지적 기초가 다져지지 않았거나 민주주의나 사회에 대한 이해가 부족했거나, 그런 것이 아닐까 생각합니다.

박구용

저도 그렇다고 생각해요. 네.

민형배

권력을 운용할 때 박 교수님이 이야기한 그런 바탕을 깔고 갔으면 훨씬 좋았겠죠.

박구용

권력과 폭력은 너무 비슷합니다. 마키아벨리나 막스 베버식으로 얘기하면 폭력이 없는 권력은, 폭력을 가지고 있지 않은 권력은 공허한 거예요. 권력 없는 폭력은 맹목이고. 칸트식으로 표현하면 그런 거거든요. 그게 마키아벨리에서 막스 베버에 이르기까지 관통되는 걸로 봐요.

박상훈

지난 번 책보다 이번 책이 좀 더 진보했다고 느껴지는 부분은 권력론 부분입니다. 진보적인 생각을 가졌던 분들의 중요한 특징이 정치랑 싸우면서 성장한 경험 때문인지, 反정치, 또는 反권력, 反통치론을 어느 정도 가졌던 거 같습니다. 그러다 보니까 운동했던 분들이 정치인이 되고 나서 누구보다 더, 옛날 말로, 정치인스러워지는 경우를 봐 왔습니다. 너무나 빨리.

권력이나 통치나 정부의 역할에 대한 민주적 이해 없이 반정부론의 연장에서 정치를 한다는 생각이 듭니다. 그래서 저는 청장님 책이 권력의 기초는 시민들에게 있고, 시민적인 것은 사회를 구성하는 관계들에서 나온다는 것에 정초를 두면서, 권력을 시민의 것으로 돌리려고 하는 게 전에 비해서 상당히 좋아졌구나 하는 생각이 들었습니다. 그런데 어제의 권력을 억압으로 놓고, 새로운 권력은 자치로 제시해서 대비하다 보면 문제도 좀 생길 것 같다는 생각이 듭니다.

민형배

네. 그걸 좀 말씀을 해 주시면.

박상훈

제 생각에 권력은 무얼 하게 만드는 힘과 무얼 못 하게 만드는 힘의 변증법이지 않느냐, 이런 생각을 많이 합니다. 내가 무얼 하고자 할 때는 다른 사람이 못 하게 하는 힘이 어느 정도는 작용할 수밖에 없습니다. 나 아닌 다른 사람 또한 어쨌든 평등한 권력을 갖고 있다는 건 부정할 수는 없으니까요. 아리스토텔레스라는 사람이 옛날에 "이상적인 정치는 잘 통치하고 잘 통치받는 것이다"는 것이라고 비유적으로 표현했었습니다. 제 생각에는 민주정치론이든 민주주의가 아닌 것이든 다 그 통치의 상대성을 시간적으로나 공간적으로 어떻게 잘 관리할 것인가가 핵심이지 않을까 싶습니다.

청장님은 자치를 강조했는데, 자치의 내용은 '참여', '대표', '책임'이라고 생각합니다. 이 책은 참여의 측면이 상당히 큰 비중을 차지합니다. 참여는 관심의 결과물이고, 해당 사안에 대해 거리감을 좁히는 것이겠죠. 대표는 모든 일을 우리 스스로 다할 수 없기 때문에 청장님을 뽑아야 되고, 가게를 운영하는 사람도 있어야 하고, 그 사람하고의 관계를 어떻게 하느냐의 문제가 될 겁니다. 어떤 것은 법에 의해서 하고, 어떤 것은 선거에 의해서 하고, 어떤 것은 우리 사회의 존중의 원리를 통해서 하기도 하고, 어떤 것은 운영의 원칙을 통해서 하기도 하는 그런 유형의 관계가 있을 겁니다. 책임을 묻는 것은 어쨌든 권력자가 존재한다는 자각부터 일단 하는 거잖습니까. 그래서 권력자의 행위의 결과가 어디에 귀속되는지가 중요합니다. 아까 나온 이야기처럼 권력을 실체화해서 권력자 본인들에게 귀속시키면 반사회적인 결과를 낳을 수도 있습니다. 자치의 내용에 대표와 책임의 측면이 보완됐으면 좋겠다는 생각이 듭니다. 〈내일의 권력〉이 강조하는 자치의 내용이 전체적인 느낌으로는 약간 반중앙당 같은 게 있습니다. 중앙권력은 그들의 것이고, 우리는 지방만 갖겠다, 이럴 수는 없잖습니까. 청장님이나 함께하시는 분들이 중앙정치를 얼마든지 할 수도 있는 것이구요. 그래서 이 부분은 보완이 필요하다고 봅니다.

박구용

언뜻 보면 중앙권력이라든가 이런 부분에 대해서 배타적인 느낌이 조금 있어요. 그런 부분을 없앨 수 있는 방법을 찾는게……. 자세히 보면 안 그렇다는 것도 써놨어요. 그건 아니다는 말도 다 돼 있어요. 지방 정부 수장으로서의 각성이 강하게 느껴지는데, 어느 자리에 있던지 모순에 빠지지 않는 논리가 필요할 것 같아요.

민형배

중앙에 대한 제 생각이 배타적인 건 아닙니다. 우리 사회가 구조나 문화 면에서 너무나 중앙집권이다 보니 자치를 좀 더 세게 강조할 수밖에 없더라구요. 아무튼 자기모순에 빠지지 않고, 균형 잡힌 권력론이 필요하다는 데는 동감합니다.

박구용

그런 느낌을 약화시키려면 정당민주주의에 관련된 부분을 조금 더 보완하면 어떨까 싶어요. 박상훈 선생님이 이 부분에서 한 말씀 도와주시면…….

박상훈

17개 지역정부론을 이야기하면 어떨까 하는 생각이 들었어요. 우리가 지금 16개 광역시도잖아요. 하나는 국가라고 불리고. 민주주의자는 국가라는 말을 별로 안 좋아하죠. 왜냐면 국가는 우리의 통제범위 밖에 있는 윤리적인 주체처럼 사람들한테 다가오기 마련이니까요. 중앙정부가 국가인 것은 아닌데 국가인 것처럼 여겨지고 있죠. 사실 엄밀히 말하면 중앙정부도 또 다른 지역정부의 하나거든요. 16개의 시도정부가 있고 그 다음에 그것을 기능적으로 대표하는 중앙정부가 있는 것이죠. 사실은 다 지역정부거든요. 17개 지역정부.

민형배

아! 그런 접근을 하는 정치학자가 좀 있어요?

박상훈

그게 원래 민주주의 원리, 자치원리의 근간이죠. 중앙집중과 분권의 원리 두 가지가 있는데 처음에는 다 강력한 중앙의 민족국가를 통해서 근대화를 하고자 하는 열망이 지배적이었죠. 독일은 그걸 못했고, 독일 지식인들은 그걸 너무 안타까워했죠. 그런데 나중에 지켜보니까 오히려 독일의 주 단위 분권모델이 지금에 와서 빛을 발하고 있습니다. 영미식도 출발은 자치를 했지만 나중에는 어쨌든 중앙집권화를 하고 나서 지금은 다시 또 분권을 추진하고 있습니다. 미국, 일본도 마찬가지고. 그렇듯이 중앙집권화를 통한 길이 있고, 독일식 의회 같은 지역분권의 길이 있는데, 지금은 수렴하고 있습니다. 수렴하는 것, 그게 어떻게 보면 민주주의이지 않을까 생각합니다.

민형배

국가가 또 다른 지방정부라는 생각은 못해 봤어요. 독일을 보면서 지방정부를 뒷받침하는 국가체계다, 이렇게 생각했습니다. 그러니까 자치를 잘할 수 있도록 뒷받침해 주는 국가라는 생각을 한 겁니다.

박상훈

네, 그런 면도 물론 있습니다.

민형배

독일에 지방자치 연수를 한 번 갔었어요. 그때 보니까 어느 지역에서 뭔가 부족하면 다른 지역에서 보충을 하더라고요. 저는 그것이 국가가 그렇게 하는 것으로 생각했죠. 박상훈 선생님 말대로라면 또 하나의 지역정부가 그렇게 하는 것이다, 이렇게 봐야겠네요.

박구용

독일식은 아주 쉬운 예로 방송을 보면 7시 뉴스는 뮌헨에서 해요. 9시 뉴스는 본에서 하고, 11시 뉴스는 프랑크푸르트에서 합니다. 국가가 따로 있지 않고 동네가 곧 국가이면서 동시에 세계인 거예요. 박상훈 선생님이 말씀하신 것처럼 독일체제는 한때는 후진적인 것의 상징이었어요.

민형배

네. 그랬겠죠. 강력한 근대국가를 표방한 그런 시기에 지방이 세서 효율성이 많이 떨어졌겠죠.

박구용

잘못되면 독일이 호족국가, 토호들의 연합이 될 위험성이 굉장히 많았는데 독일은 그 점에 있어서는 성공한 경우죠. 왜냐하면 토호들의 정치적 세력화가 거의 안 됐거든요. 그걸 잘 차단한 것이 사실은 중간에 한 번씩 강력한 폭군들이 나타난 거예요. 쉽게 말하면 비스마르크도 토호들의 발호를 막는 기여를 한 거예요.

이런 말을 함부로 하면 안 되는데, 비스마르크의 나쁜 철혈 통치가 아니었으면 독일도 호족국가 형태를 아직 못 벗어날 수도 있었어요. 어쨌든 우리가 옛날에 고려시대 때 호족의 힘을 약화시킨 광종을 높이 치잖아요. 사실은 우리나라도 지역이 왜 아직 문제냐, 지역이 중앙과 관계에서 왜 대등한 관계를 형성하지 못하거나 자치가 안되냐 하면 호족 문제가 있을 겁니다. 지역으로 내려오면 새로운 호족세력이 지배하는 거거든요. 대부분의 지역에서 그렇듯 광산구에도 이런 문제가 있다고 봅니다. 이 나라 대부분의 지역에는 지금 시민을 대변하는 세력과 호족을 대변하는 세력 사이의 갈등이 자치를 불가능하게 만들고 있습니다. 지역정부와 의회가 대부분 지금 그렇게 보입니다. 독일은 아까 말씀드린 대로 그 과정이 정리가 잘됐어요. 호족세력들이 제거되고 그 지역의 정부를 시민들의 세력으로 구성한 거죠.

민형배

프랑스는 강력한 중앙집권 형식인데 지금은 분권을 추진하고 있죠?

박구용

양쪽이 수렴되고 있는 경우죠.

박상훈

일본하고 프랑스를 가서 느낀 것은 지방이 너무 잘 산다는 겁니다. 출발이 중앙집권이든 분권이든 역시 민주주의에는 수렴이 되게 하는 힘이 있는 것 같습니다.

박구용

수렴되는 것 같습니다. 저도 유럽생활을 오래하면서 느낀 건데, 가장 부러운 것은 대도시에서 느낄 수 있는 문화적 향유를 시골 마을에서 똑같이 할 수 있다는 것입니다.

민형배

자치론이라고 해도 좋고 지역등권론이라 해도 좋은데요, 한국사회라고 하는 것은 각각의 지역들이 자기 색깔을 가지고 하나의 한국사회를 구성하면서 동시에 민주원리, 자치원리는 공유했으면 좋겠다, 내일의 권력은 그렇게 갔으면 좋겠다, 그 얘기를 하고 싶었죠.

박구용

그러려면 문제가 한두 가지가 아닙니다. 어제 서울 가서 엘지자이 건물을 봤어요. 광주하고 똑같아요. 동일한 시점에 지어진 엘지자이라는 아파트는 전국이 다 똑같습니다. 이건 끔찍한 일이거든요. 그 공간의 모든 사람들이 똑같은 방식으로 움직인다는 얘기거든요. 공간을 그렇게 만들어 놓으니까. 그런 걸 허가하고, 증진하고 있는 나라가 이 나라예요. 대부분의 사람들이 비슷한 모양에, 비슷한 공간 속에, 비슷한 움직임을 하도록 구조화되어 있고, 그것들에 상표가 붙어서 팔리는 이런 나라에서 어떻게 자치가 가능하겠어요.

박상훈

저도 그 생각하고 있었어요. 역사驛舍가 어디가나 다 똑같아요.

박구용

네. 끔찍한 거예요. 생각해 봐요. 어떻게 광주송정역 모양하고 대구 동대구역하고 똑같을 수가 있는지. 광주시청하고 전남도청하고 어느 순간 모양이 비슷해졌어요. 이건 끔찍한 일이에요. 사실은. 자치가 되려면 가장 기본적인 시공간의 조율 방식부터가 '자치'다워야 되는데 예를 들면 5일시장 앞에 아치가 똑같아요. 전국 어디가나. 너무 싸구려로. 누구나 다 궁전에서 살고 싶어요. 그런데 궁전을 만들 수가 없어요. 그러니까 석고로 궁전에 들어가는 돌 모양을 깎아요. 지금 5일시장의 아치들이 그런 맥락에 있습니다. 이게 키치문화의 전형이거든요. 권력이 작동하는 방식 중 하나가 강자의 욕망을 보편화하는 겁니다. 가진 자들이 누리는 방식을 너희들에게 줄게, 근데 그렇게 똑같이는 못 줘, 그러니까 위양만 갖춰서 주는 방식이죠.

민형배

제가 요즈음 〈당신들의 천국〉(이청준의 소설)을 다시 보고 있는데, 그런 거죠, 밖에 안 나가도 이곳 안에서 밖에처럼 그렇게 살게 해주겠다. 이런거죠.

박구용

그래서 광주를 어느 한 지점을 딱 찍고, 대구 찍고, 부산 찍고, 서울 찍으면 똑같아요. 자본이 어떤 물질을 썼냐, 가격 차이만 있죠. 제가 옛날, 방황하던 시절에 전기 노가다를 하고 다녔어요. 건물을 짓는데 1층은 주인이 살고, 2층은 전세를 살고 옥탑방은 진짜 가난한 사람이 월세를 살아요. 똑같은 모양의 전기부품을 쓰는데, 예를 들면 전기 스위치를 달잖아요. 겉으로 보기엔 똑같아요. 근데 가격은 세배 이상 차이가 나죠.

민형배

1층에서 3층까지 올라가는 과정에서?

박구용

같은 모양인데 1층에 들어가는 것은 상당히 좋은 것, 2층에 들어간 것은 싼 것, 3층에 들어간 거는 정말 아주 싸구려입니다. 이런 방식으로 욕망을 관리하면서 권력이 작동하고 있습니다. 시장권력이나 행정권력이 작동 방식이 그렇다는 거죠, 지금 대한민국이 그렇다는 거예요. 그렇기 때문에 지역자치가 어렵죠. 다 똑같은데 어떻게 지역자치를 할 수 있겠습니까. 그러면 거꾸로 가야되거든요.

민형배

그래서 저는 개혁이나 혁신 이렇게 이야기하지 않고, 우리 사회의 구성원리를 바꿔야 한다, 재구조화시켜야 한다, 이런 식으로 말합니다. 권력이라는 차원에서 보면 그 출발이 자치다, 이 이야기를 계속하고 있죠. 앞으로 권력은, 특히 정치권력은 자치에 복무해야 한다, 이렇게 주장합니다. 그렇다면 국가권력은 뭐냐? 그런 자치권력들의 연합체 내지는 또 하나의 자치권력, 이렇게 돼야 한다는 겁니다. 사람들의 정서나 삶이, 경제활동도 자치를 향하거나 자치에 기반했을 때 좋은 세상이 온다고 봅니다. 좋은 세상에 대한 상상력이 우리는 선량한 권력 수준에 머물러 있습니다. 대통령 잘 뽑는 것 이상의 권력기획, 권력상상력이 없는 것

권력을 나쁜 것으로 생각하는 게 문제라고 봅니다.
스스로를 권력의 수신자이자 독자로만 여기는 태도입니다.
그렇게 보면 나는 희생자이거나 피해자만 됩니다.
자신이 권력의 발신자이자 저자라는 것을 인식할 때부터 자치도,
민주주의도 시작될 수 있습니다.

박구용 전북 순창에서 태어나, 스스로를 전북좌파라고 부르곤 한다. 고등학교 시절 심리학에 관심을 가지고 공부를 하는 과정에서 철학으로 길을 바꾼다. 전남대 철학과에서 '마르크스의 가치론'으로 학사 학위, '헤겔의 시민사회 지양에 관한 고찰: 보편과 개별의 변증법을 중심으로'로 석사 학위를 받은 후, 독일 뷔르츠부르크 (Würzburg) 대학에서 '자유, 인정, 그리고 담론'으로 박사 학위를 받았다. 주요 저서로는 〈우리 안의 타자: 인정과 인권의 철학적 담론〉(2003), 〈부정의 역사철학〉(2013), 〈포스트모던 칸트〉(공저, 2006), 〈5·18 그리고 역사〉(공저, 2008), 〈정신철학〉(헤겔, 공역, 2000), 〈도구적 이성 비판: 이성의 상실〉(막스 호르크하이머, 번역, 2006) 등이 있다. 현재 전남대 철학과 교수이자 시민자유대학 이사장으로 있다.

같아요. 자치는 단순히 정권교체의 문제가 아니라고 생각합니다. 정권교체는 출발일 뿐이고, 박구용 교수님 말씀대로 우리 모두가 권력의 발신자이자 저자가 되는 자치를 향해 가야 한다. 이게 제 주장의 요지입니다.

박상훈

정말 좋은 말씀이네요.

민형배

그래서 지역당, 지역위원회의 구성원리부터 자치로 바꿔야 한다. 그걸 주권자정치라는 말로 표현을 해 보는데, 뭐 완벽하지는 않죠. 국회의원들은 여의도 안에 정치를 가둬 놓고 있습니다. 정치는 자신들만 하는 거죠. 지역에서는 정치를 하면 안 되는 겁니다. 지역정치가 제대로 되면 국회의원들 입장에서는 불편하죠. 그러니까 지역정치인들을 다 대상화해 놓고 자신들이 지배하고 관리하는 그런 방식을 선호합니다. 밑에서부터 조직화가 되어 가지고 중앙당으로 힘이 모이지 않았기 때문에 반대로 중앙당에서 지역으로 향하는 지도도 안 되는 거예요. 자치권력, 지역권력에서 출발하지 않았기 때문에 거꾸로 중앙당의 권력이 지역에 미치지 못하는 현상이 벌어지고 있습니다. 그것이 정치부재 현상으로 나타나고 있습니다.

박상훈

그래서 한 부분 수정하고 싶은, 아니 좀 덧붙이면 좋겠다 싶은 건, 지방의 정치기반이 약화된 결과 중앙이 강화된 게 아니고, 중앙의 정치구조도 완전히 박살이 나고 있다는 겁니다. 지금 새정연(새정치민주연합)을 보면 당이 아니라 선거관리기구 같아요. 정치를 하는 것이 아니라 누가 더 선거관리권을 더 많이 갖느냐로 다투는 것 같습니다. 사실 여당의 가혹한 통치에 대한 불만 때문에 그나마 새정연에 의탁하는 정도지, 정치를 잘한다고 해서 사람들이 20%라도 지지하는 건 아니라는 생각이 듭니다. 말씀하신 대로 정치구조가 이렇게 되니까 지방이 약화되고 소외된 것만이 아니라, 중앙정치도 민주적 가치와 전혀 상관없이 몰락하고 있습니다. 정치권의 인적 구성을 보면 마치 로스쿨 들어가는 사람의 구성하고 똑같아졌어요. 비유적인 표현으로, 강남 중심, 부자 중심, 서울 중심, 전문직 중심, 이런 식으로요.

민형배

정당 자체가 무너져 버렸다는 이야기군요.

박상훈

서울시나 경기도만 해도 구의원이나 시의원의 정치적 수준이 너무 떨어져 버렸어요. 지역위원장에게 밥 사 주고 "형님, 형님" 쫓아다니는 사람들이 공천 받다 보니까 정치에 대한 훈련이 전혀 없는 (정치적)임대사업자들이 자꾸 들어오게 되는 겁니다.

민형배

당 안에 교육훈련기구가 없어요. 교육훈련이 없어, 그래서 이번 혁신
안 중에 당원이 되면 교육을 8시간 이수해야 된다, 이런 문구가 들어갔
어요. 정말 쓴웃음이 나올 수밖에 없는, 상상할 수 없는 일이 벌어지고
있죠.

박상훈

지역 정당이 시민생활의 공적인 영역에서 활동을 하지 않다 보니 남
는 건 지연, 학연 같은 것 밖에 없습니다. 공허한 구조 위에 정당이 있
습니다. 중앙당마저도 여론의 뒤나 좇고 선거에 매달리는 방식으로 운
영됩니다. 사실상 사익집단이 돼 버린 겁니다. 정당이 아니라, 엄밀히 말
하면 도당이죠. 그런데 중앙당이 스스로 자정, 변화, 개혁하기는 어렵습
니다. 중앙당을 없애라고 할 수도 없는 거고. 그나마 변화의 에너지를
가지고 있는 곳이 광주라고 생각합니다. 광주에서, 지역에서 복원할 수
있는 게 무얼까, 그 이야기를 조금 더 해 봤으면 좋겠습니다.

민형배

야당이 무너지면서 오직 강하게 남는 건 국가이고, 국가권력을 장악
하고 있는 새누리당 세상이 온 것이죠, 지금이. 그렇다면 여기에 대항

하기 위해 중앙집권적인 야당을 세워야 하느냐, 하면 그건 아니라는 겁니다. 아래로부터 올라오는 힘이 없이, 분권정당이 아닌 중앙집권화한 구조만 있으면 정당은 정치계급, 정치엘리트들의 놀이터로 변질됩니다. 현재의 새정치민주연합이 그런 식으로 가고 있다고 봅니다.

박구용

개인적으로 가장 전형적이고 선진적인 분권정당 모형은 독일의 녹색당이라고 봅니다. 지금 우리가 알고 있는 정당 중에서는 가장 모범적인 대안이라고 봐요. 그래서 저는 옛날에 노회찬 의원하고 토론할 때, 나는 지금 당신들이 만들어 낸 정당을 진보적 정당이라고 보지 않는다고 말했습니다. 그 이유 중에 하나가 지역을, 또는 결사체들에 기반 해서 묶어진 정당이 아니고 명망가들 몇 명이서 만든 정당이거든요. 이건 내가 보기에 새누리당 수준을 거의 벗어나지 못한 겁니다.

저는 지금도 달라지지 않았다고 봐요. 우리 시대의 새로운 진보정당이 나온다면 지역의 다양한 결사체들이 연합한 정당, 그리고 지역 단위에서는 독립성을 갖는 전국정당이 돼야 한다고 봅니다. 그렇지 않고는 진보정당이 성공할 수 없다고 생각하거든요. 민주당(새정치민주연합)도 마찬가지입니다. 한국의 새정치민주연합과 비교할 수 있는 독일의 정당은 아마도 사민당이 될 겁니다. 사민당이 녹색당보다는 더 세계적이진 않고, 녹색당처럼 분권화돼 있지는 않지만, 사민당은 모든 것이 지역에 권한이 있어요. 간단합니다. 중앙에서는 그것을 매개해 주는 역할만 합니다. 중앙은 담론이 집결되는 곳이고, 그 당의 가치를 구현하기 위해서 중앙당이 어떤 역할을 하는 것이지 지역권력에는 관여하지 않는단 말이에요. 그게 가장 핵심적인 차이입니다. 중앙당의 문제 이런 걸 떠나서 광주전남의 새정연은 지역정당으로서 뭐가 있냐는 거예요. 아예 0이잖아요. 제로. 그러다 보니까 자치는 자치단체장의 개인적인 수준을 반영할 뿐입니다. 당적 차원에서 어떤 가치와 이념이 투영되고 이런 거는 전혀 없단 말이에요.

박상훈

현대 민주주의도 형태가 다양하고 이념정당 모습을 구현하고는 있지만, 실제로 어느 정도 시민적 기초를 갖는 정당의 모습은 다 지역정당이에요. 영국도 버밍햄 코커스라고 하는 데서 처음 정당이 출발했고, 아마 독일 사민당도 출발은 어디 프로이센이든 어디든 특정 지역 정당이었을 겁니다. 그런데 처음부터 전국차원에서 출발한다, 이런 거는 현실적이지 않습니다. 〈내일의 권력〉은 정당의 자유로운 설립을 막고 있는 것 중에 법, 제도적인 측면을 따졌는데, 그걸 좀 더 이야기하면 좋겠더라고요. 정당법과 선거법과 정치자금법 같은 법을 못 바꾸는 이유는 사실 지금 의원들에게 별로 나쁘지 않기 때문이에요.

민형배

기존 정치세력의 기득권을 재생산할 수 있는 가장 좋은 토양을 제공하고 있는 것이 이 법들이니까요.

박상훈

지역정당을 못 만들게 만드는 것이 바로 정치관계법이에요. 공직선거법 글자 수를 제가 한번 세 봤습니다. 우리나라 법 조항 중에 보통 알려진 건 상법이 최고 많다고 그래요. 회사법, 채권법……, 글자 수가 되게 많아요. 형법도 꽤 많고. 그런데 공직선거법의 글자 수가 살인, 절도, 강간 등 형법에서 규율하는 글자 수의 5배가 넘드라구요. 상법보다 글자 수가 많아요. 그러면 이거는 뭘 할 수가 없는 거죠. 사법권력의 일종이라고 할 수 있는 선거관리위원회에 늘 물어봐서 해야 하니까.

민형배

제가 맨날 그러고 있다니까요.(웃음)

박상훈

그러다 보니 변호사를 선임할 수 있거나 여론정치를 해서 그런 부분을 딛고 일어날 수 있는 사람만 정치를 할 수 있게 됩니다. 중앙과 지방이라고 하는 분권의 문제를 넘어서서 우리나라 전체 민주주의의 구조를 좋게 만들려면 정치관계법의 문제를 정확하게 말해야 할 것 같습니다. 이거는 제도 선택의 문제가 아니라 기본권이 억압되는 거거든요.

박구용

그렇죠. 네. 맞습니다. 〈내일의 권력〉 안에 보완할 수 있으면 노력해 보시기 바랍니다. 그 부분이 좀 보완됐으면 좋겠단 생각을 했어요.

민형배

그런 것은 정치학자들이나 법률학자들이나 이런 분들이 하는 게 맞다고 봐서 저는 정치인의 입장에서 그냥 큰 흐름만 얘기하는 정도로 서술했습니다. 정치관계법도 내일의 권력을 부정하는 중요한 근거이기 때문에 꼼꼼하게 다뤄야 할 필요성은 충분한데 제 역량이 거기까지는 안 돼요.(웃음)

박상훈

그리고 또 한 가지 정당민주주의의 핵심은 공천권을 시민한테 주느냐 당원한테 주느냐 이런 것이 아닙니다. 여론조사 이런 게 정당민주주의가 아니고, 아까 말씀하신 대로 결사체나 지역과 의사결정권을 나누는 것이 정당민주주의의 핵심입니다.

박구용

그렇죠.

박상훈

그렇다면 지역에서의 결사체적 기반과 지역의 어떤 특성에 맞도록 정치적, 정당적 실험이 가능할 수 있게 해 주는 게 정당민주주의의 요체라는 걸 먼저 말씀을 하시는 게 필요합니다.

민형배

지역이 훨씬 다른 의미로 더 정립이 되네요.

박상훈

맞아요. 그렇게 접근하면 지역이 풍부해져요. 공간이나 계층 차원에서 소외의식만 말하는 게 아니라 적극적인 대안론이 자꾸 들어오게 될 겁니다. 그리고 우리가 복지국가나 사회민주주의 이런 얘길 하잖아요. 연방제를 똑같이 하더라도 미국식 연방제도에서는 전국적인 차원의 사회정책을 추진하기가 굉장히 어렵습니다. 그런데 독일은 연방제이면서도 사회정책이 가능합니다. 독일도 분권기반, 분권을 보장하는 법률적 기반이 엄청 강하지만 지역정당들의 역할이 있어서 사회정책이 가능합니다.

박구용

그렇죠. 독일은 각 지방정부에 있는 법을 헌법이라고 해요. 앞에다 분데스Bundes냐 란데스Landes냐만 붙여요. 뒤에는 그룬트게제츠

Grundgesetz, 다 헌법이에요. 다 헌법이고, 분데스는 연합이라는 말이잖아요. 전체나 연결의 뜻도 있구요. 쉽게 말하면 중앙이라는 표현이 아닌데, 연결이라는 표현인데, 연방헌법이고 지역헌법이고 이렇게 해야 되겠죠. 헌법이라는 말을 똑같이 붙인단 말이에요. 우리는 법 자체가 위계화 돼 있어요. 헌법, 법률, 조례, 이런 식으로. 독일과 우리는 근간에서부터 다른 거죠.

민형배

자치권력 이야기를 하려면 법률 체계까지 자세히 들여다봐야 되겠네요.

박상훈

제가 볼 땐 (어제의 권력에서 내일의 권력으로) 이행론을 다듬으려면 법을 이야기해야 한다고 봅니다. 법과 제도를 통해서 어제의 권력을 견제하고 내일의 권력을 창출하는 논리를 짜 보자는 겁니다. 내일의 권력을 만들려면 분권, 지역결사체의 활발함 같은 게 있어야 하는데 그러기 위해서는 정비해야 할 법적 사안이 있지 않겠습니까. 예컨대 호남도 복수 정당 체제의 활력 있는 모양새를 만들 수 있어야 하는데 법이 가로막고 있는 형국이니까요.

박구용

어제의 권력이라는 것은 옛날식으로 말하면, 기본적으로 by the law 라고 하잖아요. 법을 가지고 하는 통치. 내일의 권력은 of the law(법에 기초한 통치)가 돼야겠죠.

박상훈

맞아요.

박구용

이제 다른 부분으로 넘어갔으면 좋겠는데, 제 문제의식은 이겁니다. 청장님이 광산에서 했던 이야기를 광주에서는 어떻게 할 것이냐. 그냥 중앙은 없다고 생각하고, 광주 전체를 놓고는 어떻게 이야기할 것이냐, 이 문제가 있습니다.

민형배

그건 이제 다음 번 책 주제인데…….

박구용

네. 그래서 저는 특별히 광산구로 좁혀서 이야기해 보면, 공익활동지원센터를 그냥 중간조직이라고 하잖아요. 중간조직이라 하지만 민주주의 맥락에서 보면 저는 공익활동지원센터가 일종의 결사체 민주주의,

사회적 권력이 모이는 곳이라고 봅니다. 그런데 사회적 권력은 잘못하면 권력 자체를 왜곡시킬 수 있는 가능성이 굉장히 높다는 특성이 있습니다.

민형배

제도적으로는 확정지을 수는 없지만, 내용은 사회적 권력이 모이는 곳, 저도 그렇게 보고 있습니다. 자율성이 높을수록 집단의지가 관철될 가능성이 훨씬 높으니까 동시에 위험 요인도 있을 겁니다.

박구용

사회적 권력의 위험성을 막을 수 있는 것에 대해 하버마스는 의사소통적 권력을 이야기 합니다. 의사소통적 권력의 핵심적 표현 방식 중 하나가 숙의민주주의일 겁니다. 숙의민주주의와 대의민주주의를 저는 양자택일적 관점을 갖고 구분하지는 않습니다. 같이 가야한다고 생각합니다. 그렇다면 광산구에서 숙의민주주의를 할 수 있는 방법이 뭘까. 제가 보기에 광산구에는 아직 그 고민은 없어요. 청장님은 있다고 생각하시는 거 같은데 제가 보기에는 없습니다. 현재 청장님이 추진하는 광산구의 민주주의는 사회적 권력들의 통로를 공익적 관점에서 재구성하는 것, 결사체 민주주의 또는 사회적 권력의 민주주의화 이런 쪽에 맞춰져 있다 봅니다. 심도 깊게 논의하고 검토하는 숙의는 부족하다고 봅니다. 의사소통적 권력, 거리에서 형성된 권력을 다시 익명으로 처리하는 그런 기구가 필요하다고 생각했습니다. 그래서 제가 예전에 한 번 제안드렸던 것이 시민의회 형식의 숙의민주주의 형태였을 겁니다. 그런데 시민의회라고 하면 뭔가 문제가 복잡해져요. 그래서 시민회의라는 이름 정도로, 의회를 회의로 바꾸면 어떨까 싶습니다. 시민회의의 콘셉트를 광산구에서 실현할 필요가 있다고 생각합니다. 본질은 숙의가 가능한 어떤 민주적인 틀이 필요하다는 겁니다.

민형배

책에서는 사회적경제를 서술한 부분과 동장 선출을 소개하는 데서 숙의민주주의를 언급했습니다. 온전히 정착된 숙의민주주의라기보다는 경험과 연습 차원에서 시도하고 있다는 정도로 말했습니다. 광산구의 현 단계가 실제로 그 정도입니다.

박구용

네네. 그렇게 돼 있어요. 민주주의의 새로운 적을 저는 두 가지로 제시합니다. 그중에 하나가 민주주의가 어느 정도 실현된 사회예요. 다시 말해 행정입법의 과밀화예요. 주권자의 역할을 행정이 날치기하는 겁니다. 빼앗는 것이죠. 그건 우리 문제가 아니어서 여기서는 논하지 않겠습니다. 두 번째가 뭐냐면 가칭 위원회 민주주의입니다. 예를 들면 청장님이 의사결정을 하는데 무슨무슨 위원회나 각종 자문회의를 만들잖아요. 저도 광산구 정책기획단 단장입니다.(웃음) 이게 민주주의의 적이

사회가 권력을 가져야
지배권력의 과잉을 막을 수 있다고 생각했습니다.
그것을 자치에서 찾고자 했고요.
여기서 자치는 정치적 맥락뿐만 아니라
사회 각 분야가 자치의 원리로 재구성되어야 한다는 것입니다.
그것을 '내일의 권력'이라는 개념으로 정립하고자 했습니다.

민형배 광주광역시 광산구청장이다. 자세한 이력은 앞 표지 날개 저자 소개란에 쓰여 있다.

라는 겁니다. 정치적 수장이 의사결정의 정당성을 확보하기 위해서 각종 위원회를 만들고, 마치 그 위원회가 민주적인 것처럼 포장을 하는 것이죠. 숙의인 것처럼 포장하는 겁니다. 저는 그것이 민주주의의 적이라고 생각해요. 이 점에서는 광산구도 다르지 않다고 생각해요. 그래서 이 부분을 아까 말한 대로 진짜 숙의민주주의 형태로 전환할 수 있는 것을 고민해서 실험할 필요가 있다고 생각합니다. 그런 것들이 축적돼야 나중에 더 큰 정치를 히거나 다른 정치적 맥럭에서도 새로운 어떤 패러다임을 만들 수 있기 때문에 실험하고, 시도해 볼 필요가 있다고 봅니다.

민형배

숙의민주주의의 부족, 숙의를 가장한 위원회 민주주의를 이야기하니까 뜨끔하네요.(웃음) 함께 일하는 분들이 저한테 자치의 과잉이라는 이야기를 자주 합니다. 아직 제대로 된 기반을 갖고 있지 않은 상태에서 말로, 구청장의 권위로 계속 몰아붙인다는 거죠. 처음에는 저도 과잉이라는 걸 알면서도 의도적으로 자치를 강조했습니다. 처음 구청장이 돼서 21개 동을 돌면서, 그리고 사람들을 만날 때마다 자치가 진보입니다, 참여가 민주주의입니다, 이러고 다녔습니다. 그러니까 그때는 과잉이 아주 극에 달한 상태였어요. 구체적인 현실에서 어떻게 자치의 내용을 실제화할 수 있을 것인가, 그리고 사람들이 받아들이게 할 수 있을 것인가, 이런 고민이 부족했어요. 자치가 옳고 맞는 길이니까 그냥 이렇게 갑시다. 이런 말을 일 년 내내 하고 다녔어요.

박구용

그래서 저는 노무현 정부나 김대중 정부의 실패요인 중의 하나로 거리의 권력을 실체화했다는 사례를 듭니다. 다른 말로 하면 자신들의 뜻이 거리에서 소통되게 하는 것에 너무 기여를 안 한 거예요. 지금 광주 시장도 마찬가지라고 봅니다. 인수위 기간이 끝나고 정책집이 나오고, 시민시장, 이런 말이 나왔습니다. 정말 답답한 게 시민들이 의견과 의지를 어떻게 형성할 것인가, 담론 자원의 불평등 구조를 어떻게 개선하면서 뜻을 모으고 형성할 것인가에 대한 어떤 정책적 대안도 없는 거예요. 그러고 나서 시장이 틈만 나면 시민한테 물어보라고 말합니다. 그러면 공무원이 "시민이 누군데?", "지나가는 사람이 시민이야? 아니면 저기 커피마시고 있는 사람이 시민이야?" 이렇게 볼멘소리를 한다는 거죠. 그런 정도로 구체적인 플랜이 없는 거예요. 청장님도 지금 그런 부분에서 크게 다르지 않아요.

민형배

조금은 다르지 않아요?(웃음)

박구용

네, 다르죠. 조금 다른 건 사실이죠. 여기서는 냉정하게 말해야 하니까, 근본에서 다르지 않다고 봅니다. 저는 그런 맥락에서 시민자유대학을 추진하고 있습니다. 시민들이 스스로 권력의 발신자가 되고 그 과정에서 자연스럽게 의지를 형성하는 그런 움직임들을 넓히고 싶은 겁니다. 정치지도자라면 의지의 형성, 권력의 발신자가 되도록 하는 데 좀더 열정적이고 감도 좋아야 한다고 생각합니다.

민형배

이렇게 이해해도 무방할까요? 권력의 생산성이란 개념이 있더라고요. 폭력과 권력 이런 구분을 했는데, 폭력은 권력이 자기 의지를 관철시키는 수단 중의 하나인데, 폭력에 의존하는 권력은 생산성이 가장 낮은 권력이라고 이야기할 수 있잖아요. 폭력은 의지 관철 수단 중에서 매개의 정도가 가장 엷다는 특성이 있습니다. 거꾸로 매개가 풍부할수록 권력의 생산성은 높다, 이런 말이 성립할 수 있죠. 제가 초기에 과잉을 감수하면서 자치를 강조하고 다녔던 것은 매개가 아주 부족했다는 얘기가 됩니다. 생산성이 높지 않았다는 뜻도 되고요. 의견을 형성하는 과정을 구체적으로 가져가는 것이 매개를 풍부하게 하는 것이고, 그러면 권력의 생산성도 높아지겠구나, 이런 생각을 하게 됩니다.

박상훈

그건 당연히 옳은 말입니다. 추가해서 혹시 사용할 일이 있으면, 마이클 만이라고 하는 사회학자가 있어요. 그 사람이 쓴 말이 지금 청장님 이야기와 연결됩니다. 마이클 만은 국가권력을 다룬 사람인데, intensive power하고 extensive power 라는 걸 구분해서 제시한 적이 있습니다. 한 사회 내부에 있는 힘의 요소들을 촘촘하게 결합시키는 것을 intensive power라고 한다면, extensive power는 눈에 보이는 떠들썩한 권력 현상, 예를 들면 구호 같은 것을 말합니다. 프랑스의 경우 조세를 잘 걷는다고 하는데 intensive power 또는 인프라스트럭처 파워를 잘 관리했기 때문이다고 합니다. 말만 멋있고, 구호만 크게 외칠 게 아니라, 구체적이고 세부적인 부분에까지 권력의 기획이 촘촘해야 한다는 거죠. 권력론을 전개하는 데 참고할 개념인 것 같아 말씀드렸습니다.

숙의민주주의에 대해 말씀드리자면, 사실 정치학 안에는 대의제 민주주의와 직접민주주의라는 구분이 없습니다. 서로 상충하는 것도 아닙니다. 오히려 오늘날 대의민주주의자들은 시민이 직접 결사도 하고 조직을 만드는 게 민주주의에 더 좋다고 말합니다. 왜냐면 대의라고 하는 게 중세제도잖습니까. 옛날 7명의 제후가 왕을 뽑는 방식도 일종의 대의제였죠. 이걸 민주화했던 게 우리가 지금 대의민주주의라고 할 수 있는데, 그러다 보니 대의민주주의가 직접민주주의에 비해 더 수구적이라는 오해가 있습니다. 우리가 잘못 쓰고 있는 용어법 중의 하나가 직접민주주의이고, 직접민주주의와 대의제를 대립해서 보는 시각입니다.

직접민주주의라고 해서 숙의를 보장하는 건 아닙니다. 대의제 민주주의를 제대로 해야 시민의 직접 참여적 기반, 결사체적 기반이 좋아진다, 이렇게 표현하는 것이 더 괜찮을 것 같습니다. 또 숙의민주주의는 정치체제론이 아닙니다. 정치실천론이나 또는 참여에 연결된 개념이죠. 참여의 양만이 아니라 질을 어떻게 좋게 할 것인가에 대한 관심에서 숙의민주주의가 나옵니다. 숙의민주주의와 직접민주주의가 한편이고, 다른 편에 대의민주주의가 있는 것은 아닙니다. 숙의민주주의자의 거의 대부분은 직접민주주의자가 아닙니다. 본인들도 분명하게 이야기를 합니다. 숙의민주주의를 말하는 게 직접민주주의하고는 하등의 관계가 없다고 말합니다. 대의민주주의로는 부족하다 보니 참여의 질을 어떻게 보강할 것이냐를 고민하는 맥락에 숙의민주주의가 있는 것이죠.

그래서 시민이 직접 통치하는 방식보다는, 정책배심원 제도를 운영하는 것이 숙의민주주의의 모델에 더 가깝습니다. 그 다음에 1년에 한 번은 숙의하는 날로 선포하고 그에 맞는 프로그램을 돌리는 방법도 있습니다. 전문가들과 정당 사람들이 모여 심도 깊은 토론을 하고 이 과정에서 시민들이 숙의하는 것, 그리고 숙의 전의 투표와 숙의 후의 투표를 비교하는 방법이 있습니다. 그러니까 T(0)(숙의 전 선호)에서 T(1)(숙의 후 선호)으로 변화를 만들어 가는 방법입니다. 박구용 교수님이 제시한 시민회의, 숙의하는 날, 시민배심원, 이런 제도들을 도입해 보자는 제안입니다. 이 제도들이 대의제 민주주의를 대체하는 것이 아니라 보완하고 품질을 높여주는 효과가 있을 겁니다.

민형배

저는 굉장히 협애한 의미로 숙의민주주의 개념을 썼습니다. 숙의의 과정이 중요하다, 이런 뜻 정도로요. 그러면서 무의식적으로 갈래치고 구분했던 것 같습니다. 공부를 잘했습니다. 정리가 됩니다.

박상훈

이익이 있고, 열정이 있는 곳에 그들 공통의 관심사를 결합하게 하는 결사체적인 노력이 우리 정치에는 빠져 있다, 이 노력의 기반은 자치에서 나온다, 어디 서울에서 정당 하겠다고 선언해서 되는 것이 아니다, 결사체적인 노력을 모아서 전체 권력구조의 변화를 추구하는 집단을 우리는 정당이라고 보는데, 그 정당의 기반도 그 현장 속에서 만들어지는 것이다, 우리에게는 지금 이런 정당이 필요하다, 이런 걸 강조할 필요가 있다고 봅니다. 이 책이 어느 정도는 강조하고 있구요. 박 교수님이 언급했던 것처럼 실체를 독점하면서 아예 거리의 에너지 자체를 없애 버리는 게 문제입니다. 그래서 저는 여러 정치관계법을 고쳐야 한다고 말합니다. 정당이든, 결사체든, 또는 정치라고 부르든, 무엇이든 간에 삶과 열정이 있는 곳에서 출발할 수 있어야 하는데 그걸 못 하게 만들기 때문입니다. 이 책의 다음 버전으로는 "광주를 이렇게 변화시켜 보자." 이런 게 나오면 좋을 거 같습니다. 광주에 그치지 않고, 전국에 영향을 미칠 수 있는 그런 내용을 담으면 더 좋을 것 같습니다.

이 책은 기존에 가지고 있는 약간 양식화된 권력이 아니라 민주주의

가치가 허용하거나 상상하게 해 주는 대안적 권력론을 말하려는 목적이 있다고 봅니다. 저는 거기에 그치지 않고 향후 포부 같은 걸 좀 밝혀주시는 게 정치인답다는 생각이 들어요. 어쨌든 우리 입장에서는 트리뷴(호민관; 정치적 지도자)의 문제예요. 트리뷴이 원리만 말하고 의지를 밝히지 않으면 혹은 개념과 이론을 말했는데 의지라는 게 없으면 사실 허망하고, 트리뷴으로서 자격도 부족하다고 생각합니다.

민형배

그렇게 하겠습니다. 의지를 밝힐 계획입니다. 정말 좋은 말씀 감사합니다. 이제 마무리해 볼까요.

박구용

책도 그렇고, 일상적인 활동을 할 때도 청장님의 정치적 상상력을 조금 더 키워가는 쪽으로 사람들한테 다가서야 한다고 생각합니다. 정치윤리나, 5·18을 끌어들여 거기에서 자신의 근거나 정치적 뿌리를 밝히는 방식은 매력이 없습니다. 그런 것보다는 내일을 내다보는 상상력이 풍부한 정치인으로 그런 모습으로 사람들에게 다가서는 게 좋겠다는 말씀을 드립니다.

박상훈

오늘 자리를 하면서 저에게도 정말 새로운 열정 같은 게 생기는 것 같습니다. 중앙정치의 관점에서만 보면 짜증나는 일 뿐입니다. 바뀔 가능성은 전무한 상태인 것 같고. 그런데 이렇게 청장님 책의 초고를 보고 함께 이야기를 나누다 보니 서로가 서로에게 민주적 상상력을 자극할 수 있는 길이 있구나, 이런 느낌을 받았습니다. 저는 그게 좋았습니다.

민형배

정말 감사합니다. 제가 어지럽게 펼쳐 놓은 권력 퍼즐들을 두 분께서 구분을 잘해 주셨습니다. 이제 제가 퍼즐들을 제대로 맞추는 작업만 남았습니다. 오늘 두 분 모시지 않았다면 큰일 날 뻔했다는 생각이 듭니다. 중요한 개념을 배웠고, 날카로운 가르침을 들었습니다. 숙제검사를 잘 했습니다. 완성도를 높여 주신 데 대해 진심으로 감사드립니다.